티벳, 티베트

티벳, 티베트

차마고도에서 시짱자치구까지 역사문화 인문여행

초 판 1쇄 2025년 07월 16일

지은이 이영철
펴낸이 류종렬

펴낸곳 미다스북스
본부장 임종익
편집장 이다경, 김가영
디자인 임인영, 윤가희
책임진행 김은진, 이예나, 김요섭, 안채원

등록 2001년 3월 21일 제2001-000040호
주소 서울시 마포구 양화로 133 서교타워 711호
전화 02) 322-7802~3
팩스 02) 6007-1845
블로그 http://blog.naver.com/midasbooks
전자주소 midasbooks@hanmail.net
페이스북 https://www.facebook.com/midasbooks425
인스타그램 https://www.instagram.com/midasbooks

© 이영철, 미다스북스 2025, Printed in Korea.

ISBN 979-11-7355-312-7 03910

값 26,000원

※ 파본은 구입하신 서점에서 교환해드립니다.
※ 이 책에 실린 모든 콘텐츠는 미다스북스가 저작권자와의 계약에 따라 발행한 것이므로 인용하시거나 참고하실 경우 반드시 본사의 허락을 받으셔야 합니다.

미다스북스는 다음세대에게 필요한 지혜와 교양을 생각합니다.

티벳, 티베트

차마고도에서
시짱자치구까지
역사문화 인문여행

이영철 지음

미답북스

저자 서문 6
프롤로그 10

에필로그 396

동티베트 차마고도

1장 쿤밍에서 리장까지
칠종칠금의 땅 윈난 19 | 쿤밍발 야간열차 21 | 대리석 원산지 따리 25 | 보이차의 길 30 | 람월곡 백수하 34 | 명품 야외 공연 인상리장 39 | 옥룡설산 빙천공원 48 | 천년고도 리장 고성 53

2장 진사강 호도협
디칭 티베트족 자치주 63 | 28밴드 넘어 차마객잔 67 | 중도객잔과 관음폭포 74 | 진사강 급물살의 중호도 84 | 호랑이가 건너뛴 상호도 91

3장 윈난 샹그릴라
잃어버린 지평선 97 | 신들의 거처 송찬림사 101 | 나파하이와 두커종 고성 106 | 삼강병류의 차마고도 113 | 소금 마을 옌징 앞에서 120 | 구름 속에 갇힌 매리설산 124

4장 쓰촨성 장족의 땅
샹청 거쳐 다오청으로 133 | 제2의 샹그릴라를 찾아 139 | 야딩 풍경구의 하늘호수 143 | 성스러운 고도 리탕 154 | 차마고도 동쪽 관문 캉딩 163 | 칭짱 고원에서 쓰촨 분지로 170

2부
서티베트 시짱자치구

5장 ## 성도 라싸

라싸의 어린 달라이 라마 179 | 티베트 심장 포탈라궁 183 | 토번왕 송첸캄포와 당태종 190 | 문성공주 혼례길 당번고도 194 | 영혼의 성지 조캉사원 198 | 그들의 오체투지 순례길 204 | 석가모니 12세 등신불 208 | 신에게 다가가는 길 바코르 213 | 시짱자치구 그리고 라싸 220 | 세라사원에서 만나는 승려들 223 | 포탈라궁 광장 2개의 탑 230

6장 ## 산난지구와 장체

성호 얌드록쵸 호수 239 | 티베트인들에게 야크는? 247 | 영웅의 도시 장체 251

7장 ## 제2의 수도 시가체

토속 뵌교에서 겔룩파까지 259 | 달라이 라마의 역사 264 | 영원한 2인자 판첸 라마 270 | 열하일기 속에 비친 티베트 275 | 시가체 타시룬포 사원 280 | 중국 최장거리 G318 국도 287

8장 ## 오지 정토 아리지구

성지 관문 다르첸 가는 길 295 | 성호 마나사로바 302 | 설산의 존엄, 강 린포체 310 | 시신을 새의 먹이로, 천장 314 | 카일라스 코라 1일 차 319 | 카일라스 코라 2일 차 326 | 카일라스 코라 3일 차 333 | 경이로운 흙의 숲 자다토림 340 | 신비로운 황토산 구게왕국 347

9장 ## 네팔 접경 히말라야

중국대륙 최고봉 시샤팡마 355 | 가우라 고개와 히말라야 361 | 에베레스트 북벽의 일몰 368

10장 ## 시짱에서 칭하이까지

얄룽창포강에서 칭짱공로 377 | 하늘호수 나무쵸 381 | 철마 가는 곳 한족도 간다 387 | 하늘 철길 칭짱열차 391

저자 서문

　여행에서 돌아오면 한동안은 몽롱한 채 시간을 보낸다. 직전까지 스쳐 지났던 모든 것이 간밤의 꿈처럼 선명했다가 점차 흐릿한 기억 속으로 묻히곤 한다. 예외가 있었으니 고원에서 만난 사람들의 모습이다. 시간이 지나도 쉬이 잊히지 않고 오래 남아 눈에 밟힌다. 카일라스 코라에서 내가 앞질러 가며 뒤로 밀어진 오체투지 순례자들이 특히 그랬다. 우리들 외지인 여행자들이 사흘간 걷는 길을 그들은 보름 넘게 온몸을 대지 위에 내던지며 느릿느릿 나아가고 있었다.

　백두산 두 배 높이의 춥고 황량한 땅 위를 저렇게 힘들여 누비는 그들의 비원(悲願)은 무엇일까? '이번 생은 이렇지만 다음 생은 보다 나은 환경에서 안온과 행복을 누리며 살게 해 달라'는 절실한 소망 아닐까 하는 생각도 들었다. 꿈속에 나타난 티베트인이 말없이 나를 쳐다보던 눈빛은 '싸구려 연민은 사양합니다.'라고 말하는 것 같았다. 우리로선 도저히 범접하기 어려운 그들의 신앙 세계였다.

　티베트 여행에선 이처럼 흙먼지를 뒤집어쓴 채 삼보일배로 나아가는 오체투지 현지인들을 자주 만난다. 수없이 엎드렸다 일어나기를 반복하는 순례자들을 만나면 여행자들은 왠지 모를 미안함과 묘한 연민을 품게 된다. 하지만 정작 그들의 표정은 맑고 평온하다. 고통의 흔적은 보이지 않는다.

눈이 오나 비가 오나 그들은 발끝과 무릎, 배, 가슴 그리고 이마를 차례로 대지에 던져대며 자신의 순례 거리를 따박따박 자로 재듯이 나아간다.

고원 땅은 척박하다. 공기도 희박하고 물과 풀도 귀하다. 고원 사람들에겐 조상 대대로 물려받은 숙명이다. 그들은 끈질긴 생명력 또한 조상으로부터 물려받았다. 거친 환경에 순응하며 지난 수천 년 동안 나름 행복하고 여유롭게 고원에서의 삶을 살아왔다. 그러나 현대에 들어서며 그들의 삶은 피폐해졌다. 1950년 중국 인민해방군이 침공해 라싸를 점령하면서 이제 고원의 주인은 티베트 장족(藏族)에서 중국 한족(漢族)으로 바뀌어 왔다. 이후 75년이 지난 오늘날까지 티베트인들은 고원으로 몰려드는 한족에게 밀리고 치이며 핍박받는 삶을 이어가고 있다.

한때는, 조공을 바치지 않았다는 이유로 당나라 한족의 수도 시안(西安)까지 침공해 점령했던 강력한 장족이었다. 현재의 중국대륙 4분의 1에 해당할 만큼 광대했던 티베트 영토는 1965년 중국에 의해 동서로 강제 분단되었다. 서쪽 절반의 땅에만 '서쪽 장족'을 뜻하는 '시짱(西藏)자치구'란 지명이 부여됐고, 동쪽 절반의 땅은 다시 4개로 쪼개져 윈난, 쓰촨, 칭하이, 간쑤의 한족 4개 성(省)에 강제 편입돼 버렸다. 그리고 오늘에 이르렀다. 현 구글 지도에도 '西藏自治区'로 표기된 지역만이 영어로 'TIBET', 한국어로는 '티베트자치구'로 되어 있다. 동쪽의 옛 티베트 지역들은 존재감이 사라진 채 외지인 여행자들에게서만 '동티베트'란 별칭으로 불릴 뿐이다.

'티베트'란 지명은 우리나라 2005년 외래어 표기법 개정 때부터 공식화된 것으로 보인다. 그 이전까지는 '티벳'으로 표기하는 게 일반적이었다. 장 자크 아노 감독의 영화 〈Seven Years In Tibet〉가 1997년 국내 개봉될 당시 제목이 '티베트'가 아닌 〈티벳에서의 7년〉인 것만 봐도 알 수 있다.

단순한 우리말 표기상 차이일 뿐이지만 '티벳'과 '티베트'에는 묘한 차이가 느껴진다. '티벳'이라면 동티베트까지 아우르는 옛 티베트 땅 전체를 포괄하는 느낌이지만, '티베트'라고 하면 서쪽 절반만인 시짱자치구를 일컫는 공식 지명인 만큼 중국의 의도에 부응하는 느낌이라 왠지 거슬린다. 전자에선 행복하고 여유로운 '티벳인'들이 연상되지만, 후자에선 사회주의 체제하에서 핍박받는 독실한 불교도 '티베트인'들이 떠오른다. 영화 〈티벳에서의 7년〉에서도 전반부는 평화로운 '티벳'이 화면 가득 실리지만, 후반부는 마오쩌둥 사진과 오성홍기에 점령된 암울한 '티베트'가 화면을 지배한다.

이 책은 2개 파트로 구성된다. 1부 동티베트 차마고도와 2부 서티베트 시짱자치구이다. 내용 분량은 1부와 2부가 2:3 비율이다. 소소한 여행기 20%에 나머지 80%는 소위 인문 정보들을 담았다. 티베트의 역사, 문화, 인물, 지리에 대한 내용들이 망라됐다. 우리나라 여행자들이 가장 많이 찾아가는 티베트 여행 동선을 따라가며 각 경유지에 어울리는 소재의 이야기들을 연

이어 배치했다. 인문학자가 아닌 여행작가의 글인 만큼 전문적 깊이는 얕을 수밖에 없다. 그렇지만 하루나 이틀에 다 읽고 나면, 우리 사는 지구의 지붕 격인 티베트 고원의 모든 것이 머릿속에 대략 정리가 될 수 있도록 고려해 구성했다.

티베트의 하늘은 높다. 하늘 가까운 고원이지만 하늘은 그 이상 더 드높아진다. 해발 6~7천 미터 급 설산들은 하늘과 맞닿은 듯 보이면서도, 제주 중산간에서 만나는 야트막한 오름들처럼 정겹게 다가온다. 세계 최고봉 초모랑마의 북벽이 황금빛에 물들었다 스러지는 일몰 정경을 동네 뒷산 보듯이 마주하기도 한다. 고원에 펼쳐진 호수들은 짙푸른 천연 빛을 발한다. 주변 대지의 황량한 갈색 톤과 극적으로 대비된다. 티베트 여행은 지구별 대자연의 경이와 만나는 여정이다. 시간이 느릿하게 흐르는 그곳에서 우리는 더 느리게, 더 단순하게, 더 깊게 살아가는 사람들의 삶을 들여다보며, 몰랐던 자신의 또 다른 내면과도 마주하게 된다.

프롤로그

두 사람의 달라이 라마

1935년 어느 여름날 새벽, 티베트 땅의 동쪽 끝 탁체르(Taktser) 마을에서 한 아이가 태어났다. 지금은 중국 칭하이성(青海省)의 성도인 시닝(西宁) 인근의 홍애촌(红崖村)이라는 산골이다. 넓은 계곡이 내려다보이는 산 중턱 마을에선 그즈음 이유 없이 소와 말과 야크 등 가축들이 자주 죽었고, 4년째 흉작까지 이어지고 있었다.

아이는 세상에 나오면서 울음소리를 전혀 내지 않았다. 새벽에 아이를 낳자마자 아침에 자리를 털고 일어난 산모는 지붕 위에 까마귀 한 마리가 둥지를 틀고 있는 걸 발견했다.

'우리 아가를 지켜주려고 멀리서 따라오신 게야.'

산모의 마음은 벅차올랐다.

몇 달 동안 병석에 누워 있던 남편이 아기 이름을 '라모 돈둡'이라고 지어줬다. 그날 이후 남편은 씻은 듯이 병이 나으며 자리를 털고 일어났다. 마을에 가축들이 갑자기 죽는 일도 없어졌다.

아이는 유별나게 까탈스러웠다. 아버지의 수염을 잡아당기거나, 식사 때마다 상석인 아버지 자리에 앉는다며 고집을 부렸다. 아이의 형들은 '자기가 무슨 왕인 줄 안다'며 어린 동생을 나무랐다.

아이가 3세가 되어가던 어느 날, 길 지나던 고승이 집에 들러 수행원 몇 명과 함께 하룻밤 묵어가길 청했다. 여행 중인 나그네라고 했지만 범상치 않은 신분인 듯 보였다. 3세 아이는 낯선 손님들을 호기심 가득한 눈으로 바라보다가 고승의 목에 걸린 염주를 자기 것이라 우기며, 달라고 떼를 썼다. 옆에 있던 모친이 난처해했지만 고승은 오히려 기뻐하는 표정으로 염주를 벗어 아이 손에 쥐여줬다. 그리곤 여러 가지 소품을 꺼내어 아이 앞에 펼쳐 놓았다. 비슷한 모양으로 2개씩, 모두 다섯 종류의 물품들 10개가 탁자 위에 가지런히 놓인 것이다.

"여기 이것들 중에도 당신 것이 있나요?"

허리를 굽혀 눈높이를 맞춘 고승이 아이에게 물었다. 찬찬히 둘러보던 아이는 작은북 2개 중 더 작은 것을 집어 들었다.

"네, 맞아요."

고승이 나지막하게 읊조렸다. 작은 종 2개, 안경 2개, 식기 2개 중에서 아이가 어느 한쪽을 각각 선택해가자 수행원들 얼굴엔 놀라는 기색들이 역력했다. 고승 역시 연신 고개를 끄덕이며 감동을 주체하지 못하는 듯 보였다.

마지막 남은 지팡이 2개로 모두의 이목이 집중됐다. 잠시 망설이던 아이가 반들반들 윤이 나는 밝은색 지팡이를 집어 들어 이리저리 살펴보았다. 모두의 얼굴에 일순 긴장감이 돌았다.

'그게 아닌데…' 하는 표정들이다.

그러니 잠시 후 아이는 마음을 바꿔먹는나 들고 있던 걸 내려놓고는 다른 지팡이를 천천히 집어든 것이다.

"이게 내 거야."라고 말하면서.

그 순간, 수행원들의 허리가 자연스레 숙여졌다. 갑자기 왕 앞에 나선 신하들 모습이 그러할 것이었다. 고승 또한 머리를 조아리며 '전하'라고 말하듯 '쿤둔'이라고 낮게 읊조렸다. 큰 감동에 휩싸이는지 그의 눈빛은 마치 꿈에 취한 듯 몽롱해 보였다.

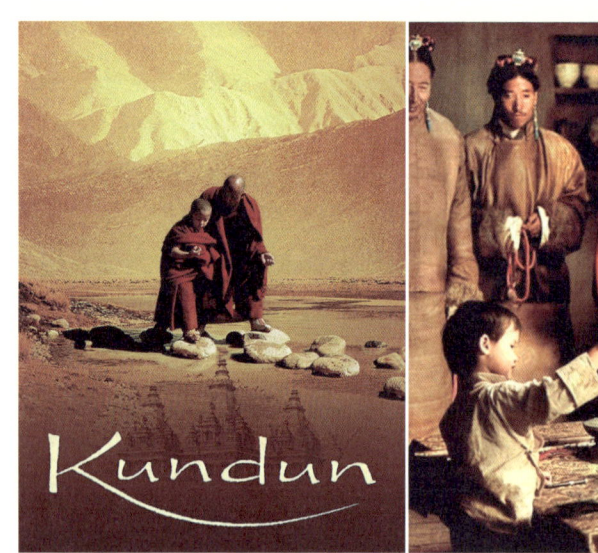

마틴 스코세지 감독의 1997년 영화 〈쿤둔〉은 이렇듯 티베트 왕 달라이 라마의 대를 이어갈 환생자가 발견되는 장면으로 시작된다. 아이가 자기 것이라며 집어 든 물건들은 4년 전 입적한 달라이 라마 13세의 유품들이었다. 입적 당시 그는 자신의 환생자가 태어날 위치와 특징 등에 대한 단서를 희미하게나마 여러 암시로 남겼다. 티베트 조정은 이에 근거하여 라싸의 동쪽 전역으로 승려와 관리들을 풀었고, 몇 년 동안의 물색 끝에 마침내 이 아이를 찾아낸 것이다.

입적한 달라이 라마 13세(1876~1933년)의 인생은 티베트 근현대사의 압축판이었다. 중국, 영국, 러시아가 중앙아시아를 두고 치열한 패권 경쟁을 벌이던 시대였다. 땅은 넓었지만 티베트는 열강의 틈바구니에 갇힌 약소국에 불과했다. 그런 티베트를 그는 38년 동안 이끌었다. 그야말로 격동의 세월이었다. 영국과 중국의 침공을 피해 몽골과 인도로, 두 번의 도피와 망명

기간도 있었지만, 1911년 청나라가 멸망하면서 중국의 오랜 지배에서도 벗어났다. 때문에 그의 후반 인생 22년은 독립국 군주로서 티베트 민족을 온전하고 평온하게 이끈 세월이었다.

그는 눈을 감기 전, 민족의 앞날에 대하여 불길하면서 우려 섞인 예언을 남겼다. 외국의 침략에 대비하지 않고 방심하다간 티베트 전체가 큰 화를 면치 못하리라는, 일종의 경각심을 일깨우는 유언이었다. 그러나 불행하게도 그의 예언은 적중하고 만다.

그의 유품들을 용케 알아내곤 자기 것이라며 집어 들던 동티베트의 3세 아기는 2년 후 수도 라싸(拉萨)의 포탈라궁(布达拉宫)으로 모셔졌다. 달라이 라마 13세의 환생자임이 최종 확인된 것이다. 그리곤 1940년 텐진 갸초라는 새 이름을 얻어 6세 어린 나이에 티베트의 새 지도자 달라이 라마 14세로 즉위한다.

섭정이 국정을 다스리는 동안 어린 왕은 체계적인 군주 교육을 받으며 성장했다. 그러나 즉위 10년 후 선대 달라이 라마의 불길한 예언은 현실이 되었다. 1950년 마오쩌둥의 인민해방군이 티베트를 침공한 것이다. 신장 위구르와 내몽골 역시 같은 운명으로 폭풍 앞에 촛불일 수밖에 없었다. 예전 청나라 영토를 회복하겠다는 중국 공산당의 의지는 확고했고, 그들의 군세는 막강했다. 오랜 국공합작을 거치며 일본군과 장제스 군을 대륙에서 몰아낸 마오쩌둥이었디. 노회한 그와 대결하여 아직 16세에 불과한 달라이 라마 14세가 취할 수 있는 조치라곤 아무것도 없었다.

수십만 명의 티베트인들이 죽임을 당하고, 전국의 사찰들이 약탈당하고 파괴되었다. 무기력했지만 크고 작은 항쟁을 이어가던 달라이 라마 14세는 1959년 어느 날 결국은 티베트 땅을 탈출하여 히말라야를 넘어야 했다. 그의 신변에 급박한 위협이 감지된 때문이었다.

그리고 65년 세월이 흘렀다. '이역을 떠돌게 되리라.'던 선대의 예언은 그대로 들어맞았던 것인가? 25세에 인도 다람살라로 피신해 와 오랜 망명 생활을 이어온 그는 어느덧 90세를 넘기고 있다. 비폭력 독립운동으로 노벨평화상도 수상했지만 티베트의 독립은 더 요원해지고 있다. 그가 살아생전 티베트 땅을 밟아볼 가능성은 이제 거의 없어 보인다. 그가 주인으로 살았던 라싸의 포탈라궁은 오늘날 외지인 여행자들이 북적거리는 관광 수입원이 되어 있다. 민족의 성지 조캉사원 앞은 더 나은 내세와 환생을 염원하는 궁핍한 티베트인들의 오체투지(五體投地)로 처연한 풍경이다.

티베트 땅의 티베트인들은 1960년대 이후부터 대거 이주해 온 한족에게 밀려 피폐한 삶을 살아왔다. 한때는 '살아 있는 부처' 달라이 라마가 인도에서 돌아와 자신들을 구제해 줄 거라는 믿음도 있었다. 중국의 철권통치가 심해지며 이제 그런 희망은 요원한 꿈이 되었다.

그러나 외견상 티베트인들의 표정은 밝고 해맑다. 근심 걱정이 없어 보인다. 외지인 여행자들의 시각에서만 답답할 뿐이다. 저런 환경에서 과연 어떻게 살 수 있나 싶다. 티베트 여행은 그들의 내면과 조우하는 여정이다. 그들이 살아가는 척박한 땅을 온몸으로 밟아보는 여정이기도 하다.

일러두기

1) 한자 표기는 번체자와 간체자가 혼용되었음.
2) 지명 표기는 중국 현지 발음과 한국식 한자 발음이 혼용되었음.
   - 많이 알려진 지명은 중국 현지 발음으로.
     (예) 北京 → 베이징, 青海省 → 칭하이성
   - 덜 알려진 지명은 한국식 한자 발음으로.
     (예) 蓝月谷 → 람월곡, 玉河江 → 옥하강

동티베트 차마고도

1장 쿤밍에서 리장까지
2장 진사강 호도협
3장 윈난 샹그릴라
4장 쓰촨성 장족의 땅

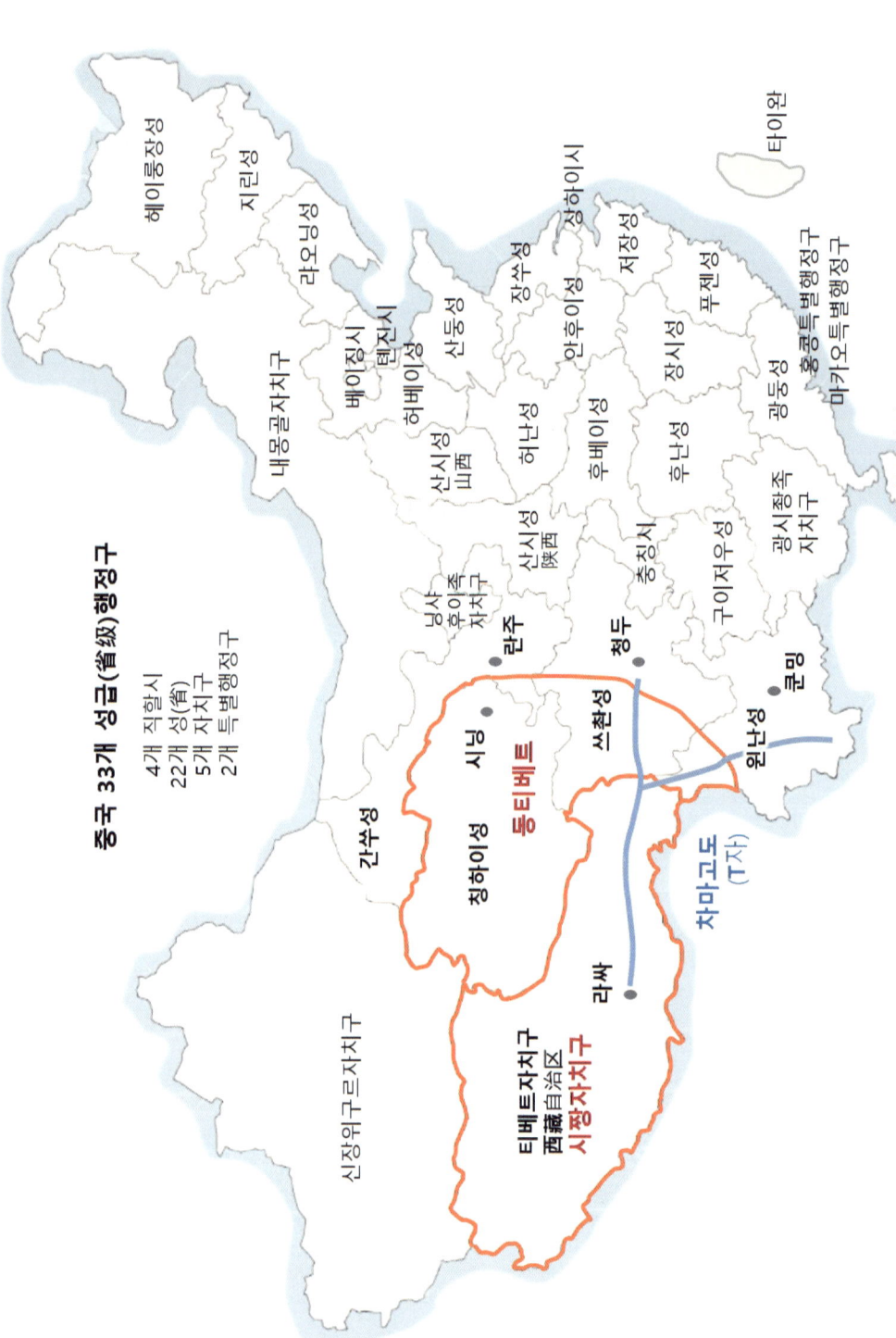

1장

쿤밍에서 리장까지

친종친금의 땅 윈난
___
쿤밍발 야간열차
___
대리석 원산지 따리
___
보이차의 길
___
람월곡 백수하
___
명품 야외 공연 인상리장
___
옥룡설산 빙천공원
___
천년고도 리장 고성
___

칠종칠금의 땅 윈난

 서기 225년 제갈량은 변방의 난을 진압하기 위해 남쪽 멀리 출정했다. 선왕 유비가 촉한을 건립하고 죽은 지 2년 만이다. 초반 싸움에서 반군 수괴 맹획을 사로잡지만 그가 승복하지 않자 풀어줬다. 이어진 싸움에서도 손쉽게 승리하여 그를 붙잡지만 역시 승복하지 않자 다시 풀어줬다. 제갈량으로선 맹획을 죽여봐야 의미가 없었다. 제2, 제3의 맹획이 나타나 다시 난을 일으킬 것이 뻔했기 때문이다. 압도적 힘의 우위를 일깨워주고 완전한 승복을 받아내는 것이 무엇보다 중요했다. 하지만 그들은 끈질겼다. 세 번 네 번 연이어 붙잡혔지만 수괴 맹획은 잔꾀에 속았다는 등 별별 이유를

다 들며 패배를 인정하지 않았다.

중원(中原)의 위치에서 볼 때 이곳 변방은 워낙 미개했다. 무기나 싸움의 기술 또는 전략과 지략 모든 면에서 상대가 되지 않았다. 제갈량은 '그럼 어디 한번 끝까지 덤벼 봐라.' 하는 마음으로 매번 그를 풀어줬다. 그리곤 다시 곧 붙잡았다. 결국은 일곱 번째 가서야 맹획의 승복을 받아낼 수 있었다. 비로소 남방 일대를 완전히 복속시킬 수 있었던 것이다.

'일곱 번 풀어주고 일곱 번 붙잡는' 〈삼국지〉 칠종칠금(七縱七擒)의 이야기는 당시 남만(南蠻)으로 불렸던 지금의 윈난성(云南省) 일대가 그 현장이었다. 북쪽은 유비의 촉한 땅 쓰촨(四川) 분지와 맞닿아 있고, 서북쪽으론 티베트 고원, 동쪽은 구이저우성(贵州省)과 광시좡족(广西壮族)자치구, 그리고 남쪽으로는 인도차이나 반도의 미얀마, 라오스, 베트남 3개국에 둘러싸여 있다.

제갈량은 남방을 평정한 뒤 북벌에 앞서 왕 유선(劉禪)에게 올린 〈출사표〉에서 이 지역 윈난을 '불모(不毛)'의 땅으로 표현했다. 험준한 산악과 고원·고산 등 복잡한 지형으로 이뤄졌고, 토양도 비옥하지 않았다. 농작물 생산성도 지극히 낮은 지역이었다. 또한 당시 한족(漢族) 중심의 중국 사회에서 이곳 남방은 소수민족들이 모여 사는 이질적이고 미개한 지역으로 인식되었다.

지금의 상황도 1800년 전 삼국시대 당시와 비슷한 듯하다. 중국대륙의 56개 소수민족 중 이족(彝族), 바이족(白族), 하니족(哈尼族), 다이족(傣族) 등 25개 민족이 윈난성에 옹기종기 모여 살고 있다. 수적으로도 윈난성 전체 인구의 3분의 1을 훌쩍 넘긴다. 가히 소수민족 전시장이라 할 만하다.

쿤밍발 야간열차

5월의 봄날 정오에 인천공항을 이륙한 비행기는 저녁 9시 반을 넘겨 쿤밍(昆明) 창수이(長水) 국제공항에 도착했다. 중간 기착지인 장쑤성(江蘇省) 난징(南京) 공항에선 4시간을 체류했다. 그리곤 3시간 반 동안 중원의 하늘을 가로질러 대륙을 횡단한 뒤 내륙 깊숙이 윈난성 성도(省都)에 내린 것이다. 공항 리무진을 타고 쿤밍역 주변에 내렸다. 멀리서 '昆明站'이라고 쓰인 큼직한 네온사인 글자가 눈에 들어왔다. '참(站)'이라는 한자에서 '역참(驛站)'이란 단어가 떠올랐으니 쿤밍역 건물임을 쉽게 알 수 있었다.

역전 광장엔 큼직한 황소 한 마리가 우리를 향해 돌진하려는 자세를 취하고 있었다. 고개를 숙인 채 날카로운 두 뿔을 정면 조준하는 자세로 사뭇 위협적인 모습이었다. 두 앞발은 굳게 땅을 딛고 있지만 금방이라도 뒷발을 박치며 달려들 것만 같았다. 미국 월가의 '돌진하는 황소(Charging Bull)' 동상보다는 덜 저돌적이었지만, 경제적 성장과 번영을 상징하는 황소의 이미지는 동서양이 다르지 않음을 확인할 수 있었다. 쿤밍역 광장의 황소 동상은 세계만방에 고하는 듯 보였다. 이 도시 쿤밍으로 대표되는 윈난(云南) 지역이 이젠 그 옛날처럼 변방도 아니고, 불모의 땅도 아님을 힘주어 과시하는 것이다. 더 이상 만만하게 보지 말라는 것이리라.

　이번 우리 여행의 핵심 키워드는 두 가지, 차마고도와 동티베트이다. 인류 역사상 가장 오래된 교역로라는 차마고도, 오래전 KBS 다큐 영상으로 만났던 그 현장들을 오롯이 누비고 싶었다. 그 길이 뻗어 있는 머나먼 티베트 땅 시짱(西藏)자치구까지는 이곳 윈난에선 너무나 멀다. 더구나 그곳은 개인 자유여행이 허용되지도 않는다 하니 일단은 후일로 미뤘다. 이번엔 윈난성과 쓰촨성에 속해 있는 차마고도 동티베트 지역들만을 자유롭게 누비는 일정으로 이렇게 떠나왔다.

　여행의 기동성과 가성비를 고려해 출발 3개월 전에 4인 팀을 만들었다. 중국 여행 관련하여 나의 미흡한 부분을 상쇄해 줄 3인을 물색해 합류를 권한 결과다. 내 친구 김영택 군은 중고등학교 동기에 각자의 직장이 속했던 그룹사까지 같았다. 오래전 중국으로 파견되어 상해 법인장으로 근무하다가 지금은 중국 대기업 부회장 겸 문화 부문 CEO로 왕성한 활동을 하고 있다. 중국 여행에 적응할 때까지 초기 3~4일만 함께해 달라는 나의 부탁을 그는 거절하지 못했다. 마침 그도 잠시 힐링이 필요할 때라 했고, 근래

사업 여건상 시간 여유가 좀 있다고 하였다. 내일 광저우를 출발하여 리장에서 우리와 합류하기로 했다.

김춘남 씨는 오래전 네팔 안나푸르나 서킷을 종주하며 알게 된 사이다. 당시 난생처음 나 홀로 해외 트레킹에 나섰던 나로서는 오지 여행의 고수인 그의 노하우가 많은 도움이 되었다. 공무원으로 통일부 재직 시절 국비 유학생에 발탁되어 톈진의 한 대학에서 3년간 유학했다. 그 당시 티베트 라싸 여행을 다녀온 경험이 우리의 이번 동티베트 여행에 도움이 되리라 기대하고 있다.

록 음악을 좋아하는 윤대흠 씨는 나와 오랜 음악 동지다. 영국 록밴드 핑크 플로이드 마니아들이 모인 동아리에서 만나 특별한 관계가 된 지 15년이 훌쩍 넘었다. 사진 솜씨가 일품이라 그로부터 이번에 좋은 사진들을 많이 얻을 수 있을 것이다. 게다가 나와는 띠동갑의 나이 차이인 만큼 이번 4인 멤버들 중 막내로서 이런저런 귀찮은 일들을 도맡아 주리라 은근히 기대하고 있다.

심야 완행열차가 쿤밍역을 출발했다. 자정이 거의 가까워진 시간이었다. 침대칸이 만실이라 좌석칸으로 구매해야 했다. 누워서 가는 것보다 가격은 절반이다. 저렴한 건 좋지만 내일 아침 따리(大理)역까지 밤새 8시간을 이렇게 90도로 앉은 채 가야 한다. 통로를 사이에 두고 2인석과 3인석이 배치된 형태로 한쪽에 다섯 명씩 모두 열 명이 서로 마주 보고 앉아서 간다. 우리 일행 세 명에 시골풍 아저씨 넷, 그리고 10대 소녀 둘과 여대생 한 명이 섞여 있다. 무릎까지 살짝 닿을 정도의 좁은 공간이다.

앞사람과 눈이 마주치면 뻘쭘한 웃음을 주고받곤 한다. 출발 20분쯤 지나자 앞 탁자에 먹을 것들을 풀어놓고 서로 권하며 분위기가 풀어졌다. 중국 유학 3년 경력의 춘남 씨가 앞자리 중년 남성들과 중국어로 대화를 유도하고, 대흠 씨는 옆자리 여대생과 내일 따리(大理) 도착 후 일정에 대해 영어로 자문을 구하고 있다. 시끌벅적하던 공간은 새벽 두 시가 가까워지자 한 사람 두 사람 졸거나 엎드려 잠들면서 이내 조용해졌다. 우리네 예전 통일호 열차 풍경이 이와 같았을 것이다.

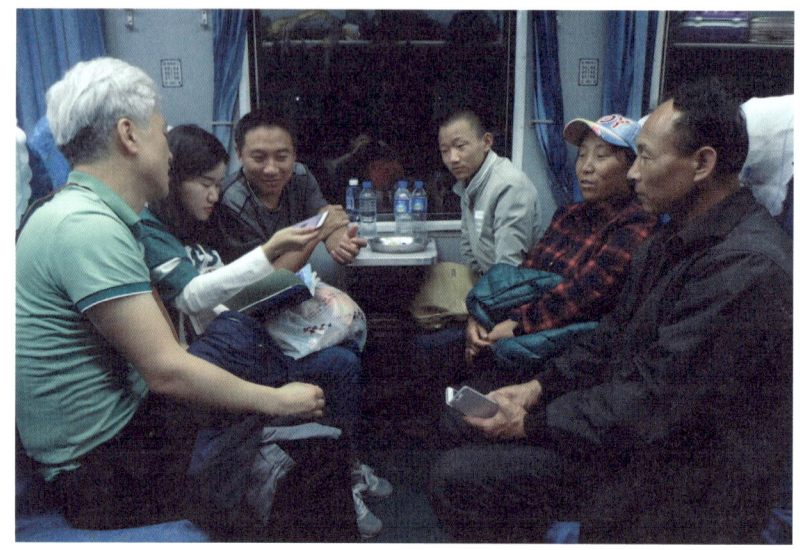

대리석 원산지 따리

　심야에 쿤밍을 떠난 완행열차는 아침 7시 반 따리역에 도착했다. 낮에 고속열차를 탔다면 2시간 만에 왔을 거리다. 밤새며 숙박까지 겸하느라 7시간 넘게 걸렸다. 대흠 씨 옆자리에 탔던 중국인 여성 양송유 씨가 동선이 같아 함께 내렸다. 오늘 오후 리장으로 떠나기 전 반나절 동안 따리(大理) 명소 몇 군데를 둘러보기로 했는데, 마침 그녀가 시간이 되는 모양이다. 우리 여정을 가이드해 주는 걸로 대흠 씨와 약속이 된 것이다.

　바다 같은 호수 얼하이(洱海)를 끼고 있는 따리시(大理市)는 크게 두 지역으로 나뉜다. 신도시 샤관(下關)과 구도시 따리 고성(大理古城)이다. 전자는 따리의 교통과 행정 중심이고, 후자는 따리 여행자들의 방문 0순위 지역이다. 따리시로 들어오는 버스나 기차는 모두 샤관에서 멈춘다. 우리 또한 샤관에 위치한 따리역(大理站)에 내려 시내버스를 탔고 40분 후 구도심 따리 고성에 내렸다.

　맞아도 될 만한 가랑비가 촉촉하게 내리는 아침이다. 주변은 우리의 인사동 골목처럼 오래된 가옥들이 즐비하다. 아침인데도 인적은 꽤 많은 편이다. 우선 배를 든든히 채워둘 필요가 있었다. 보이는 대로 자그만 식당으로 들어갔다. 넷이 모두 고기우동으로 아침 식사를 마쳤고, 바로 인근 제이드에뮤 게스트하우스(The Jade Emu Guesthouse, 金玉缘)로 이동해 배낭 등 짐 일체를 맡겼다. 양송유 씨 남자친구가 운영하는 2성급 호스텔이었다. 따리역에 내린 직후부터 우리의 모든 동선은 그녀의 가이드에 맡긴 것이고, 오후 두세 시까지 남은 따리 일정 역시 그녀의 안내에 따르기로 하였다.

거추장스러운 배낭 등 일체를 벗어둔 채 홀가분한 몸으로 길을 나섰다. 양송유 씨를 따라 G214 도로를 건너 고성의 서쪽 입구인 창산문(蒼山门)으로 들어섰다. 송나라 때 대리국의 도읍지였다는 이곳 따리 고성은 가로·세로 각 1.5km의 정방형 구도심이다. 서쪽은 해발 4,122m의 창산(蒼山)을 등지고, 동쪽은 얼하이(洱海) 호수와 맞닿아 있다. 확실한 배산임수(背山臨水)다. 오래전 옛날엔 천혜의 요새로서 난공불락이었겠으나 오늘날엔 윈난 지역 손꼽히는 관광 명소로 이렇게 세계의 여행자들을 끌어들이고 있다.

길 양편으로 1~2층 기와집 상가들이 촘촘하게 열 지어 섰다. 북적이는 여행객들의 관심을 끌기 위한 호객꾼들의 몸짓과 목소리도 이곳 구도심 분위기를 한껏 들뜨게 하고 있었다. 대리석(大理石)의 고장이라는 사실도 새삼 실감이 된다. 상가 건물 외벽은 물론 도로와 골목길 바닥까지 온통 대리석 타일들로 포장돼 있다. 오래된 도시의 전통미와 격조가 그윽하게 느껴진다. 원래의 따리 고성은 둘레 6km의 견고한 성곽으로 둘러싸였었다. 오랜 세월이 지난 오늘날은 군데군데 성곽 일부만 남아 있다. 동서남북 4개 입구만큼은 동문, 창산문, 남문, 북문으로 완벽히 성곽 상태로 복원돼 있다.

따리 고성 안에서 여행자들이 가장 많이 찾는 곳인 양런지에(洋人街 양인가)로 들어섰다. '외국인들의 거리'란 의미인 만큼 여행자들 취향에 맞을 다양한 선물 가게와 카페, 레스토랑 등이 즐비하다. 구글 지도에는 공식 행정 지명인 '호국로(護国路, Huguo Rd)'로 표기돼 있다. 이 길이 동문과 서문 근처를 이으며 동서를 가로지른다면, 북문과 남문을 세로로 잇는 길은 복흥로(福興路, Fuxing Rd)이다. 각각 1.5km 길이의 두 길은 따리 고성 중심부를 열십자 형태로 교차하고 있다.

　동문을 향해 호국로를 따라 걷다가 두 길의 교차로에서 남문 쪽으로 방향을 틀었다. 복흥로에 들어선 것이다. 양인가와 마찬가지로 여행자들로 북적인다. 400여 미터쯤 전방에 웅장한 건축물이 보여 잠시 남문으로 착각했다. 다가가 보니 '오화루(五華樓)'라고 쓰인 큼직한 편액 현판이 걸려 있다. 견고하게 쌓은 성곽 위에 대칭과 균형감이 도드라지는 3층 누각이 하늘로 솟아오른 듯 보인다. 웅장하기가 이를 데 없다. 고대 왕조시대의 전통 건축물이라고 한다. 그 규모나 외양 및 위치면에서 따리 고성을 상징하는 랜드마크로 손색이 없겠다. 성루에 올라 한 바퀴 돌며 사방으로 내려다보이는 여러 명소에 관해서도 나름대로 설명을 들었다. 아침부터 내내 양송유 씨의 중국어 설명을 김춘남 씨가 듣고 이해해 우리에게 통역해 주는 형식이었다.

홍룡정(紅龍井)은 전통 우물의 이름이자 350여 미터 거리를 일컫는 지명이기도 하다. 서쪽 어딘가에서 솟아난 샘물이 길 한가운데로 이어진 수로를 따라 동쪽 얼하이 호수 방향으로 졸졸 흐르고 흐른다. 고성 일대에서 여행자들이 가장 많이 몰리는 거리다. 바로 인근 창산(苍山)에 내린 빗물이 산속 지하로 스며들어 낮은 쪽으로 흐르는 과정에서 자연 여과를 거쳐 맑은 물로 정화되곤, 이곳 저지대에 이르러선 고산에서 흘러내린 그 수압에 못 이겨 지상으로 분출되는 것이다. 제주도 해안가에 널려 있는 자연 샘물인 용천수(湧泉水)와 그 원리가 같겠다.

북문에서 이어져 온 1.5km 복흥로 종착점에 이르렀다. 웅장한 남문을 통해 고성 밖으로 나왔다. 성루 지붕에 쓰여 있는 '文獻名邦(문헌명방)'은 '문화와 학문으로 유명한 지역' 정도의 뜻이겠다. 이곳 따리의 자부심을 네 글자로 대변하고 있다.

남문 바로 인근 '大理古城旅客中心'이라는 빨간색 글씨가 선명한 건물로 들어섰다. 따리 고성 시외버스 터미널이다. 오후 2시 반에 리장으로 출발하는 버스표 3개를 예매하고 인근 식당을 찾았다. 2시간이 남았으니 넷이 천천히 점심 식사하고 게스트하우스 가서 짐 찾아오면 충분할 시간이다.

보이차의 길

오후 2시 반 따리 고성을 떠나는 버스가 출발했다. 3시간이면 다음 목적지인 리장(麗江)에 도착할 것이다. 양송유 씨와는 게스트하우스에서 짐 찾아 나오며 헤어졌다. 양 씨의 따리 고성 안내는 세심하고 정겨웠다. 물론 무료였다. 외지인에게 고향 지역을 알리고 싶어 한 따리 바이족(白族) 양 씨의 호의에 따른 것이었다. 중국 유학 3년 경력의 춘남 씨 통역 실력도 양 씨의 가이드 덕택에 빛을 발할 수 있었다. 여행 초반부터 예기치 않게 현지인의 환대와 도움을 받았다. 윈난 사람 특히 중국 소수민족에 대한 첫인상이 우리 셋 모두의 마음속에 따뜻하게 자리 잡았다.

차창 밖으로 얼하이 호수의 물결이 잔잔하게 일렁인다. 오후의 햇살을 받아 찬란한 모습이다. 바이족 전통 가옥들이 호숫가에 듬성듬성 늘어선 풍경도 정겹다. 버스 앞자리에서 좌우로 보였던 창산과 얼하이 호수가 사라지면서 험준한 산악 지대가 펼쳐졌다. 고산 지대로 들어서며 계곡 또한 깊어짐을 느낀다. 지나온 쿤밍과 따리의 평균 해발고도는 1,900m와 2,000m였지만 곧 만날 리장과 샹그릴라는 2,400m와 3,200m 수준이다. 고도가 점점 높아지는 것이다. 윈난 차마고도의 복판을 향해 달리고 있음을 조금씩 실감하게 된다.

버스 타기 직전 게스트하우스에서 양 씨의 남자친구가 따라준 보이차(普

洱茶)의 여운이 아직까지 혀끝에 남아 있다. 집에서 새벽마다 마실 때는 익숙한 관성의 맛이라 특별히 인지하진 못했지만, 산지(産地)에서 마시는 보이차는 나에겐 특별했다. 비 갠 후 숲속을 거닐 때 느꼈던 축축한 흙내음이랄까. 청아하고 묵직한 향취가 혀끝을 간질이다 온몸 세포로 퍼지는 느낌이었다.

보이차는 수확된 찻잎을 증기로 쪄서 말린 후 발효와 숙성 과정을 거친다. 이때의 후반 처리 방법에 따라 생차(生茶)와 숙차(熟茶)로 구분된다. 아까 양 씨 남자친구가 우리에게 내놓은 건 생차였다. 자연 발효 과정을 거쳐 수년간 공들여 숙성시켰을 터이니 꽤 고가의 차를 대접받은 것이었다. 반면에 내가 집에서 주로 마시는 숙차는 인위적 강제 발효를 통해 단기간에 숙성된 대량 생산 제품이다. 나로선 생차와 숙차의 맛 차이를 명확히 구별하진 못하지만, 마신 지 2~3시간 넘도록 입속에 이렇게 여운이 남는 건 기분 좋고 특이한 경험이다. 대중 가격 숙차에 길들여진 입맛의 소유자가 보이차 산지에서 꽤 호강을 한 셈이다.

엄밀하게 말해 보이차 산지라 하면 따리(大理)가 아니라 윈난성 최남단 시솽반나(西双版納) 지역이다. 동남아 미얀마와 라오스의 접경이면서 강수량이 많고 일 년 내내 따뜻한 날씨가 유지되는 곳이다. 찻잎이 자라기엔 최적의 환경인 셈이다. 이 지역 소수민족들은 수백 년 된 차나무인 고차수(古茶樹)에서 찻잎을 수확해 오랜 세월 대를 이어가며 차를 만들어 왔다.

이렇게 전통 방식으로 만들어진 차는 200km 북쪽의 푸얼현(普洱县)으로 모아진 뒤 외부 상인들에게 팔려나갔다. 북쪽으로 따리, 리장을 거쳐 티베트 고원으로, 그리고 동쪽으론 쿤밍을 거쳐 중원 지역으로 퍼져나간 것이다. 푸얼현은 이를테면 시솽반나에서 재배된 차들의 유통 집산지이면서 외부 세상으로 연결되는 삼거리 위치였다. 그리고 언젠가부터 이들 차의 이름은, 원산지 시쌍반나가 아닌 집산지 푸얼(普洱)의 이름을 따라 푸얼차(普洱茶 보이차)로 불리며 유명세를 타기 시작했다. 티베트 고원 유목민들에게는 물론 중국 황실에서까지 널리 애용되기에 이른 것이다.

이렇게 오랜 역사의 푸얼차를 관광 자원으로 활용하기 위해 중국 정부는 2007년 '푸얼'이란 명칭을 더 큰 도시의 지명으로 하는 행정 구역 개편을 단행했다. 보이차의 유래가 된 작은 마을 푸얼현(普洱县)을 '닝얼 하니족 이족 자치현(宁洱哈尼族彝族自治县)'으로 지명 변경하는 대신, 40여 킬로미터 남쪽의 상급 도시 쓰마오시(思茅市)를 푸얼시(普洱市)로 지명 변경하면서 더 넓은 행정 구역으로 확대 개편한 것이다. 근래 단체 관광객들이 많이 방문하는 '푸얼'은 옛 보이차 집산지였던 '푸얼현'이 아니라 과거 지명 쓰마오였던 지금의 '푸얼시'이다.

오늘날 대중적으로 대량 유통되는 보이차는 대부분 플랜테이션 방식으로 재배된 찻잎이 주원료다. 심은 지 얼마 안 된 어린 차나무들에서 인위적으로 수확량을 늘리는 것이다. 계단식 경작지에서 재배되기에 대지차(台地茶)라고도 불린다. 반면에 수백 년 수령(樹齡)의 차나무에서 전통 방식으로 제조되는 고수차(古樹茶)는 시간이 갈수록 점점 더 희귀성 고가품이 되어간다. 얼핏 인삼과 산삼의 차이에 견줄 수 있다. 따리 출발 전 우리가 대접받았던 보이차도 생차이긴 하지만 고수차가 아닌, 대지차였을 것이다.

우리가 탄 고속버스는 G5611번 도로를 열심히 달리고 또 달린다. 가로막힌 산악 지대를 터널로 뚫었거나 강과 계곡 사이를 다리로 연결한 현대식 고속도로인 만큼 길이 곧고 속도감이 느껴진다. 반면에 바로 인근으로는 G214 도로가 우리와 가까웠다 멀어졌다를 반복하면서도 꾸준하게 나란히 이어지고 있다. 그 옛날 마방들이 푸얼현(普洱县)에서 잔뜩 매입한 푸얼차를 말 등에 싣고 걸었던 오래된 옛길 차마고도(茶馬古道)이다.

우리가 달리는 G5611 도로는 일직선으로 뻗은 고속도로이긴 하지만 매우 짧다. 따리-리장 간 200km에 불과할 뿐이다. 차창으로 보이는 바로 옆 차마고도는 남쪽 멀리 시솽반나에서 시작되어 푸얼과 따리를 지나왔다. 그리고는 리장과 샹그릴라를 거쳐 서쪽 멀리 티베트 고원까지 수천 킬로미터를 이어갈 것이다. 그러나 G214 도로는 좁고 험한 옛길이다. 구불구불 지그재그의 연속이다. 거북이처럼 엉금엉금 기어가야 할 듯 무척이나 답답하게 느껴진다.

우리와 거의 겹쳐서 나란히 이어지던 차마고도가 갑자기 멀어졌다. G214 국도는 북쪽으로 여전한 방향이지만 우리가 달리는 G5611 고속도로는 동쪽으로 방향을 튼 것이다. 리장에 거의 다 왔고, 20~30km 남겨두고 있음을 알 수 있다. 방금 헤어진 G214 차마고도와는 며칠 후 샹그릴라 가는 길에서 다시 만날 것이다. 그때는 나란히가 아니고 직접 그 길 위를 달리고 있으리라.

람월곡 백수하

아침 일찍 리장 도심 샹그릴라대로(香格里拉大道)를 출발한 택시는 곧이어 도시를 뒤로하곤 속도를 올리며 S223 도로를 달리기 시작했다. 어제 오후 늦게 리장 고속버스터미널(丽江客运站)에 도착한 우리는 터미널 인근 약속된 숙소에 와 있던 김영택 군과 반갑게 합류했다. 광저우에서 온 친구가 한국에서 온 우리 셋을 환영하는 의미에서 럭셔리한 해물 샤부샤부 요리를 대접해 줬다. 2시간 동안의 식사와 수다 시간을 거치며 김춘남·윤대흠 두 동지와 영택 군과도 오랜 지기처럼 허물없이 가까워졌다.

엊저녁 식당을 나선 우리가 가장 먼저 서두른 일은 다음 날, 그러니까 오늘 하루의 리장 관광 명소 패키지투어를 신청하는 것이었다. 가로등 불빛 가득한 밤 시간이었지만 여행사 사무실은 여러 곳 눈에 띄었다. 현지인이나 다름없는 영택 군의 주도로 깔끔하게 투어 신청을 마쳤고, 오늘 아침 7시 20분, 여행사에서 보낸 택시가 예정대로 우리 숙소 앞에 도착한 것이었다.

S223 도로는 리장 시내 북쪽 외곽에서 옥룡설산 일대까지를 거의 일직선으로 잇고 있다. 길 왼편으로 멀리 보였던 하얀 설산이 점차 가까워지며 그 장엄한 위용을 드러내고 있다. 도로 양편으로는 푸른 초원과 숲이 펼쳐지고, 소수민족 전통 가옥들과 농경지 모습들까지 어우러져 한 폭의 근사한 풍경화가 되어준다.

오늘의 패키지투어는 10시간 코스로 짜여 있다. 옥룡설산 자연보호구(玉龍雪山自然保护区) 내 감해자, 운삼평, 람월곡, 백수하 일대를 둘러보며 트레킹하고, 케이블카로 옥룡설산 빙천공원까지 올라갔다 내려온 뒤 인상리장 공연까지 감상하는 프로그램이다.

택시가 첫 경유지인 감해자(甘海子)에 우리를 내려줬고, 이미 와 있던 패키지 일행 십여 명과 합류했다. 8시 직전이니 숙소에서 40km쯤 되는 거리를 40분 동안 달려온 셈이다. 감해자는 드넓은 초원 습지다. 서쪽으로 마주하는 옥룡설산의 장엄한 풍광이 이곳 초습지(草濕地)로 여행객들을 모여들게 만드는 모양새다. 길이 4km에 폭 1.5km인 이 지역은 오랜 옛날 빙하호였다고 한다. 100여 년 세월이 흐르면서 호숫물이 말라버린 것이다.

패키지 팀원들이 우르르 몰려 있는 곳으로 자리를 옮겼다. 인증샷 명소인 듯 거대한 바위 앞에서 차례대로 돌아가며 포즈들을 취하고 있다. 높이 4m는 족히 돼 보이는 바위엔, 측면에 해발 '3,100m', 정면엔 '甘海子'라는 붉은색 글씨가 각기 큼직하게 쓰여 있다. '달 감(甘)' 자에 '호수'를 뜻하는 '해자(海子)'인 만큼 그 옛날 이곳 호수 물이 달고 맛있었음을 짐작할 수도 있겠다.

패키지 팀 가이드의 안내에 따라 셔틀버스를 탔다. 북쪽으로 4km쯤 더 들어갔을까. 해발 3,240m 지역에 펼쳐진 고산 초원 운삼평(云杉坪)에 내렸다. 초원에는 '운삼(云杉)'이란 지명 그대로 스프러스(Spruce) 침엽수인 가문비나무가 울창한 숲을 이룬다지만 숲 체험은 생략하고 포장도로를 따라 10여 분 걸었다.

　운삼평 케이블카 하강장을 지나 잠시 후 도착한 곳은 파란 호수 물이 아름다운 계곡 람월곡(藍月谷)이다. 영어 표기 또한 'Blue Moon Vally'인 만큼 구태여 우리말로 해석해 보면 '푸른 달 계곡'이다. 제임스 힐턴의 소설 『잃어버린 지평선』에 등장하는 가상의 장소와 관련 있는 지명인 듯하다. 발아래로 여러 개의 작은 호수가 연이은 모습이 그야말로 장관을 이룬다.
　지명에는 '짙푸른 람(藍)' 자가 들어갔지만 호수 물은 짙은 푸른색이 아닌 아름다운 연둣빛을 띠고 있다. 돌계단을 따라 계곡 아래 호숫가로 내려갔다. 해발고도는 2,900m까지 낮아졌다. 옥룡설산의 빙하가 녹아내리며 맑고 푸른빛의 호수를 이루고 있다. 물이 얼마나 맑고 투명한지 호수 바닥이 그대로 드러나 보인다. 호수에 발 담그는 이들도 있고 서로 인증사진을 찍어 주기도 한다.

　대략 1km에 걸쳐 이어진 4개의 호수는 사이마다 석회암 지형의 계단식 폭포를 이뤄 독특한 풍광을 자아낸다. 4개 호수 각각의 이름 또한 정겹다. 가장 상류는 '옥처럼 깨끗한 액체'란 의미의 옥액호(玉液湖), 둘째는 '거울처럼 맑다.' 하여 경담호(镜潭湖), 셋째는 '푸른 달처럼 보인다'고 람월호(蓝月湖), 그리고 넷째 막내는 '물결 소리가 들린다'는 청도호(听涛湖)이다.

　특히 각각의 호수 사이는 10여 개의 계단으로 이뤄진 작은 폭포들이다. 이들이 만들어내는 뽀얀 물보라들이 특히 운치 있어 눈길을 끈다. 인위적으로 조성된 인공 폭포겠지만 여행자의 눈에는 그저 자연의 일부로 보인다. 폭포 주변엔 전통 복장을 갖춘 소수민족 여성이 아름다운 미소를 지으며 함께 사진 찍기를 권유하고 있다. 폭포 계단 여기저기엔 화려하게 치장한 흰색 야크 여러 마리가 주변 경관과 멋진 조화를 이루기도 한다.

옥룡설산 빙하가 녹으며 흘러내리는 이 물길의 이름은 백수하(白水河)다. 이곳 4개 호수 지역에선 고여 있는 듯 보이며 푸른빛을 띠지만, 호수 전과 후로 흐르는 물길 부분에선 석회석 침전물 때문에 하얗게 보이기에 붙여진 이름이다.

다시 계곡 위로 천천히 올라갔다. 아름다운 정자와 누각 형태의 수월각(水月閣) 위에서 호수와 계곡 전체를 내려다보며 오늘 첫 여정인 람월곡 투어를 마무리했다.

명품 야외 공연 인상리장

2016년 초여름으로 기억한다. tvN 오락 프로그램 〈신서유기 2〉를 통해 알게 된 〈인상리장(印象麗江)〉 공연은 여행에 대한 또 하나의 로망을 나에게 심어줬다. 스크린 속 강호동과 안재현 배우가 보이던 눈물은 극의 내용을 잘 모르는 나에게도 쉬이 공감이 되었다. TV 화면에 비친 스케일이 워낙 압도적이고 웅장했기 때문이었다. '중국 가면 꼭….' 하며 다짐했던 그 로망이 바로 오늘 현실로 다가왔다. 마음은 이미 하늘을 나는 중이다.

여행사에서 제공하는 점심을 마치고 '인상리장' 공연장 입구의 긴 줄에 섰다. 〈붉은 수수밭〉, 〈진용〉, 〈인생〉, 〈집으로 가는 길〉, 〈영웅〉, 〈연인〉, 〈천리주단기〉 등 장이머우 감독의 숱한 제목 작품들을 접하며 얼마나 감탄했던가?

거장의 연출을 실경(實景) 공연으로 만나기 30분 진, 바깥에서는 잘 몰랐지만 극장 안으로 들어서자 TV로 봤던 그 규모가 비로소 실감이 났다. 직경 100여 미터의 야외 원형극장은 동쪽 절반이 관람석이고, 서쪽 절반은 무대로 양분돼 있다. 객석 정면으로 보이는 옥룡설산은 근사한 배경이자 또 하나의 무대가 되는 셈이다. 해발 3,100m의 고원에 이런 규모의 야외 공연장이라니, 새삼 놀라웠다.

1부_오프닝 영상

어느 순간 관객들 시선이 무대 오른쪽 대형 스크린으로 쏠렸다. 카운트다운 제로와 동시에 영상이 시작됐다. 해발 5,596m, 천만년 동안 누구도 정복하지 못했다는 옥룡설산과 그 아래서 대를 이어 살아가는 30만 나시족(納西族)과 여러 소수민족의 삶이 영어 자막과 함께 소개된다.

빽빽하게 들어선 기와집들과 고풍스럽게 단장된 골목길 등 천년고도 리장의 품격이 스크린 가득 실린다. 원난 차마고도의 중심지였던 만큼 스크린 속 리장의 길바닥 돌판들은 숱한 말발굽에 다져져 반들반들 빛이 난다. 말 등에 차(茶)나 약재를 싣고 먼 길을 떠나는 마방들의 얼굴엔 고단한 삶의 흔적이 주름으로 역력하다.

2부_차마고도 마방(古道馬帮)

"오늘 펼쳐질 공연은 단순한 춤과 노래가 아닙니다. 이곳에 사는 사람들의 영혼과 전통과 신앙, 그리고 그들이 사랑하는 자연이 하나로 어우러져 펼쳐지는 이야기입니다."

대략 이런 내용의 사회자 인사말과 함께 5분 영상이 끝나며 본격 공연이 시작됐다. 수백 명의 나시족 남자들이 말안장을 들고 펼치는 군무(群舞)는 역동적인 음악과 함께 빅진감이 넘쳤다. 가족의 생계를 책임지기 위해 멀리 집 떠나는 그들이다. 설산을 넘어 짧게는 몇 개월, 길게는 몇 년 동안 차마고도를 누비다 돌아올 것이었다. 나시족 마방들의 군무와 마상 공연은 험난한 차마고도에서 언제 사고를 당할지 모르는 위험에 그들이 얼마나 용감무쌍하게 대응해 나갈지를 상상하게 해줬다.

사랑하는 남편을 떠나보내고 무사히 돌아오기만을 기원하는 아낙네들의 삶도 함께 보여줬다. 농사를 짓고 아이를 키우는 모든 집안일은 온전히 그녀들의 몫, 자신의 키만 한 광주리에 찻잎을 가득 담아 짊어지곤 가파른 산

비탈을 오르는 아낙들 모습에 삶의 애환이 가득 담겼다.

3부_음주가무(对酒雪山)

　나시족 남자들은 술을 워낙 좋아했나 보다. 힘든 삶을 이겨내기 위해 술의 도움이 필요했는지도 모른다. 눈 덮인 설산을 배경으로 남자들의 춤과 노래로 뒤엉킨 술자리가 호쾌하게 묘사된다. 모두가 테이블에 올라 추는 탭댄스는 3부의 압권이다. 나시족 남성들의 호방한 기질이 극명하게 보인다. 집에서 기다리다 지친 아내들이 술자리로 찾아와선 고주망태된 남편들을 이끌고 집으로 데려가는 장면도 정겹기 그지없다. 술 취해 비틀거리며 아내 뒤를 따르던 남편이 오르막에서 힘들어하는 아내를 보곤 덥석 등에 업고 오르기도 한다.

1장 쿤밍에서 리장까지

4부_이별의 아픔(天上人间)

　공연에서 가장 애절한 부분이었다. 이승에서 이루지 못한 사랑 때문에 두 남녀가 죽음을 택하고, 전설 속 이상향 '옥룡 제3국'으로 떠난다는 내용을 담고 있다. 무대 맨 윗부분에서 옥룡설산을 배경으로 펼쳐지는 이별 장면에선 손수건으로 눈물 훔치는 관객들이 많았다. 지상에서 못 이룬 사랑을 찾아 천상으로 떠나려는 딸을 어머니와 가족들이 울며 만류하지만 결국은 헤어지는 장면이다. 이때 흐르는 음악이 너무 애절하여 모두의 심금을 울린다. 노래 제목은 나시족 언어로 〈시루오루(西若如)〉라고 했다. 우리말로는 '집으로' 또는 '귀향'이라는 뜻, 중국어 제목으로는 〈回家〉라고 하였다.

5부_전통 춤놀이 (打跳組歌)

10여 개 소수민족이 서로 손잡고 노래하며 춤추는 생활상을 재현했다. 숨넘어갈까 걱정될 정도의 고음인 여성이 길게 노래하며 막을 열었다. 이어서 고유의 전통 복장을 차려입은 여인들이 객석은 물론 사방 곳곳에서 한 명씩 나타나 노래하다가 결국엔 모두가 무대 중앙으로 모이며 함께 어울려 춤추고 노래한다. 무대 전체의 지그재그 길들도 서로 손에 손잡고 춤추는 남녀들로 가득 메워졌다. 흡사 우리의 민속놀이 강강술래를 보는 듯했다.

6부_북춤으로 하늘에 제사 (鼓舞祭天)

북소리는 예로부터 신성한 소리로 여겨져 왔다. 하늘에 닿는 울림으로써 신과의 소통 수단이 되기도 했다. 리장의 소수민족들은 스스로를 하늘의 아들이요, 자연의 형제라고 믿는다고 한다. 천국을 숭배하고 자연을 사랑하는 건 그들의 오랜 전통이라는 것이다. 6부는 '고무제천'이라는 소제목 그대로 '북춤으로 하늘에 제사 지내는' 파트다. 수많은 소수민족 남녀들이 제사 의식에 사용하는 도구를 이용해 북춤을 춘다. 하늘과 땅의 연결을 상징하는 행위이자 민족의 결속과 공동체 의식을 함양하는 모습들이다.

7부_모두의 소원을 빌다(祈福儀式)

이윽고 정식 공연은 끝이 났다. 모든 출연자가 무대 곳곳에 도열한 채 무대 중앙의 사회자가 관객들을 일으켜 세우며 소리 높여 외쳤다.

"이곳은 마법의 땅, 하늘을 부르면 하늘이 답하고, 대지를 부르면 대지가 답한답니다. 하늘을 향하여 두 팔을 높이 들고 두 손을 맞잡아 마음속 소원을 빌어보세요. 앞에 있는 옥룡설산 신령님이 여러분의 모든 소원을 들어주실 겁니다."

주제곡 〈시루오루〉가 잔잔하게 흐르는 가운데 공연장을 나왔다. 공연 내내 느꼈던 감동과 흥분이 쉬이 사그라들지 않았다. "우리는 전문 배우가 아니었습니다. 그저 이 지역 농민들이었을 뿐입니다. 오늘 공연은 우리들의 일상 삶을 표현했습니다. 서툴렀더라도 너그럽게 이해해 주세요."라던 사회자의 마지막 멘트까지도 심금을 울렸다.

옥룡설산 빙천공원

아침 8시 감해자에 도착해 옥룡설산 앞에서 시작된 초원 트레킹은 오전 내내 진행됐었다. 해발 3,200m 운삼평을 거친 후 '푸른 달 계곡' 람월곡을 내려다보며 수월각에서 멈추기까지 고즈넉한 4시간이었다. 여행사에서 제공하는 점심 식사를 마치고 1시 30분부터 〈인상리장〉 공연을 관람했다. 그야말로 빛의 속도로 지나간 공연 1시간이었다. 대략의 스토리라인을 따라잡는 데에 큰 어려움은 없었다. 옆에 앉은 영택 친구가 공연 내내 동시통역을 해 준 덕택이다.

그리고 오늘 투어의 마지막 코스를 위해 해발 3,356m 지점에 있는 케이블카에 탑승했다. 옥룡설산 정상 근처까지 올라갔다 내려오는 여정이다. 발아래로는 〈인상리장〉 공연장과 감해자가 얼핏 보이고, 람월곡과 운삼평 그리고 모우평도 빠른 속도로 멀어졌다. 이 일대에는 케이블카가 3개나 된다. 해발 3,240m 운삼평까지 가는 소삭도(小索道)와 해발 3,700m 모우평까지 오르는 중삭도(中索道) 그리고 지금 우리가 탄 케이블카는 대삭도(大索道)로 표기돼 있다.

고도가 급격히 높아지며 우리 앞자리 연인이 긴장하는 눈치가 역력하다. 두 남녀가 동시에 휴대용 산소통을 꺼내더니 곧바로 입과 코에 갖다 댄다. 수목한계선을 지나는 해발 4,000m대에 어느새 진입했는가 보다. 발아래로 녹색 숲이 사라지며 짙은 회색 바위와 하얀 빙하가 거칠게 경사를 이루는가 싶더니 어느 순간 케이블카가 멈추며 문이 열렸다. 옥룡설산의 빙하로 뒤덮인 빙천공원(冰川公园)이다. 케이블카에 오른 직후까지도 맑았던 시계(視界)는 어느새 뿌연 안개로 뒤바뀌었다. 설산 아래로 멋진 전망을 기대했는데 흡사 구름 속에 갇혀버린 형국이다. 하늘이 하는 일, 아쉽지만 어쩔 수가 없다.

그래도 빙천공원에 막 내린 사람들 입에선 여기저기 환호성이 터져나온다. 만년설을 처음 대하는 이들이 많은 듯했다. 눈 위에 드러눕거나 눈썰매를 타거나 연인끼리 눈싸움하거나 주변 모두가 경쾌해 보인다. 짙은 안개에 아랑곳없이 모두가 설산의 즐거움을 만끽하고 있는 것이다. 인증샷 찍으려는 이들이 줄 서 있는 해발 4,506m 표지석을 뒤로하고 인파를 따라 위쪽으로 천천히 올랐다. 머리가 띵하며 금세 숨이 차고 약간의 어지러움까지 느껴졌다. 여행사에서 지급해준 산소통을 꺼내어 얼른 코와 입으로 갖다 대곤 발걸음을 좀 더 천천히 움직였다.

　설산 주변은 온통 눈과 얼음으로 뒤덮여 있다. 짙은 회색의 바위들도 군데군데 드러나 보인다. 늦은 5월인 만큼 얼마 전까지도 두텁게 쌓였던 눈이 녹아내리며 저렇게 차가운 알몸을 드러낸 것이리라. 한편으론 봉우리 주변에서 굽이치는 빙하 계곡이 금방이라도 쏟아져 내릴 듯 위태로워 보인다. 오랜 세월의 흙먼지가 빙하를 뒤덮고 있었다. 원래의 순백색을 잃어버린 채 오염된 모습이다. 군데군데 드러난 빙하 속살의 연둣빛이 조개 속 진주처럼 신비로운 광채를 발하고 있다. 주변은 시끄럽지만 빙하는 고요하게 잠든 듯 보인다. 험준하고 날카로운 형상의 주변과 달리 우리가 걷는 목책 데크길은 든든하고 안정감이 느껴졌다.

만년설로 뒤덮인 채 하늘을 찌를 듯 솟아 있을 옥룡설산 정상은 끝내 모습을 드러내지 않았다. 아쉽긴 했지만 구름 속을 헤쳐 하늘과 맞닿은 위치에 올라섰다는 느낌은 충분히 들었다. 해발 4,680m 지점까지 이어진 지그재그 목책길을 절반쯤 오르다 발길을 돌렸다. 해발 4,650m 정도쯤이겠다. 고도 30m만 기필코 더 오르자는 도전 의식이, 은근히 이어지는 고산 증세에 밀린 셈이다. 산 정상 부분이 짙은 안개구름에 싸인 것도 도전을 멈추게 한 구실로 작용했다. 데크길 종점까지 기어코 올라가 봐야 시계(視界)는 어차피 흐릿하여 정상 봉우리를 보지는 못할 거라고 스스로 위안삼은 것이다.

13개 봉우리로 이뤄진 옥룡설산의 최고봉은 해발 5,596m의 선자두(扇子陡)이다. 한자 뜻대로라면 '부채처럼 펼쳐진 가파른 봉우리' 정도의 의미겠다. 지금처럼 구름에 싸여 있어 확인할 순 없지만 아마도 오랫동안 빙하에 깎여

내리면서 봉우리 부분이 부챗살처럼 갈라진 형태를 보이는가 보다. 세계 최고봉 에베레스트의 3분의 2에 그치는 높이임에도 아직까지 인간의 발길이 닿지 않은 미등정봉이라니 구름 속 선자두에 다시 한번 더 눈길이 갔다.

천년고도 리장 고성

'옥룡설산/인상리장 1일 투어'는 케이블카 타고 빙천공원을 내려오면서 끝났다. 엄밀하게는 오후 6시 리장 숙소에 도착하는 것으로 모든 일정이 끝이 났다. 아침 7시에 숙소 앞에서 픽업되어 출발했으니 11시간 동안 촘촘하게 짜인 스케줄이었다. 투어 비용은 우리 돈으로 약 15만 원, 가성비 괜찮은 수준이라 여겨진다. 인상리장 입장료 5만 원에 나머지 10만 원은 왕복 교통비, 점심 식사, 산소통과 두터운 패딩 대여, 람월곡 리무진 버스, 빙천공원 케이블카 등에 필요한 금액일 것이다. 패키지투어를 선택한 것이 역시 잘한 결정이었음을 새삼 확인할 수 있었다. 자유여행으로 소화하기엔 현장에서의 변수도 많고 여러 여건상 쉽지 않을 동선이었다.

저녁 식사는 양꼬치 요리로 아주 만족스럽게 해결했다. 숙소 바로 옆에 있는 재래시장을 미리부터 염두에 두고 있었디. 방에서 30분 쉬고 나오자마자 넷이 한걸음에 시장통 식당에 앉을 수 있었다. 리장 고성(麗江古城) 남문(南門) 밖의 대로 건너에 위치한 이곳 자오칭 시장(昭慶市場)은 오래전 종편 TV에서 본 바 있었다. JTBC 예능 프로그램 〈내 친구의 집은 어디인가〉에서 개그맨 유세윤 씨 등 출연진 여섯 명이 리장에 도착해 저녁 식사를 했던 곳이다. 먹방 장면 내내 TV 화면 상단에 '자오칭 야시장'이란 자막이 표기돼 있어서 시장 이름이 쉬이 기억에 남았다. 당시 출연진들은 다양한 꼬치 요리와 함께 구운 마늘과 부추 등을 맥주와 곁였고, 우리 넷은 양고기 꼬치 위주로 버섯 요리 약간에 바이주(白酒)를 곁들여 포식했다. 내일과 모레 이어질 호도협 트레킹을 위하여 단백질 섭취를 충분히 해둘 필요가 있었다.

꼬치 식당을 나와 시장 앞 대로인 상화로(祥和路)를 건너 고성(古城) 안으로 들어섰다. 지금까지의 콘크리트 건물과 양철 지붕 주택들은 사라지고, 상가와 주택 구분 없이 목재 기와집들이 촘촘하게 열 지어 나타났다. 차량이 다니던 도로 대신 폭 좁은 골목길이 꾸불꾸불 이어졌다. 큰길 하나 건넌 것뿐인데 분위기는 360도 뒤바뀌었다.

길바닥 변화만으로도 중세 시대로 시간 여행을 떠나온 듯 착각하게 만든다. 고작 수십 년 지났을 현대식 아스팔트 대신에 평평한 돌판들이 모자이

크처럼 끼워 깔린 전통적 돌바닥길이다. 수백 년 동안 마방들의 발자국과 말발굽에 닳아져 반들반들 윤이 나면서 그 색상과 질감에 고풍스러움을 더해주고 있다.

특히 리장 고성의 밤거리는 전통 등불의 향연장을 방불케 한다. 길 양편으로 카페나 작은 찻집 혹은 전통 수공예품 선물가게 등 모든 상가가 다양한 등불을 내걸어 저마다의 개성을 뽐내고 있다. 대나무와 한지로 만들었을 섬세한 무늬의 홍등(紅燈)들이 줄을 잇는다. 기다란 줄에는 작은 전구들이 앙증맞게 내걸린 채 붉거나 노란 불빛들은 뿜어낸다. 미로처럼 이어지는 골목길은 매혹적이고 낭만적인 분위기로 넘쳐났다.

어디선가 비틀스 명곡 〈Something〉이 흘러나왔다. 누군가가 기타에 맞춰 부르는 소리였다. 윤대흠 씨가 그쪽으로 발길을 돌렸고 남은 우리 셋도 그를 따랐다. 중국 전통 분위기 속에서 서양의 팝송이라니, 이질적이면서도 묘한 조화가 느껴졌다. 입구 간판에 '호구불견(好久不見)'이라고 쓰인 카페로 들어섰다. 오랫동안 못 봤던 친구를 만날 때 '오랜만이야.'라고 하는 인사말이라고, 김영택 군이 카페 이름의 뜻을 알려줬다.

서울 인사동 어딘가에 있을 법한 카페 분위기 그대로이다. 나를 뺀 세 사람이 중국 노래와 팝송 한 곡씩 부르며 1시간 동안 놀다 나왔다. 김춘남 씨 옆에 앉았던 나시족 웨이터가 카페 바로 옆에 유명 관광지 '목부(木府)'가 있으니 낮에 시간 나면 꼭 한번 들러보라고 강조했다고 한다. 과거 500년 동안 이곳 일대를 다스리며 번영을 누렸던 목(木)씨 가문의 궁궐로, 리장의 역사와 문화를 고스란히 간직하고 있는 곳이라지만 우리는 아쉽게도 내일 아침 리장을 떠나야 한다.

밤이 아닌 한낮의 리장 풍경이라면 장이머우 감독의 영화 〈천리주단기〉 속 여러 장면이 떠오른다. 시한부 아들의 소망을 풀어주기 위해 중국에 온 일본인 아버지의 이야기였다. 이방인의 눈에 비친 리장의 풍경과 윈난 소수민족 사람들의 일상 삶이 스크린을 가득 메운 영화였다. 나시족(纳西族) 여인들이 둥글게 원을 그리며 전통춤을 추는 장면 등 주인공의 비디오카메라에 담기는 리장의 풍경들은 정감이 넘쳐났다. 〈철도원〉으로 우리에게도 많이 알려진 배우 타카쿠라 켄이 주연을 맡은 작품이다.

영화 초반 리장의 모습이 처음 등장하는 10여 초 동안의 두 장면, 옥룡설산을 배경으로 기와지붕들이 빽빽하게 들어찬 모습과 해 질 녘 주인공이 서 있는 하천 다리 위로 홍등이 길게 줄지어 걸린 골목길 모습은 객관적으로 리장 고성을 상징하는 대표적 풍경일 것이다.

리장 고성에는 다리가 유독 많다. 나무다리와 석조다리 등 크고 작은 다리들을 오늘 밤 많이도 지난다. 물 위에 도시를 지은 듯 '동양의 베니스'라고 한 누군가의 표현이 이해가 된다. 골목과 골목을 누비는 작은 운하와 하천 같은 물길들이 홍등 불빛에 반짝거리며 이 도시의 밤거리를 수놓고 있었다.

흑룡담(黑龍潭)은 리장 고성 북부에 위치한 샘물 호수다. 옥룡설산 만년설이 녹아내린 빙하수가 백수하 등 하천을 통해 흐르거나 지하로 스며들었다가 저지대에서 수압에 못 이겨 솟아오르며 이 담수호를 채우고 있다. 흑룡

담에서 넘쳐난 샘물은 호수 남쪽으로 옥하강(玉河江) 물길을 따라 흐르다 옥하광장(玉河廣場)에서 여러 갈래 물길로 나뉘며 이 도시 곳곳으로 퍼져나간다. 상가와 가옥들로 작은 수로들이 이어지며 맑은 샘물이 흐르는 것이다.

미로처럼 얽힌 골목과 골목을 누비다가 어느 순간 확 트인 광장과 맞닥트렸다. 우리 발길도 자연스레 멈췄다. 이 고도(古都)의 심장부인 사방가(四方街)다. 광장엔 기념품 가게와 식당과 찻집과 술집 등이 즐비했다. 리장 지도를 펼쳐보았다. '사방가'라는 지명이 말해주듯 '네 방향으로 길이 뻗어나가는' 중심 광장임을 알 수 있었다.

동쪽으로 칠번가인 칠일가(七一街), 서쪽으로 만고루(万古楼)와 사자산(狮子山), 남쪽으로 목부(木府)와 충의시장(忠義市場) 그리고 북쪽으로 옥하강이 있다. 이 물길을 따라 올라가면 2개의 물레방아인 대수차(大水車)와 옥하광장(廣場) 등 리장 고성의 주요 명소들과 연결이 되는 것이다. 이를테면 리장 고성 주요 길들은 사방가를 중심으로 방사형처럼 퍼져나가는 형국이다.

광장 주변에서 소리도 가장 시끄럽고 불빛도 가장 요란한 곳으로 발길을 옮겼다. 나이트클럽에 걸맞은 분위기의 맥줏집이다. 홀 가득 메운 이들의 대화는 활력 넘치고 스피커 음악 소리는 광장 도착 훨씬 전부터 들릴 정도였다. 대도시 유흥가 분위기 그대로였다. 간판에 쓰여 있는 상호 '일미양광(一米阳光)'은 직역하면 '1m의 햇빛'이란 뜻, 의역하면 '한 줄기 빛' 또는 '짧은 순간의 아름다움' 정도로 해석될 수도 있겠다.

골목과 골목을 누비며 나시족 전통 가옥들을 만나면서는 시간이 멈춰버린 건지 아니면 우리가 몇백 년 전으로 시간 여행을 떠나온 건지 잠시 혼란스럽기도 하였다. 그러나 이곳 사방가에서의 느낌은 현대 도시의 어느 불야성 유흥가에 서 있는 기분 그대로다. 과거에서 오늘로 한순간에 시공간을 뛰어넘은 듯 옛날과 현재가 묘하게 공존하는 천년고도 리장 고성.

2장

진사강 호도협

디칭 티베트족 자치주

28밴드 넘어 차마객잔

중도객잔과 관음폭포

진사강 급물살의 중호도

호랑이가 건너뛴 상호도

디칭 티베트족 자치주

오늘은 동티베트 땅으로 첫발을 내딛는 날이다. 아침 8시에 리장 고성 남문 앞에서 택시를 잡아탔다. 4인이 함께 여행하면 이렇게 버스 아니고 택시를 타도 교통비 부담이 적어서 좋다. 우리나라에선 1시간이면 도착할 거리를 2시간 넘게 달리고 있다. 열악한 도로 조건 탓만은 아니다. 주변 지형이 워낙 험준하기 때문이다.

　진사강(金沙江)을 따라 달리던 택시가 강을 막 건너려 할 때 기사에게 잠깐만 세워달라고 부탁했다. '샹그릴라 호도협(香格里拉 虎跳峡)' 방향임을 알려주는 대형 이정표 입간판이 몹시 근사해 보였기 때문이다. 기사가 다리 앞 교차로에 흔쾌히 차를 세워줬다. 나중에 택시비를 조금 더 얹혀줄 거라 은근히 기대하는 눈치다.

　모두 차에서 내려 기지개를 켜며 사방으로 눈길을 돌렸다. 이 다리 송원교(松原桥)만 건너면 리장과는 작별이다. 다리 건너 큼직하게 세워진 입간판이 제일 먼저 눈에 들어왔다. '香格里拉欢迎您'라는 일곱 글자, '샹그릴라에 온 것을 환영합니다.'란 뜻임을 짐작할 수 있다. 입간판 옆으로는 큼직한 조형물들이 눈길을 끈다. 티베트 고유의 불탑인 초르텐을 가운데 두고, 하얀색 야크 다섯 마리가 티베트 고원을 거니는 모습을 형상화한 조형물들이다. 장족(藏族)인 티베트인들이 모여 사는 곳, 옛날엔 티베트 땅이었지만 지금은 동티베트로 불리는 곳이 바로 다리 건너 눈앞이다.

 잠시 후 택시는 송원교를 건넜고, 다리 앞 삼거리에서 우회전 길을 달렸다. 우리의 위치는 리장시(麗江市)에서 단숨에 디칭장족(迪庆藏族) 자치주로 변했다. 정확하게는 이 티베트족 자치주의 3개 행정 구역 중 하나이자 주도(州都)인 샹그릴라시(香格里拉市) 영역으로 들어선 것이다.

 샹그릴라시 전체는 남북 직선거리가 200km를 넘고, 우리는 남단 언저리를 막 지났을 뿐이다. 이 넓은 시(市) 구역 안에서 세계 여행자들이 즐겨 찾는 관광 명소 '샹그릴라'는 시 북부에 위치한 7km 범위의 넓지 않은 고도(古都)에 해당한다. 오늘부터 1박 2일 호도협 트레킹을 끝내고 모레 오전에 우리가 찾아갈 곳이기도 하다.

 택시는 계속 신사강(金沙江)을 따라 달렸다. 송원교를 건넌 후 강 오른쪽에서 강 왼쪽으로 우리 위치만 바뀌었을 뿐이다. 좀 전에 잠깐 스쳤던 이정표가 자

2장 진사강 호도협

꾼만 떠오른다. 다리 건너 삼거리에서 우회전은 샹그릴라 방향, 좌회전은 '장강제일만(長江第一湾)' 방향임을 알려주는 큼직한 이정표였다. 우리 등 뒤로 점점 멀어지고 있는 장강제일만에 못내 미련이 남는다. 반대 방향으로 20km만 갔더라면 만날 수 있었던 관광 명소다.

우리가 오늘 1시간 넘게 만나는 진사강은 장강(長江)의 다른 이름이기도 하다. 총길이 6,300km로 중국은 물론 아시아에서 제일 긴 강이 바로 장강이다. 북쪽 멀리 티베트 고원에서 발원하여 남쪽으로 이곳 윈난까지 흘러 내려왔다가 동쪽으로 방향을 틀어 쓰촨 분지를 지나고, 충칭(重庆), 우한(武汉), 난징(南京), 상하이(上海)를 거쳐 동중국해로 흘러든다. 워낙 길다 보니 강의 이름도 지역에 따라 달라진다. 티베트에서 쓰촨까지 상류 지역에선 진사강으로 불리고, 이후 중원 지역을 횡단하는 하류 지역에선 양쯔강(扬子江)으로도 불린다.

티베트 고원에서 동남쪽으로 길게 흘러 내려오던 물길이 중국 내륙을 향해 처음으로 그 방향을 휙 트는 지점이 바로 장강제일만이다. '첫 번째 물굽이'란 뜻의 '제일만(第一湾)'이 지명에 담겼다. 사진으로 익히 봐 왔지만 산과 산 사이 협곡을 흐르던 강물이 U자형 곡선을 그리며 급하게 돌아가는 절경을 눈으로 확인하지 못한 것에 못내 아쉬움이 남는다.

G214 도로를 달리던 우리 차가 진사강을 등지는가 싶더니 금세 목적지 교두에 도착했다. 시간은 오전 11시, 리장 고성을 떠나온 지 3시간 만이다. '교두(桥头)'의 중국 발음은 '차오터우'다. 윈난성 디칭장족 자치주의 샹그릴라시를 구성하는 여러 읍면 단위 중 하나인 호도협진(虎跳峡镇)에서 더 하위 행정 단위인 이곳 교두 마을에서 호도협 트레킹을 시작한다.

28밴드 넘어 차마객잔

　택시는 우회전 후 G214 도로를 뒤로하곤 큼직한 건물 앞에 우리를 내려줬다. '香格里拉 虎跳峡景区 售票中心'이라는 간판 글씨로 보아 호도협 매표소 건물임을 알 수 있다. 김영택 군이 구입해 나눠주는 입장권을 받아 들고 곧바로 트레킹을 시작했다. 택시를 옆에 세워둔 두세 명 운전사들이 다가와 뭐라고 하며 따라붙는다. 영택 군이 괜찮다며 사양하는 제스처로 이들을 물리쳤다. 산길은 위험하고 힘들 거라며 중간 지점까지 아랫길로 택시 타고 가라는 호객꾼들이라고 한다.

　중국 시골의 마을길은 호젓하기만 했다. 장족(藏族)인 티베트인들과 인상리장 공연에 등장했던 나시족(納西族) 사람들이 섞여 사는 마을이다. 지나는 차량들 때문에 흙먼지를 뒤집어쓰기도 했지만 초반이라 그런지 우리 넷 모두이 발걸음은 마냥 가볍기만 했다.

　길 왼편으로 반가운 간판이 나타났다. 다른 여행자들 블로그에서 '짐 맡기는 곳'으로 소개된 '제인 게스트하우스'다. '虎跳峡峡谷行客栈'라는 상호보다는 그 밑에 'Tiger Leaping Gorge Jane Tibetan G-H'라는 영어 문구가 금세 눈에 들어왔다. 필요한 물품만 챙기고 나머지는 모두 이곳에 맡겨두면 1박 2일 힘지 트레킹이 훨씬 수월할 수도 있었다. 그러나 이틀 동안 어떤 변수가 생길지 모르기에 우리는 그냥 다 짊어지고 가기로 했다. 제인 게스트하우스 바로 다음 건물은 '虎跳峡镇小学'라는 큼직한 간판 글씨로 보아 읍면 단위 초등학교인 듯했다.

마을 길은 포장도로지만 파인 곳이 많고 거칠었다. 지나는 차량도 꽤 많은 편이다. 어서 빨리 이 차도를 벗어났으면 좋겠다 싶을 즈음 갈림길이 나타났다. 매표소에서 1km쯤 지나온 지점이다. 직진 방향으론 '호협도보객잔(虎峡徒步客栈)' 간판을 단 숙박업소가 있지만, 우리가 가야 할 길은 왼편으로 이어진 오르막길이다. '虎跳峡徒步路口'라고 새겨진 거대한 표지석이 호도협 트레킹 코스를 안내하는 이정표 역할을 하고 있다.

고도가 조금씩 높아진다. 차량은 여전히 한두 대씩 오가지만 주변 분위기는 한결 호젓해졌다. 하천을 따라 늘어선 마을 전체의 모습도 그 윤곽을 드러냈다. 허름한 민가들 사이사이로 크고 작은 건물들도 즐비했다. 매일 조금씩 마을 모습이 변해갈 듯 여기저기 온통 공사 중이다. 잠시 헤어졌던 진사강도 우측 멀리 구불구불 곡선을 이어가며 그 장엄한 모습을 드러냈다. 산 능선을 따라 시골집들이 이어지던 포장도로가 끝나고 오르막 산길로 들어섰다. 이 구간의 표지판들은 이 길을 '교두(桥头)와 중호도(中虎跳) 사이'를 잇는 'Upper Trekking Route'로 표기하고 있다. 아래쪽 강변 'Lower Route'와 나란히 이어지는 길임을 짐작할 수 있다.

포장도로에선 완만하던 경사가 산길로 접어들며 갑자기 가팔라졌다. 힘은 부치지만 전망은 훨씬 더 좋아졌다. 흙길과 풀밭을 밟는 감촉도 한결 부드러워졌다. 급경사 언덕을 올라서자 탁 트인 시야와 함께 소박한 가건물 매점상이 기다리고 있다. 생수와 음료수 그리고 간식거리 몇 개뿐이지만 전망이 워낙 빼어난 명당자리다. 진사강의 짙은 갈색 물줄기가 계곡 아래 굽이치고, 강 양측으론 가파른 능선을 타고 여러 갈래의 길들이 지그재그를 그리고 있다.

부드러운 흙길 따라 오르내림을 반복하다 나시객잔(納西雅閣)에 도착했다. 매표소 출발한 지 3시간 만이다. 중간 이정표에는 2시간 거리라 표기됐었지만 우리는 훨씬 더 천천히 온 셈이다. 고즈넉한 경관 때문이었고, 힘들다는 느낌은 별로 없었다. 나시객잔은 호도협 트레킹 1박 2일 동안 식사나 숙박을 위해 거쳐 가는 네 군데 거점 중 한 곳이다. 넓은 마당이 옥수수 장식으로 예쁘고, 소담스러운 꽃과 나무들로 잘 꾸며진 이곳에서 푸짐한 볶음밥으로 늦은 점심을 해결했다.

  이제 악명 높은 고갯길이 우리 앞을 막아선다. 해발 2,100m인 이곳에서 고도 600m 가까이를 올라가야 한다. 오르막길이 지그재그로 스물여덟 번 굽어진다 하여 28밴드(二十八道拐)로 불린다. 좀 전 점심 식사 때 '이따가 힘들면 말을 한번 타볼까?' 하는 우리 대화를 마치 엿듣기나 한 듯 마부들 여럿이 우리를 졸졸 따라오고 있다. 28밴드 중턱쯤 가다 보면 우리가 틀림없이 자기들 말을 탈 것이라 믿는 모양이다. 그들의 촉은 정확했다. 영택 군이 마부들과 흥정한 결과 우리 돈 인당 3만 원씩이다. 28밴드 절반 남은 거리인데 좀 비싸다는 느낌이 들었지만 우리 넷은 각자의 말 위에 올라탔다.

말이라 해봐야 자그마한 조랑말이다. 나와 내 배낭을 등에 짊어졌으니 힘에 부칠 만한 덩치인데 꽤 능숙하게 걸음을 옮긴다. 조랑말도 이 일에 워낙 이골이 난 모양새다. 그러나 잠시 후 나는 곧, 말에 탄 걸 후회하는 심정이 되었다. 경사가 가팔라지면서 말이 더 이상 발을 떼지 못하기 시작했다. 그럴 때마다 마부가 앞에서 끌어당기고 채찍질까지 해댄다. 말 등에 탄 나로선 몇 발자국마다 벌어지는 이런 상황이 점점 불편해지면서 가시방석에 앉은 기분이 되어갔다.

그보다 더 큰 건 불안감이었다. 오른쪽 계곡으로 경사가 워낙 가파르다 보니, 바위투성이 좁은 길에서 조랑말이 자칫 발을 헛디디거나 기우뚱이라도 하는 날이면 그대로 추락할 수도 있겠다 싶다. 중간에 '28拐加油栈'이라고 쓰인 돌집 휴게소가 있었지만 말 탄 우리로선 쉴 필요가 없어 그냥 지나쳤다. 조마조마 마음 졸이는 사이 어느새 해발 2,670m 고개 정상에 닿았고, 나는 빛의 속도로 말에서 내렸다.

고갯마루는 옥룡설산 여러 봉우리가 잘 드러나는 위치였다. 하지만 잔뜩 흐린 날씨 때문에 설산 정상은 구름에 가린 모습만 살짝 드러낼 뿐이다. 올라올 때 우비를 둘러썼던 그대로 하산을 시작했다. 도도히 흐르는 진사강을 바라보거나 설산 봉우리를 감싼 구름들을 원망하기도 하면서 편안한 하산길을 재촉하던 어느 순간 멀리 계단식 밭 뒤편으로 하얀 벽의 기와집 여러 채가 시야에 들어왔다. 시진으로 본 적이 있어 멀리서도 눈에 익은 차마객잔이다.

30분이 채 안 걸려 오후 7시에 객잔에 도착했다. 차오터우 매표소를 출발한 지 7시간 만이다. 예약은 안 했었지만 예상대로 빈방은 있었다.

'차마객잔(茶馬客栈)'이란 상호 밑에는 'Tea Horse Trade Guesthouse'라는 영자도 함께 표기되어 있었다. '차와 말을 교역했던 옛길' 차마고도(茶馬古道) 노선상임을 강조하는 셈이다.

방에 여장을 풀고 'Viewing Platform'이라는 안내 이정표 따라 옥상 전망대로 올라가 봤다. 옥룡설산이 근사하게 조망되는 위치라고 했건만 아직도 설산 봉우리들은 여전히 구름에 휩싸였다. 오후 내내 가랑비를 동반하는 흐린 날씨가 새삼 야속해졌다.

시끌벅적한 식당에 모여 앉았다. 옛날엔 차마고도를 누비던 마방들로 붐볐을 공간이다. 가족의 생계를 위해 먼 길을 떠나온 그들이 잠시 들러 차를 마시거나 하룻밤 묵으며 고단한 몸을 쉬게 했을 것이다. 오늘날 이곳엔 세상 곳곳에서 몰려온 트레커들로 붐빈다.

설산 전망에 대한 아쉬움은 저녁 식사 메뉴로 충분히 보상이 되었다. 이곳 명품 요리로 소문난 오골계 백숙에 칭다오 맥주 한 병씩을 곁들이며 우리 네 사람의 호도협 첫날 하루가 기분 좋게 마무리되었다.

※ 호도협 1일 차 구간 거리와 해발고도: **차오터우桥头 매표소**(해발 1,850m) **1km→호협도보객잔**(해발 1,880m) **5km→나시객잔**(해발 2,160m) **2.5km→28밴드 종착지 정상**(해발 2,670m) **3.5km→차마객잔**(해발 2,450m)

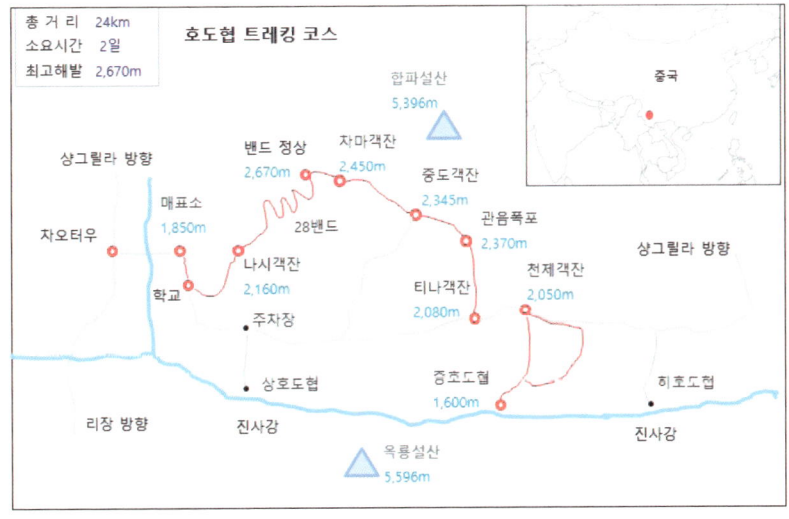

중도객잔과 관음폭포

　아침 날씨는 어제보다 한결 맑아졌다. 화창한 건 아니지만 걷기엔 딱 좋을 날씨. 9시에 기분 좋게 차마객잔을 나섰다. 넷 모두 배낭을 부쳐버렸기에 홀가분한 상태다. 코스 종점이자 오늘 숙소인 티나 게스트하우스까지 배낭 4개 부치는 데 우리 돈 3만 원 가까운 비용을 지불했다. 생각보단 저렴했다.

　장족(藏族)과 나시족(納西族) 사람들이 어울려 사는 산골 마을 골목길을 유유히 누비며 지났다. 윈난 지역 소수민족들의 아침 일상을 바로 옆에서 엿보는 느낌이다. 허름한 돌벽에 슬라브를 대충 얹은 집도 있고, 단단한 외벽의 기와집도 보인다. 아침밥을 짓는지 군데군데 굴뚝에선 뿌연 연기도 뭉게뭉게 피어오른다. 오랜 세월 이곳에 뿌리내리고 살아온 오지 마을 가족들 모습이 그려진다. 밥상 앞에 대여섯 식구가 옹기종기 모여 앉았을 정겨운 풍경이다.

아침 식사는 진작 끝냈는지 잠든 아기를 등에 업고 깊은 계곡을 내려다보며 서 있는 아낙이 있고, 계단식 밭에서 괭이로 흙 일구는 부부의 모습도 보인다. 집과 집 사이 골목길에는 강아지 두 마리와 염소 한 마리가 한가로이 배회 중이다.

마을 끝나는 언덕에선 큼직한 이정표가 방향을 안내해줬다. '교두(桥头)와 중호도(中虎跳)를 잇는 고로도보선(高路徒步线, Upper Trekking Route)', 색깔만 다를 뿐 어제 산길 초입에서 만났던 안내 글과 똑같다.

마을을 벗어나고 잠시 후 어쩐지 기분이 싸했다. 오르막 오솔길을 따라 걷다 보니 어느 순간 길의 흔적이 사라졌다. 군데군데 있었던 이정표를 무심코 지나쳤는지 산 중턱에서 길을 잘못 들었나 보다. 당황스러웠지만 올라온 길 다시 내려가야 맞을 거라는 확신도 없었다.

2장 진사강 호도협

우리 일행 셋과 외국인 서너 명의 모습도 조금 아래쪽에 보였다. 아마도 열심히 내 뒤만 보고 따라오는 모양이다. 앞서가는 내가 어련히 알아서 맞게 갈 것이라고 무턱대고 믿는 듯했다. 길 없는 잡초 지대 오르막을 허겁지겁 올랐지만, 정상 언덕마루에도 역시 길다운 길은 보이질 않았다. 사방 확 트인 전망이 그나마 위안이 되었다.

힘이 빠진 상태에서 주변 경관에 넋 놓고 퍼질러 앉았다. 뒤따르던 이들도 잠시 후 숨 헐떡이며 내 옆까지 올라왔다.

"I'm sorry. I think we're lost(미안하다. 우리가 길을 잘못 든 것 같다)."

죄인 된 기분으로 내가 이실직고했다. 모두가 잠시 멍한 표정들이었다가 이내 상황 파악이 되는 듯했다. 도보 여행에서 길을 잘못 드는 일은 다반사, 모두 대수롭지 않은 표정들이다. 언덕마루에서 내려다보이는 호도협 풍광으로 눈 돌리며 모두가 환호한다. 맞은편 옥룡설산의 자태는 더욱 웅장해졌고 1,000여 미터 아래 진사강 물결은 변함없이 굽이치고 있었다. 잘못 올라온 길을 잠시 후 30분 동안 도로 내려간 다음에 원래의 길을 다시 찾았다.

1박 2일 호도협 트레킹 총거리는 21km다. 이 중 차마객잔에서 중도객잔까지 5km는 호도협의 백미이면서 하이라이트 구간이다. 오르막 내리막 거의 없이 평지라 어렵지도 않다. 그러나 길의 폭이 좁아 위험해 보이고 가끔은 아찔한 구간도 만난다. 왼편은 절벽으로 막혔고, 오른편은 천길 낭떠러지인 구간을 여러 번 지난다.

절벽 중턱에 오랜 세월 동안 바위를 깎고 다듬어 조그만 길을 내었다. 멀리서 보면 수직으로 솟은 바위산 절벽에 길고 가느다란 선 하나 그어 놓은 형국이다. 그 선 위를 지나는 트레커들은 멀리서 보면 얼핏 작은 개미들처럼 보이기도 했다. 지날 때는 다리가 후들거리며 긴장되지만 지나기 전과

지난 후 멀리서 떨어져 바라보는 풍경은 그야말로 장엄하다. 거대한 바위 위에 큼직하게 새겨진 'TIBET'라는 글자도 보인다. 이곳이 그 옛날엔 티베트 땅이었음을 상기시켜 준다.

12시 조금 못 되어 중도객잔(中途客棧)에 도착했다. 마을 어귀부터 '중도'의 영어 표기인 'Halfway' 이정표를 여러 번 만났다. 붉은색 분위기가 근사해 보이는 3층 목조건물이었다. 우리나라 여러 산악회에서 왔다가 달아 놓은 리본들이 주렁주렁 매달려 있어 눈길을 끈다. 일행이 식당 카운터를 찾아 주문하는 사이에 나는 먼저 화장실을 찾았다. 볼일이 급했던 건 아니다. 전에 다른 이들 블로그에서 인상 깊게 보았던 '그곳'을 현장 확인하고 싶어서였다.

화장실 입구에 붙은 '천하제일측(天下第一廁) 세계공인(世界公认)'이란 간판 내용에 저절로 웃음이 나왔다. 세계가 공인하는, 하늘 아래 최고의 측간이란다. 화장실 들어서자마자 확 트인 바깥으로 옥룡설산 정경이 마치 사각의 스크린 영상처럼 멋지게 펼쳐졌다. '천하제일 화장실'이라는 자랑이 허세가 아님을 알 수 있었다.

십여 초 지나자 참 다행이란 생각도 들었다. 노크도 필요 없는, 낮은 칸막이만 있는 개방형 화장실이다. 세 자리 모두 비어 있기에 망정이지 누군가 앉아서 큰일이라도 보고 있었다면 불쑥 들어선 나와 눈이 마주치며 서로 민망했을 상황이었다.

　중도객잔 옥상 테라스는 옥룡설산 전체를 한눈에 조망할 수 있는 명당이다. 먼저 올라온 일행 셋이 테라스 중앙 테이블 하나를 잡아 점심 메뉴를 주문하고 기다리는 중이었다. 옆 테이블들에서도 외국인 등 여러 팀이 주변 절경에 취한 듯 모두 들떠 있는 모습들이다. 울퉁불퉁 솟아 있는 설산 봉우리들은 하늘을 찌를 듯 날카롭고, 중턱 절벽들은 깊게 파인 주름투성이다. 수백만 년 세월의 흔적을 그대로 담고 있었다. 이곳저곳 주름 골들을 메꿔 주기나 하려는 듯 산 중턱 뭉게구름들이 떠도는 모습이 테라스 앞 풍경을 더욱더 극적으로 꾸며주고 있다.

　중도객잔은 해발 2,345m에 위치한다. 아침부터 지나온 5km는 거의 평지였지만 이제부턴 내리막으로 바뀐다. 종착지 티나객잔은 해발 2,080m이다. 잠시 동안은 좀 전까지와 비슷한 절벽 중턱길이 이어졌다. 멀리 앞서가는 트레커들이 산허리를 돌아 왼쪽 바위 뒤로 사라지기 직전의 모습들이 특히 인상에 남았다. 트레커 왼쪽 위로도 거대한 절벽, 오른쪽 아래로도 수직의 가파른 절벽이라 그 위태로워 보이는 곳에서 홀연히 사라지는 모습들이 아득하면서 영화 속 장면처럼 비장감 넘쳐 보이는 것이다.

이어서 만나는 관음폭포(观音瀑布)는 호도협의 또 다른 백미다. 구글 지도에는 '용동수폭포(龙洞水瀑布)'로 표기돼 있다. 중도객잔에서 30분 지나 만났다. 멀리서 폭포를 바라볼 땐 먼저 걱정이 앞섰다. 수직의 절벽을 타고 흐르는 폭포수가 거세진 않은 듯했지만 계곡의 높이만큼 낙차가 커서 위험해 보였다. 폭포수 중턱을 뚫고 길이 이어졌는데 과연 저 폭포수 속을 안전하게 지날 수 있을까 하는 두려움이 앞섰다. 물살에 밀리거나 젖은 바윗길에서 미끄러지기라도 한다면 절벽 아래 계곡으로 그대로 추락하는 것이다.

막상 가까이 다가와서 보니 괜한 걱정이었다. 마냥 시원한 느낌이고, 건너는 이를 위험에 빠트릴 정도의 풍부한 수량은 아니었다. 여러 갈래의 졸졸 흐르는 시냇물들이 멀리서는 하나로 뭉쳐져 보였고, 그 높은 낙차로 인해 더 위협적으로 보였을 뿐이었다.

관음폭포에서 티나객잔까지는 거칠 것 없이 편안한 내리막 흙길이었다. 중도객잔까지 2시간 반, 점심 식사 1시간, 이어서 이곳 종착지까지 1시간 반, 도합 5시간 만에 오늘 숙소에 도착했다.

※ 호도협 2일 차 구간 거리와 해발고도: **차마객잔**(해발 2,450m) **5km**→**중도객잔**(해발 2,345m) **2km**→**관음폭포**(해발 2,370m) **2km**→**티나객잔** (해발 2,080m)

진사강 급물살의 중호도

'금모래'라는 의미가 담긴 진사강(金沙江)은 장강(長江) 상류를 일컫는 다른 이름이다. 티베트 고원에서 남쪽을 향해 먼 길을 달려온 장강은 첫 번째 굽이인 장강제일만(長江第一灣)에서 유턴하며 브이(V) 자 형태로 방향을 바꾼다. 그리곤 북쪽으로 40km를 흐른 물길은 두 번째 굽이인 호도협을 만나 동쪽으로 방향을 틀며 그 성격까지 돌변한다. 도도하고 잔잔했던 물살이 단숨에 격해지며 거세게 요동치는 것이다. 원인은 두 가지다. 첫째는 넓고 여유롭게 흐르던 강물이 갑자기 폭 좁은 계곡으로 내몰린 탓이고, 둘째는 거의 평지였던 바닥 지형이 급경사 내리막으로 바뀌기 때문이다.

호도협(虎跳峽)은 옥룡설산(玉龍雪山, 5596m)과 합파설산(哈巴雪山, 5396m) 사이에 형성된 깊은 골짜기이다. 계곡이 워낙 깊고 가파르다 보니 마치 하나의 거대한 산을 날카로운 칼로 두 동강 내어 살짝 틈을 벌려 놓은 모양새다. 진사강 물살이 갑자기 소용돌이치며 흘러드는 이유이기도 했다.

갈라진 틈으로 밀려든 강물이 수천수만 년 세월을 흐르며 강바닥이 계속 파이고 침식되어 높이 2,000m에 이르는 거대한 협곡으로 변했다. 총길이 16km까지 이어진 계곡은 이렇듯 높고도 깊지만 그 폭은 너무나 좁다. 그 옛날 포수에게 쫓기던 '호랑이(虎) 한 마리가 단숨에 뛰어 건넌(跳) 계곡(峽)'이라 하여 '호도협'이다. 강과 협곡의 폭이 워낙 좁고 깊은 데다가 상류와 하류의 낙차가 200m에 이르다 보니 물살은 거세고 난폭해질 수밖에 없다.

옥룡설산은 10여 개의 설산 봉우리들이 마치 하얀 옥색의 용이 누워 있는 것처럼 보인다 하여 붙여진 이름이다. 우리가 리장에 도착한 이래 〈인상리장〉 공연 때와 해발 4,650m 빙천공원에 올랐을 때를 비롯해 1박 2일 트레킹을 끝낸 지금까지 옥룡설산은 우리의 시야를 벗어난 적이 없다. 게다가 '서유기'의 손오공이 옥황상제에게 벌을 받아 500년간 유폐됐던 곳이라는 설화까지 떠올리면 이 설산은 더한층 친근한 느낌으로 다가온다.

반면에 합파설산은 계곡을 사이에 두고 옥룡설산과 마주하고 있지만 어쩐지 멀리 있는 존재인 듯 소원한 느낌이다. 정상 봉우리들이 시야에 잘 들어오지 않기 때문이다.

호도협 트레킹은 합파설산에서 이어진 산기슭 비탈길과 협곡 절벽길을 따라가며 총거리 21km를 걷는 1박 2일 여정이다. 해발 1,850m 교두(桥头)에서 출발하여 해발 2,670m인 28밴드 정상을 거친 후 해발 2,080m의 티나 객잔에서 끝이 난다.

다양한 각도로 마주하는 옥룡설산의 비경은 벅찬 감동을 안겨주고, 진사강 물길과 협곡이 어우러지는 장관은 짜릿한 스릴을 맛보게 해 준다. 그 옛날 마방(馬帮)들이 무거운 짐을 등에 이거나 말에 싣고 가족의 생계를 위해 걸었던 차마고도의 한 줄기이다. 말들의 배설물과 마방들의 땀방울로 얼룩졌던 그 길이 오늘날에는 세계 각지에서 몰려든 트레커들 발자국으로 다져지고 있다. 페루의 잉카 트레일과 뉴질랜드 밀포드 트랙과 함께 세계 3대 단거리 트레킹 코스로 자주 언급된다.

총거리 16km에 이르는 진사강 호도협 구간은 상류부터 하류에 걸쳐 상호도(上虎跳), 중호도(中虎跳), 하호도(下虎跳)로 나뉜다. 가장 상류인 상호도는 협곡의 폭이 가장 좁은 만큼 물살도 가장 거센 구간이다. 위치상 리장과 샹그릴라를 잇는 G214 도로에 가깝고, 차에서 내리면 도로 바로 옆에서 협곡의 거센 물살과 절경을 한눈에 내려다볼 수 있다. 때문에 상호도는 관광객들이 가장 많이 몰리는 곳이다. 반면에 가장 하류이자 저지대인 하호도는 강폭이 넓어지는 위치라 물살이 잔잔해지면서 관광객들을 끌어들일 만한 특별한 매력은 적다.

상호도와 하호도 사이의 중호도는 1박 2일 호도협 트레킹이 끝나는 위치다. 걷는 도중 여러 번 만났던 이정표상 코스 표기도 '교두(桥头)와 중호도(中虎跳)를 잇는 고로도보선(高路徒步线, Upper Trekking Route)'이었다.

아침 9시에 차마객잔을 출발했던 우리는 오후 2시 반에 코스 종착점이자 오늘 숙소인 중호도의 티나객잔에 도착했다. 좌우 수백 미터 거리에 장선생객잔(张老师客栈)과 천제객잔(天梯客栈) 등 다른 숙박업소들도 여럿 더 있다.

아침에 부쳤던 배낭들을 찾아 인수하고 체크인한 뒤 방에서 1시간 동안 쉬었다가 다시 밖으로 나왔다. 객잔 인근의 거대한 다리 신천대교(神川大桥)를 건너 중호도 이정표를 따라 도로 오른쪽 숲길로 내려섰다.

시작부터 만만치가 않다. 고도차 500여 미터를 내려가는 것이다. 45도 급경사 길을 조심조심 지그재그로 내려갔다. 길 폭도 좁고 오가는 이들도 많아 중간중간 정체 구간에선 멈춰 기다려야 했다. 이런 험한 길을 말 타고 지나는 이들도 여럿 지난다. 힘에 부친 이들을 위해 마부가 옆에서 말고삐를 잡아 끄는 유료 탈것이다.

해발 2,080m인 티나객잔을 출발한 지 1시간 만에 해발 1,600m인 중호도 계곡에 도착했다. 1.5km에 불과한 거리였지만 가파른 절벽 길이었던 만큼 시간이 꽤 많이 걸렸다. 같은 길을 다시 올라갈 일이 걱정스러웠지만 그것도 잠시, 거대하게 요동치는 대자연과 맞닥트리며 정신이 이내 혼미해졌다. 폭포처럼 쏟아져 내리는 누런 흙탕물은 엄청난 굉음과 함께 우리에게 평생 본 적 없는 낯선 풍광을 연출해주고 있었다.

하호도 쪽으로 난 완만한 길을 따라 천천히 편안하게 돌아갈 수도 있었지만, 내려왔던 길로 다시 힘들게 올랐다. 네 사람 모두 배가 고팠기에 시간을 절약하기 위해서였다. 마지막 힘을 쏟아내며 1시간 반 만에 숙소인 티나객잔으로 돌아왔다.

7시 30분부터 푸짐한 저녁 식사 자리가 시작됐다. 식당 창문으로 내려다보이는 중호도 계곡 물살은 어둠이 깔리면서 더 근사하고 장엄해 보였다.

호랑이가 건너뛴 상호도

티나객잔은 여행자들에게 통상 '티나 게스트하우스'로 불린다. 멋진 기와지붕을 얹은 3층 건물이다. 입구 간판에 있는 정식 명칭은 '중협국제청년여사(中峡国际青年旅舍)'다. 구태여 뜻풀이해보면 '중호도협 세계 여행자 숙소' 정도이겠다. 영어로는 'International Youth Hostel Tina's Guesthouse'로 표기돼 있다.

아침 7시의 티나객잔 주변 풍경은 몽환적이다. 옥룡설산의 맨 밑자락 기슭이지만 해발고도는 2천 미터가 넘는다. 산자락 이곳저곳을 기웃거리는 뭉게구름들이 눈앞 정면에서 부유하고, 시야를 조금 내리면 어제 만났던 중호도 거센 물살이 먼 거리 때문에 동네 하천처럼 아담하고 얌전해 보였다.

티나객잔은 진사강과 나란히 이어지는 강변도로에 위치한다. 강 상류로 향하는 왼쪽은 상호도와 리장 또는 샹그릴라 방향이고, 하류인 오른쪽으로 가면 하호도를 거친 후 합파설산을 빙 돌아 우회하며 멀지만 역시 샹그릴라까지 이어진다.

엊저녁 숙소에 부탁해 둔 차량이 아침 식사 후 도착했다. 둥글고 귀여운 외형 때문인지 소위 '빵차'로 불리기도 하는 7인승 봉고차다. 하루 종일 우리를 태워 다니는 조건으로 우리 돈 10만 원 정도의 위안화를 지불했다.

8시에 숙소를 출발한 빵차는 30분 가까이 걸려 상호도 주차장에 도착했다. 10km밖에 안 되는 짧은 거리치고는 꽤 시간이 걸린 셈이다. 산악지대의 도로 특성상 좁고 굽이진 급경사 급커브 구간이 많았기 때문이다.

상호도 주차장은 넓었다. 주변 부대시설들도 꽤 구비가 잘 돼 있는 듯하다. 아침 시간이라 인파는 많지 않았지만, '샹그릴라 호도협 풍경구(香格里拉虎跳峽風景区)'의 최고 관광 명소임을 주변 외관으로도 쉽게 짐작케 했다. 잘 조성된 계단을 따라 협곡 아래로 내려갔다. 가파르고 험했던 어제 중호도 길과는 확연히 달랐다. 대부분 구간이 넓고 편안한 데크 계단으로 이어졌다.

진사강 물살이 일으키는 거센 굉음이 점차 가까워졌다. 바람에 실려 오는 물방울 입자들이 뿌연 안개처럼 주변을 감싸오기도 한다. 20여 분 만에 계단 끝 광장에 내려섰다. 강변 한편에 짙은 갈색 호랑이 한 마리가 우리를 향해 날카로운 이빨을 드러내고 있다. 호도협 전 구간의 대표 랜드마크라

할 수 있는 조형물이다. 그 옛날 포수에게 쫓기던 바로 이 호랑이(虎)가 강물을 뛰어 건너(跳) 반대편 계곡(峽)으로 도망갔다는 말이다.

강 한가운데에는 커다란 바위 한 덩이가 버텨 서서 거센 물살을 온몸으로 막아내는 중이다. 바위에 부딪힌 급류는 주변 물결을 온통 소용돌이치게 만들며 요란한 굉음과 하얀 포말들을 뿜어낸다. 이 바위 이름은 호도석(虎跳石)이다. 옛날 그 호랑이가 강을 건널 때 이 바위에서 도약할 수 있도록 중간 가교 역할을 해줬다는 것이다.

강 건너 절벽 위로는 우리가 1시간 전에 지나온 2개의 터널과 그 사이를 잇는 멋진 고가 다리가 그 위용을 뽐내고 있다. 진사강 물살과 묘한 조화를 이루며 한 폭의 벽걸이 그림을 연상케 했다.

30여 분 머물다 발길을 돌렸다. 계단을 오르다 잠시 멈춰 뒤돌아보았다. 진사강 그리고 호도협과 이제 이별이라는 감상이 살짝 일면서 호랑이 조형물과 눈이 마주쳤다. 자신에게 총을 겨누는 포수를 향해 '흥, 쏠 테면 쏴 보라지!'라며 으르렁대는 표정이다. 호도석을 가교로 강을 뛰어넘기 0.1초 전의 모습 말이다.

3장

윈난 샹그릴라

잃어버린 지평선
신들의 거처 송찬림사
나파하이와 두커종 고성
삼강병류의 차마고도
소금 마을 옌징 앞에서
구름 속에 갇힌 매리설산

잃어버린 지평선

'저 멀리, 눈이 닿는 가장 먼 곳에, 첩첩이 쌓인 눈봉우리들이 병풍처럼 펼쳐져 있었다. 빙하로 화려하게 장식된 그 봉우리들은 마치 수십 층의 구름 위에 떠 있는 것처럼 보였다.'

영국 작가 제임스 힐턴의 소설 〈잃어버린 지평선(Lost Horizon)〉의 일부다. 티베트나 히말라야 설산들이 아직 서방세계에 잘 알려지지 않았던 시절, 불의의 비행기 사고로 적막한 고원에 불시착한 주인공 일행은 절망과 공포 속에 주변을 둘러보고 있었다. 그들이 조난돼 머문 '샹그릴라(Shangrila)'라는 가상의 지명은 이 소설을 통해 세상에 처음 나왔다. 이곳에서 그들은 오래전부터 살아온 토착민들과 함께 육체적으로 늙지도 않고, 세상 근심도 없이 그저 평온하게 오래 살았다. 세월이 흐른 뒤 주인공은 그리운 고향을 찾아 샹그릴라를 떠난다. 그러나 그는 곧 후회하며 다시 그곳을 찾아가려 했지만 결국은 찾아내지 못한다. 소설 속 샹그릴라는 결국 지상의 낙원이나 꿈속의 이상향 같은 곳으로만 남게 된다.

이 소설이 나온 1933년은 인류 최초의 대살육 사건인 제1차 세계대전이 끝나고 그 후유증이 차츰 치유되던 시기였다. 사람들의 삶이 어느 정도 정상 궤도를 회복하는가 싶었는데 곧이어 경제 대공황의 광풍이 몰아쳤다. 암울한 현실에서 도피하고픈 이들이 동쪽 멀리 어딘가에 있다는 소설 속 샹그릴라를 찾아 히말라야와 티베트 쪽으로 떠났다. 그러나 모두 허사였다. 소설 속 무릉도원과 같은 낙원은 그 누구도 찾아내지 못했다.

그리곤 제2차 세계대전이 터졌다. 세상은 다시 죽음의 공포에 휩싸였다. 수년 동안 약 8천만 명의 사망자를 내며 전쟁은 겨우 끝이 났다. 전쟁의 결과로 중국은 단시간 내에 공산 통일되었고, 티베트를 포함한 중국 대륙 전역은 이제 외부 여행객들의 발길을 허용하지 않는 금단의 땅으로 변해버렸다. 동쪽 히말라야 주변 어딘가에 있다는 소설 속 그 지상낙원도 사람들 뇌리에서 점차 잊혀졌다. 샹그릴라는 이제 현실의 땅이 아닌 꿈속의 이상향일 뿐으로 굳어져 온 것이다.

50년 세월이 흐른 어느 날, 중국의 한 지방정부가 '드디어 샹그릴라를 찾아냈다'고 떠들썩하게 발표했다. 윈난성(云南省) 디칭(迪慶)티베트족(藏族) 자치주를 구성하는 3개 현 중 하나인 중뎬현(中甸縣)이 소설 『잃어버린 지평선』 속 그 샹그릴라임이 입증됐다는 것이다. 지리적 문화적 제반 요건이 소설과 일치하며 장기간에 걸친 엄격한 고증의 결과임을 강조했다.

피폐해진 일상에서 꿈속 이상향을 그리던 서방세계 많은 이들의 시선이 중국 윈난으로 쏠렸다. 관광 수입과 외화 자본이 절실했던 중국은 중앙 정부 차원에서 발 빠르게 움직였다. 발표 4년 후인 2001년에는 중뎬현을 아예 샹그릴라현(香格里拉縣)으로 공식 개명해 버렸다. 티베트 문화를 샅샅이 뒤져 발음이 비슷한 한자를 찾아냈고 '샹거리라(香格里拉)'라는 중국식 지명을 채택한 것이다.

샹그릴라 또는 샹거리라의 어원은 샴발라(Shambhala. 香巴拉)다. 불국정토인 피안의 세계를 일컫는 티베트 전설 속 이상향을 가리킨다. 티베트인들 마음속에는 세상이 탐욕과 부패로 종말을 맞을 때 샴발라 불국의 왕이 홀연히 나타나 자신들을 구원해 줄 거라는 믿음이 전해져 내려온다고 한다.

동티베트 땅에 속하는 윈난성 중뎬에 대한 샹그릴라 개명은 이렇듯 중국 정부의 용의주도한 관광 마케팅의 산물이었다. 식민지 티베트인들의 심리를 잘 다독이며 서구 여행객들의 생리까지 치밀하게 간파해 낸 상술이다. 새로운 지명으로 그럴싸하게 포장된 샹그릴라에는 이후 낙원을 꿈꾸는 해외 관광객들이 밀려들기 시작했다. 중국 정부의 영리한 계산은 대성공으로 이어졌고 한 단계 조치가 더 취해졌다. 2014년에 샹그릴라현을 현급시(縣級市)인 샹그릴라시(市)로 승격시킨 것이다. 그리고 오늘에 이르렀다.

신들의 거처 송찬림사

중국의 행정 단위는 다섯 단계로 이뤄진다. 제1단계는 성급(省級)이다. 베이징, 상하이 등 4개 직할시와 윈난, 쓰촨 등 22개 성(省) 그리고 내몽골, 시짱 등 5개 자치구에 홍콩과 마카오 2개 특별행정구를 합친 33개 행정 단위가 성급에 속한다. 이들 각 성(省)을 구성하는 제2단계는 지급(地級) 행정 단위다. 지구(地区)나 자치주(自治州) 또는 지급시(地级市)가 이들에 해당한다. 그 하위인 제3단계는 현(縣) 또는 현급시(縣级市)이고, 제4단계는 우리의 읍면에 해당하는 진(镇)과 향(鄉) 그리고 최소 단위인 제5단계는 마을을 뜻하는 촌(村)이다.

며칠 전 우리가 지나온 쿤밍과 리장은 지급시였고 따리는 자치주였다. 세 도시 모두 윈난성 휘하의 제2단계 지급(地級) 행정 단위다. 우리가 리장시를 벗어나며 발을 들인 이곳은 디칭 티베트족(迪庆藏族) 자치주 휘하의 제3단계 현급시(縣级市)인 샹그릴라다. 앞에서 본 대로 원래는 중뎬현이었다가 2001년에 샹그릴라현으로 그리고 2014년에 샹그릴라시로 개명되었다.

샹그릴라시는 모두 4개 진(镇)과 7개 향(鄉)으로 이뤄진다. 일반 여행자들은 이들 11개 지역 중 두 군데인 호도협진(虎跳峡镇)과 건당진(建塘镇)을 주로 찾아간다. 우리 역시 예외는 아니어서 호도협진은 지난 이틀간 두 발로 걸으며 충분히 거쳤다. 그리고 오늘은 아침에 상호도협을 둘러본 뒤 계곡과 능선으로 이어지는 G214 도로를 달려 건당진에 도착했다. 소설 『잃어버린 지평선』에서 주인공 콘웨이 일행이 비행기 사고로 불시착했다는 바로 그 샹그릴라의 중심인 곳이다. 그 옛날 마방(馬幇)들이 수십 마리 말에 보이차 등 교역품을 싣고 몇 날 며칠을 힘겹게 걸어왔을 차마고도 험난한 루트를 우리는 봉고차 타고 3시간 만에 도착한 것이다. 해발고도 3,300m에 가까운 이곳에서 우리가 관심 갖는 타깃 지역은 세 군데, 송찬림사와 나파하이 그리고 올드타운 고성(古城)이다.

주차장에 봉고차를 세워두고 셔틀버스로 2km를 이동하고서야 송찬림사(松贊林寺) 입구에 도착했다. 소설『잃어버린 지평선』에 묘사되는 '신비롭게 빛나는 금빛 찬란한 사원' 그대로의 모습이다. 지붕들과 외곽이 온통 금빛으로 번쩍인다. 입구 안내판 소개 글에는 한글 표기도 있어서 반가웠다. 달라이 라마 5세 때인 1681년 준공됐고, 청나라 때는 '귀화사(歸化寺)'란 이름도 있었다고 한다.

멀리서 볼 때부터 황금빛 지붕이 워낙 찬란해 보였던 3개의 대전(大殿) 건물은 길강(吉康), 찰창(扎倉), 주강(主康)이란 이름으로 소개돼 있다. 입구로 들어서자 잠시 후 길고 가파른 계단이 기다린다. 머리가 띵한 약간의 미열을 느꼈다. 아침에 상호도협 해발 1,800m에서 고도 1,500m를 더 올라왔으니 당연한 증세일 것이다. 고소증이 심해지지 않도록 심호흡 크게 해가며 최대한 천천히 움직였다.

계단이 거의 끝나는 갈림길에서 가이드 안내에 따라 시계방향 왼편으로 올랐다. 길강대전(吉康大殿)이라고도 한다는 총카파대전(宗喀巴大殿)을 맨 먼저 만났다. 티베트 불교의 개혁가이자 겔룩파(格魯派) 황교(黃敎)의 창시자인 총카파 대사를 모시는 불당이다. 정중앙에 자리한 대사의 황금빛 불상이 눈부실 정도로 장엄하다. 해탈과 윤회를 묘사한 듯한 탱화(幀畵)들이 천장과 벽면을 온통 장식하며 화려한 색감과 섬세한 터치를 뽐내고 있다.

3개의 주축 건물 중 가운데에 가장 높게 위치한 찰창대전(扎倉大殿)은 송찬림사의 중심인 대웅전(大雄殿) 역할을 하는 곳이다. 불교의 길상수(吉祥數)를 나

타내는 108개의 나무 기둥들이 건물을 받치면서 승려 1,600명을 동시에 수용할 수 있는 규모라고 한다. 좌선하고 앉은 승려들 독경 소리가 천상의 화음처럼 청아하게 들렸다. 야크 우유를 응고시켜 만든 버터기름 수유(酥油)가 타오르며 은은한 불빛을 발하고 있다.

찰창대전이 티베트 지도자 달라이 라마를 모시는 불당이라면 바로 옆 석가모니대전(釋迦牟尼大殿)은 중국 정부가 인정하는 티베트 지도자 판첸 라마를 모시는 곳이다. 티베트 불교에서 '여덟 갈래 바른길'을 나타내는 팔정도(八正道)와 2마리 사슴 그리고 4개의 마니차(摩尼車) 조형물들이 3개의 대전 건물 지붕 위에서 역시 금빛 찬란하게 빛나는 모습이 유독 이채롭다.

중앙 계단을 따라 내려온 뒤부터 길 양편으로 늘어선 벽돌집들이 새삼 눈에 들어왔다. 1시간 반 전에 힘겹게 올라올 때는 미처 눈여겨보지 못했던 집들이다. 승려들이 숙식하는 주거 공간이라고 한다. 양철 지붕 얹은 허름한 가옥들이 오밀조밀 들어찬 아랫동네 풍경이 황금빛 찬란한 위쪽 본당 건물들과 묘한 대비를 이뤘다. 송찬림(松贊林)은 '하늘나라 신들이 사는 낙원'이란 뜻도 담겨 있다고 했다. 이곳 '낙원'에서 신들과 함께 하루하루를 살아가는 승려들의 행복감이란 어느 정도일지 상상해 본다.

다시 버스를 타고 주차장으로 돌아왔다. 드넓은 평원 앞 산악지대에 올려진 위치 때문인지 멀리서 보이는 송찬림사는 이 세상 모습이 아닌 것처럼 아득해 보인다. 고요한 호수 라무양쵸(拉姆央措)에 투영된 사원의 모습은 그저 잠깐 나타났다가 곧 사라지고 말 신기루의 느낌이다. 저 정도 규모가 '작은 포탈라궁'으로 불린다고 하니 티베트 불교 사원을 처음 본 나로서는 라싸에 있다는 포탈라궁은 과연 얼마나 대단할지 새삼 궁금해진다.

나파하이와 두커종 고성

송찬림사를 떠나 샹그릴라 시내 적당한 숙소에 여장을 푼 우리는 곧바로 나파하이(納帕海)로 향했다. 바다 같은 호수이면서 또한 초원이라니 과연 어떤 곳인가 궁금했다. 샹그릴라 도심에서 북서쪽으로 8km를 달렸다. 대부분 우리처럼 자동차를 이용하겠지만 자전거나 트레킹으로 가는 여행자들도 간간이 눈에 들어왔다.

5월 말인 늦봄의 나파하이는 호수가 아니라 초원이었다. 삼면이 산으로 둘러싸인 이곳 초원이 우기에 비가 많이 오면 드넓은 호수로 변하기에 이름에 '바다 해(海)'가 붙었다. 호수와 초원이라는 2개의 얼굴로 공존하며 비의 양에 따라 각자의 넓이를 줄였다 늘렸다 상호 변화시키는 것이다. 건기가 되면 호수면이 줄어들다가 아예 바닥이 말라붙게 된 나파하이는 한동안 드넓은 이라초원(依拉草原)의 일부가 되기도 한단다. 해발 3,300m 고원지대의 계절성 호수가 갖는 특성이겠다.

우리의 봉고차 기사가 추천하고 물색해 주는 대로 승마 체험을 신청했다. 말 등에 타고 신나게 초원을 달리는 영화 속 장면은 오로지 머릿속 상상일 뿐이었다. 마음씨 좋아 보이는 마부가 고삐를 잡아 이끄는 대로 한동안 유유자적 초원을 누볐다. 멀리 산자락 아래로는 콘도미니엄처럼 정형화

된 가옥들이 정겹게 열 지어 촌락을 이루고 있다. 초원 여기저기엔 야크와 소와 말과 양들이 한데 어우러져 평화롭게 풀을 뜯고 있다. 정겹기 그지없는 목가적 풍경이다. 들꽃까지 만발한 황금빛 대초원, 누군가의 묘사처럼 '미려하고 여유 넘치는 곳, 세상과 동떨어진 곳'이었다.

시의 북쪽 외곽에 위치한 송찬림사와 나파하이가 샹그릴라 여행자들에겐 '다녀오는 곳'으로 표현된다면, 시 남단에 위치한 '달빛도시' 두커쭝 고성(獨克宗古城)은 '머물며 거니는 곳'이라 할 수 있다. 윈난 차마고도 여행을 시작한 이래 세 번째 만나는 고성이다.

지명에 '고성(古城)'이 붙었다 하여 성벽으로 둘러싸였던 곳만을 뜻하진 않는다. '고성'은 옛날에 번창했던 유서 깊은 구도심을 포괄적으로 아우르는 말이다. 성벽의 유무는 관계가 없다. 뒤늦게 새로 건설된 신시가지와 대비되는 올드타운을 일컫는 것이다. 쿤밍 지나서 만난 따리 고성(大理古城)은 사방이 성벽으로 둘러싸였던 고전적 성곽 도시였다. 동서남북 출입문도 있었다. 그러나 리장 고성(丽江古城)은 달랐다. 전통적인 성벽은 원래 없었다. 복잡한 물길과 인공 수로 등 자연 지형을 도시 방어 수단으로 활용했던 셈이다.

샹그릴라의 두커종 고성은 고대 티베트의 토번 왕국이 중원의 당나라를 견제하기 위한 전초기지 요새로 구축했던 도시다. 리장 고성처럼 성벽은 원래 없었다. 고지대에 위치한 지형적 이점 덕택에 인위적 성곽을 지을 필요가 없었을 것이었다. 옛날엔 개명 전 지명인 '중뎬 고성(中甸古城)'으로도 불렸고, 요즘 여행자들 사이에선 '두커종 고성' 대신에 '샹그릴라 고성'으로도 많이 불린다.

샹그릴라 시내를 남북으로 관통하는 중심 도로인 장정대도(長征大道)를 타고 고성으로 향했다. 1934년 중국 공산당의 12,500km 대장정(大長征) 역사를 기념하는 도로인 듯하다. 이곳 샹그릴라가 당시의 홍군 대장정 주력 부대의 루트는 아니었지만 후발 부대가 이곳을 지났다고 한다. 장정대도는 시가지 북쪽의 납곡하(納曲河) 강변에서 시작해 남쪽으로 직선 2km를 이어온 후 고성 북단에서 끝이 난다.

'두커종(獨克宗)' 현판이 달린 웅장한 일주문 건물을 통해 고성으로 들어섰다. 방금까지 차 속에서 보았던 시가지 풍경과는 확연히 다른, 올드타운 분위기로 바뀌었다. 리장 고성에서 보았던 번화가와 동일한 지명인 사방가(四方街)를 지나 잠시 후 월광광장(月光廣場)에 들어섰다. 달빛광장으로도 불리는, 샹그릴라 고성 여행자들의 방문 0순위 명소다.

여행자들에게 유료 촬영 모델이 되어주는 흰색 야크가 광장 한편에서 눈길을 끈다. 황소보다 큰 몸집과 화려한 치장으로 한껏 멋을 내고 있다. 앳된 소년 얼굴인 붉은 옷의 승려들에게 함께 사진 촬영을 요청하자 흔쾌하게 응해 주기도 한다. 날이 어두워지면 이 광장에선 둥글게 원을 이룬 인파들이 흥겹게 춤을 추는 광경이 연출된다고 한다.

무엇보다도 월광광장 분위기를 압도하는 건 '큰 거북이 산' 대귀산(大龜山)의 존재감이다. 야트막한 산 위 울창한 숲에서 대형 원통 1개와 2개의 사찰 건물이 우뚝 솟아 금빛 찬란한 위용을 뽐내고 있다. 가파른 계단을 올라 귀산공원(龜山公園) 일주문으로 들어선 뒤 시계방향으로 잠시 돌다가 거대한 마니차(摩尼車)와 맞닥트렸다. 마니륜(摩尼輪) 또는 전경통(轉經筒)이라고도 불리는 이 원통은 휴대용 소형에서부터 세계 최대인 바로 이곳 대불사 전경통(大佛寺轉經筒)까지 그 규모가 다양하다. 글을 읽을 수 없는 중생들도 불교 경전이 담긴 이 원통을 손으로 돌리기만 하면 경전을 읽으며 수행하는 것과 마찬가지라 믿어지기에 티베트인들에겐 소중한 신앙의 도구인 것이다.

중국인 여행자 세 명이 낑낑대도 꿈쩍 않던 마니차가 우리 일행 네 명이 달려들어 힘을 보태자 그때서야 움직이기 시작했다. 극락왕생이나 가족의 안녕 등 각자의 염원을 비는 7인의 마음이 모아지며 높이 20m가 넘는 거대 원통이 육중하게 서너 바퀴 돌아갔다.

마니치기 서 있는 난간은 고성을 내려다보는 전망대이기도 했다. 티베트식 전통 가옥들이 촘촘하게 들어선 풍경이 그윽하게 펼쳐졌다. 짙은 회색의 지붕들이 고요한 자태로 도시 전체를 뒤덮고 있는 모습이다. 오랜 세월 비바람에 색이 바랜 채 시간이 멈춰 있는 듯했다.

주변이 점차 어둑해지며 가랑비가 내리기 시작했다. 대불사 일주문을 통해 백탑광장으로 내려섰다. 위에선 고요했던 분위기가 이내 인적과 소음으로 돌변했다.

티베트 불교의 상징적 건축물인 초르텐(白塔) 하나가 서 있는 삼각형의 광장은 카페와 식당과 선물가게로 둘러싸여 있다. 따리와 리장의 고성처럼 깔끔한 돌판들이 깔린 길바닥은 상가 불빛에 반사되어 반들반들 윤이 났다. 오랜 세월 이곳을 드나들었던 마방들의 발자국과 그들이 몰았던 말들의 발굽으로 닳고 닳은 모양새다. 이곳이 차마고도의 중심 도시였음을 새삼 일깨워준다.

삼강병류의 차마고도

　개명한 지 20년이 넘은 지금 샹그릴라는 전형적인 관광지로 변모해 있었다. 소설 『잃어버린 지평선』에서의 이상향을 기대하며 샹그릴라에 왔지만 다소간 실망을 금할 수 없었다. '금빛 찬란한 사원'도 있고, '미려하고 여유 넘치는 호수와 초원'도 있기는 하였다. 그러나 더 이상 '세상과 동떨어진 곳'은 아니었다. 수많은 관광객으로 북적였고, 숙박업소와 유흥업소들이 즐비했다. 여느 관광도시와 다를 바가 없었다. '샹그릴라에 와보니 샹그릴라는 없더라'고 자조하며 샹그릴라를 떠나야 했다.

　어제 하루 샹그릴라까지 타고 왔던 우리의 빵차는 5일 더 이용하기로 추가 계약했다. 가격은 어제와 같되, 기름값과 기사 숙식비까지 우리가 부담해 주는 조건이다. 한족(漢族)인 기사가 성격도 좋았고, 안전 운전은 물론 가이드 역할까지 해 주는 게 좋았다. 하루 10만 원 정도의 교통비를 우리 4인이 분담하는 것이니, 가성비는 좋다고 느껴졌다.

　샹그릴라를 떠나기 전, 이곳의 종합운동장으로 이동하여 아침 9시부터 시작되는 경마 행사를 관람했다. 기사가 지역 행사 정보를 알려준 덕택이다. 자그마한 경주마들이라 역동적인 경기는 아니었지만, 동티베트 서민들이 웃고 손뼉 치며 즐거워하는 현장에 함께 있다는 자체에 기분이 따뜻해졌다.

　이곳 윈난 지역의 말들은 오늘 행사에서 본 것처럼 대체로 다리가 짧고 왜소한 편이었다. 빨리 달리지는 못하지만 지구력은 강하여 산길을 걷는 데는 매우 능숙하다고 한다. 그 험한 차마고도를 누비며 마방들의 교역품을 지어 나를 수 있던 원동력이었겠다. 반면 북쪽 너머 티베트 고원의 말들은 체격도 크고 날쌔다고 한다. 춥고 척박한 저산소 환경에 적응하며 폐활량도 커졌고 더 강인하게 자랐을 것이다. 때문에 오래전 왕조시대 때부터 중원 지역에서의 패권 싸움에선 티베트로부터 사들인 말들이 효과적인 전투마로 활용될 수 있었겠다.

　세계의 지붕 티베트 고원, 그곳에 사는 이들에게 먹거리는 극히 제한적이었다. 해발 4,000m가 넘는 척박한 땅이다. 가축을 끌고 물과 풀을 찾아다니며 유목민의 삶을 살아야 했다. 목축과 육식으로 단백질은 풍부했으나 채소가 모자란 만큼 비타민은 늘 결핍이었다. 육류와 우유로 식사를 한 다음엔 차를 많이 마셔줘야 몸이 편안해졌다. 때문에 동쪽 멀리서 옮겨오는 중국산 차는 티베트인들에겐 절실했고 생명수나 다름없었다.

티베트와 인접한 중국 윈난과 쓰촨 지역의 차(茶)가, 티베트 고원의 말(馬)과 물물교환되던 오래된 옛길(古道)이 차마고도다. 크게 보면 중국에서 티베트 라싸로 연결된 여러 갈래의 교역 길들을 말한다. 물론 차와 말만 교역된 건 아니다. 차마고도를 통하여 티베트인들은 차(茶)는 물론 소금과 약재 등 고원지방에 필요한 생필품들을 얻을 수 있었다. 이외에도 옥수수, 보리, 향신료, 양모, 모피, 비단 등 다양한 물품이 마방들에 의해 운반되며 서로의 필요에 따라 사고 팔렸다. 지금은 대부분 포장도로들이지만 반세기 전까지만 해도 대부분 흙먼지 날리는 험한 산악 길들이었다.

오죽했으면 조로서도(鳥路鼠道)라고 했을까. '새들만 날아서 넘을 수 있고, 쥐나 겨우 기어 다닐 만큼 좁은 길'이란 뜻이다. 우리가 따리에서부터 리장과 샹그릴라를 거쳐 오늘도 북쪽 옌징을 향해 달리고 있는 G214 도로가 그 옛날 차마고도에 해당한다. 기존 길을 더 넓혀 포장한 구간도 있고, 너무 좁거나 험한 구간은 그 옆으로 나란히 새 도로를 만들어 연결하기도 하였다.

경마장을 출발해 2시간을 달리다 바라거종 대협곡(巴拉格宗大峡谷)에 잠시 둘렀다. 여행자들에게는 '샹그릴라 대협곡'으로 불리는 곳이다. G214 도로에서 북동쪽으로 15km를 벗어난 곳부터 대협곡은 시작되고 있었다. 호도협은 엄청난 물량의 탁류가 급물살로 흘렀지만, 이곳은 설산의 빙하가 갓 녹은 듯 맑은 청정수가 완만하게 흐르고 있었다.

계곡 깊숙이 2시간여 더 올라가면 고원 호수와 티베트 민속 마을도 만날 수 있다고 기사가 말했지만 30분 거닐다가 나왔다. 호도협을 이틀이나 두 발로 걸은 우리였기에 동티베트 깊은 계곡에서 보낸 시간은 충분했다고 여겨진 것이다.

다시 G214 도로 차마고도에 올라섰다. 허룽교(贺龙桥)를 건너며 진사강을 우측에 끼고 달리다 번쯔란(奔子栏) 마을에서 차를 멈췄다. 아침에 샹그릴라와 헤어진 후 처음 만나는 반듯한 마을이다. 강변에 위치하면서 쓰촨성으로 들어가는 삼거리 길목이기에 예로부터 차마고도 마방들이 며칠씩 쉬어 갔던 거점이기도 하다. 마을 앞 진사강에서 식당 주인이 직접 잡았다는 작은 생선 열 마리로 점심 메뉴를 주문했다. 식사 후 번쯔란 마을을 떠나면서 진사강과도 헤어졌다.

디칭 티베트족(迪庆藏族) 자치주에서 샹그릴라 다음으로 중요한 도시 더친(德钦)은 들르지 않고 그냥 지났다. 이 도시 주변을 돌아가는 길은 가장 험한 구간이었다. 깊은 협곡의 허리를 가로지르는 좁은 길을 지나다 고갯마루를 향한 가파른 오르막 그리곤 내리막이 지그재그로 이어지기를 반복했다. 해발 4,000m 가까이를 오르고 내리는 난코스였다.

멀리 계곡 아래로 란창강(瀾倉江)이 내려다보이기 시작했다. 구불구불 내리막을 한참 달렸는가 싶더니 G214 도로는 어느새 란창강과 나란히 이어지는 강변길로 변해 있었다.

오늘 우리가 달리는 이 일대 험난한 지역은 삼강병류(三江并流)로 유명하다. 동티베트에 속하는 윈난성 북서 지역으로, 쓰촨성과 미얀마 사이의 좁은 구역을 말한다. 험준하면서도 특이한 지세가 독특한 아름다움을 자아내며 유네스코 세계 자연문화유산에 등재돼 있다.

삼강병류라는 단어 뜻 그대로 3개의 강이 나란히 흐른다. 티베트 고원에서 발원한 누강(怒江), 란창강(瀾滄江), 진사강(金沙江)이 사이좋게 나란히 흘러오다가 이 지역을 지나고 나면 각자의 길로 헤어지게 된다. 서쪽의 누강은 남서쪽 국경을 넘어 미얀마 살윈강으로 흘러들고, 가운데의 란창강은 윈난성을 종단한 후 라오스로 들어가 메콩강이 된다. 동쪽의 진사강은 양쯔강(揚子江) 또는 장강(長江)으로 이름만 바꾼 채 중국대륙을 횡단하여 상하이 앞바다로 흘러드는 것이다.

남쪽 멀리에서 메콩강으로 이름이 바뀔 란창강을 끼고 북쪽으로 1시간쯤 달렸을까. 큼직한 관문 앞에서 잠시 차를 세웠다. '千年盐田 神奇西藏', 관문 상단의 큼직한 여덟 글자가 우리를 반긴다. '천년의 소금밭, 신비로운 티베트'라는 뜻이다. 비로소 오늘 목적지인 소금 마을, 옌징(盐井) 입구에 도착한 것이었다. 이 관문을 지나면 우리는 윈난성을 벗어나며 시짱자치구(西藏自治区) 즉 티베트 땅으로 발을 들이게 된다.

관문 앞 이정표의 거리 표시를 통해서 현재의 우리 위치를 감잡을 수 있었다. 더친(德钦) 102km, 매리설산(梅里雪山) 75km, 포산(佛山) 38km, 지금까지 2시간 동안 거쳐온 세 곳까지의 거리 표기다.

관문을 지나 15분쯤 달리자 마을 민가들이 보이며 검문소가 나타났다. 공안 요원이 우리 차를 세웠고, 우리는 결국 옌징 마을로 들어갈 수는 없었다. 시간은 어느덧 저녁 7시 반을 넘기고 있었다.

소금 마을 옌징 앞에서

차마고도(茶馬古道)는 중국 서남부의 쓰촨과 윈난에서 티베트를 지나 인도, 네팔 등지로 이어지는 옛 무역로다. 이름처럼 차(茶)와 말(馬)만 오간 건 아니다. 소금이나 불교로 대표되는 다양한 물품과 문화가 이 길을 통하여 교역되고 교류되었다.

차마고도는 여러 갈래의 길들이 있었지만, 크게는 알파벳 T자 모양의 2개 루트가 우리에겐 그나마 익숙하다.

T자의 가로 방향은 쓰촨성 청두(成都) 인근에서 시작해 중간 지점인 티베트 망캉(芒康)을 거쳐 라싸(拉萨)까지를 횡방향으로 잇는 천장공로(川藏公路)다. 쓰촨의 '천(川)'과 티베트의 '장(藏)'이 결합한 이름으로 북쪽길과 남쪽길 두 갈래가 있다.

T자의 세로 방향은 전장공로(滇藏公路)다. 보이차(普洱茶) 산지로 유명한 윈난성 남단의 시솽반나(西双版纳)나 푸얼(普洱)에서 시작해 천장공로의 중간 지점인 티베트 망캉(芒康)까지를 종방향으로 잇는다. 윈난 지역의 옛 지명인 '전(滇)'이 티베트의 '장(藏)'과 결합된 이름이다. 우리 일행이 쿤밍(昆明)에서 시작해 G214 도로를 따라 따리(大理), 리장(丽江), 샹그릴라(香格里拉) 그리고 소금 마을 옌징(盐井)까지 지나온 경로가 그대로 차마고도 전장공로였다.

옌징은 윈난성에서 티베트로 넘어가는 관문 마을이다. 윈난의 차(茶)를 티베트로 운반하려면 반드시 거쳐야만 하는 중요 역참이기도 하다. 정확한 행정 지명은 '옌징나시 민족향(盐井纳西民族乡)'이다. 리장시의 주류를 이루면서 〈인상리장〉 공연의 주인공들이기도 했던 그 나시족(纳西族) 사람들이 이곳에서 염전을 운영하며 모여 살고 있다. 행정적으론 시짱자치구의 동남단에 위치한 창두시(昌都市) 망캉현(芒康县)의 16개 단위 마을 중 하나다.

옌징이란 지명은 '소금(盐) 우물(井)'이란 뜻이다. 천일염을 채취하는 마을로 유명하다. 이른 아침 나시족 여인들이 양동이를 이고 깊은 우물에서 염수를 길어 올라와 산 능선 염선에 붓는 모습, 그리고 선낱 부은 염수가 증발하며 반짝이는 소금 알갱이로 변해가는 염전 풍경을 오래전부터 보고 싶었다.

옌징 입구 검문소에서는 우리를 마을로 들여보내지 않았다. 허가증이 없다는 것이다. 티베트는 자유여행 불가하다는 말은 전에 들은 적 있었지만 옌징 마을에서만 1박 하고 오는 건 가능할 것이라는 말도 들었었고, 또한 우리 봉고차 기사까지 장담을 했기에 그런가보다 기대하며 갔던 것이다. 검문소에서 30여 분간 소용없이 애걸복걸하다가 우리는 결국 차를 돌렸다. 티베트에 대한 중국 공안의 통제를 새삼 실감할 수 있었다.

어둠이 깔리는 길을 40km쯤 되돌아 달리다 포산(佛山) 마을 불 켜진 식당 앞에 차를 세웠다. 밤 9시를 넘어서는 시간, 젊은 부부가 우리를 반겼다. 기사가 내일 아침까지의 식사와 숙박이 가능한지를 문의하는 잠깐 동안 우리는 조마조마했다. 숙박이 안 된다면 난감한 일, 다시 또 얼마를 더 가야 할지 모르는 상황이었다. 란창강을 따라 어두운 차마고도를 달린다는 건 아무래도 위험하고 불안한 일이었다.

다행히 만사 오케이였다. 부부는 오히려 뜻밖의 다섯 손님이 많이 반가운 표정이었다. 여장을 풀고 잠시 후 먹음직스러운 음식들과 마주했다. 바이주도 몇 잔 곁들이며 차마고도 포산 마을의 밤이 깊어갔다. 식당 이름 '丽江鸿塘饭店'에 '리장'이 들어간 것으로 짐작했듯이 주인 부부는 나시족이었다. 남편의 할아버지가 옌징의 소금을 티베트 여러 지역으로 실어 가서 돈을 벌어오던 마방이었다고 한다.

이 주변 란창강 계곡은 농사지을 땅이 흔치 않은 워낙 척박한 환경인 듯하다. 어딘가 타지로 나가 돈을 벌어오지 않은 이상 생계를 꾸려갈 마땅한 수단도 별로 없어 보였다. 그 옛날 남자 주인의 증조할아버지도, 고조할아버지도 역시 고단한 마방의 삶을 살았을 것이다.

구름 속에 갇힌 매리설산

아침 9시 반에 포산(佛山) 마을 숙소를 출발했다. 마방의 손자인 나시족 남자는 아내와 함께 한참 동안 손 흔들며 우리 차를 배웅했다. 오늘 여정의 절반은, 왔던 길을 되돌아가는 것이다. 어제 점심이 맛있었던 번쯔란(奔子栏)이 쓰촨성으로 들어가는 갈림길 마을이기에 그곳까지는 같은 길이다. 어제는 이 길을 4시간 동안 줄곧 달려오기만 했지만 오늘은 중간중간 멈춰서 둘러보며 쉬엄쉬엄 지나려 한다. 번쯔란에서 오늘 목적지인 쓰촨성 샹청(鄉城)까지 가는 길 역시 도로 상태나 주변 여건이 만만치 않을 것이었다.

차 안에서 바라보는 란창강의 흙빛 탁류는 어제 오후보다 더 역동적인 느낌이었다. 주행 방향이 반대로 바뀐 것 외에 새벽에 내린 비로 수량이 늘어난 탓도 있고, 오늘 아침 날씨가 맑아진 때문이기도 하겠다. 옌징 쪽 상류에서 실려오는 토사들이 강바닥으로 가라앉을 틈도 없이 격한 물살에 실려 흘러 내려가고 있다.

숙소 출발해 20km쯤 지나왔을까. 평지길이 오르막으로 바뀌며 란창강을 등지기 시작했다. 여태 곧았던 길이 강변을 벗어나 계곡 중턱을 향하는 것이다. 해발 2,200m 강변에서 가파르게 고도를 높여가자 우리의 시야 폭도 점점 더 넓어졌다.

고도차를 500m쯤 올라온 고갯마루에 기사가 말없이 차를 세웠다. 우리도 말없이 차에서 내렸다. 전망 좋은 곳을 지날 때마다 반복돼 온 무언의 약속이다. 조금 전까지도 우리 옆을 흐르던 란창강은 저 멀리 좁고 깊은 계곡 사이를 굽이치는 아득한 실선으로 변해 있었다. 산 중턱으론 하얀 가옥들이 적당한 간격으로 듬성듬성 박혀 있다. 마을 주변으로 농경지가 펼쳐졌고 그 옆 목초지에선 야크나 말들이 풀 뜯는 움직임도 어렴풋이 눈에 들어왔다. 한 폭의 수채화 그대로다.

　차마고도의 주변 풍경은 대체로 메마른 갈색 톤이다. 그런 삭막한 바탕색 위에 부분적으로 연둣빛 농경지나 목초지의 색감이 덧칠해질 때면 극적 대비를 이루며 묘한 아름다움을 발하기도 한다. 아침에 헤어진 숙소 주인장의 할아버지가 그 옛날 마방 시절, 지금의 우리처럼 이곳에 멈춰 쉬며 계곡 아래 풍경을 내려다보는 모습을 상상해 본다. 옌징에서 매입한 소금을 두 마리 말에 가득 싣고 우리가 봉고차로 달려온 그 길을 온전히 걸어서 갔을 것이다. 샹그릴라나 리장에서 소금을 다 팔고 돌아오는 말 등에는 보이차나 여러 생필품이 가득 실렸을 터이고, 바로 이 고개 위에서 잠시 쉬면서는 곧 만날 아내와 아이들을 그리며 마음이 온통 부풀었으리라.

　다시 몇 번의 오르내리막을 반복해 달리다 전망이 탁 트인 곳에 또 차를 세웠다. 티베트 불탑인 백색 초르텐 8개가 서 있는 이곳은 매리설산(梅里雪

山)이 가장 잘 보인다는 비래사 전망대이다. 구글 지도에는 '梅里雪山飞来寺观景台'로 검색되었다. 그러나 13개 봉우리로 이뤄졌다는 그 매리설산은 오늘 역시 구름을 두른 채 자신을 드러내지 않고 있다. 어제 이 길을 지날 때와 마찬가지 모습이다. 예전 여행자가 찍어 올린 이곳 전망대 사진들에선 매리설산 최고봉 카와게보(卡瓦格博峰 6,740m)가 알프스 마터호른이나 네팔 마차푸차레처럼 뾰족한 피라미드형 자태인 것이 특히 인상적이었다.

127

3장 윈난 샹그릴라

매리설산은 횡단산맥(橫斷山脈)의 남쪽 끝에 위치한다. 티베트와 윈난성 그리고 쓰촨성의 교차점이다. 횡단산맥은 티베트 고원과 중국대륙을 동서로 엄격히 가르며 남북으로 길게 뻗어나간다. 쿤밍에서 시작된 우리 여정은 지난 며칠 동안 차마고도의 윈난 루트인 전장공로를 따라왔고, 그 길은 바로 횡단산맥을 이루는 계곡과 능선 그리고 2개의 강을 따라 이어져 왔다. 차마고도의 해발 3,500m 지점을 두 번 지나며, 윈난 최고봉 매리설산을 보려 했지만 어제에 이어 오늘 역시 설산의 구름모자만 바라보다가 발길을 돌린다.

점심은 어제 그냥 지나쳤던 더친(德钦)으로 내려가 먹었다. '농가풍미반점(农家风味饭店)'이라는 정겨운 식당 이름에 이끌려 들어갔다. 만두 등 대충 주문한 몇 가지 음식은 한결같이 우리 입맛에 맞았다. 더친은 사방이 산으로 둘러싸인 분지 도시다. 디칭 티베트족 자치주에서 두 번째 큰 도시라 하지만 주도(州都)인 샹그릴라에 비하면 규모가 워낙 작으면서 주변 분위기도 훨씬 소박하고 정겹게 느껴진다.

점심 식사 후 다시 G214 도로에 올라섰고, 잠시 후 진사강대만(金沙江大湾) 전망대에 차를 세웠다. 호도협을 떠나면서 헤어졌던 진사강을 다시 만난 것이다. 오늘 하루에 삼강병류(三江幷流)의 2개 강을 이어서 만나는 셈이다.

나흘 만에 만나는 진사강의 갈색 탁류는 2시간여 전에 헤어진 란창강의 그것과 다를 바 없었지만, '대만(大湾)'이라는 지명에 걸맞게 '크게 굽이치는' 강물의 흐름은 그야말로 장쾌한 모습이었다. 사진으로만 봐왔던 장강제일만(長江第一湾)의 U자 흐름과 판박이처럼 닮았다. 이곳은 우리가 리장을 떠날 때 근처를 지나온 장강제일만보다는 200km 더 상류에 위치한 지점이다.

오후 3시 30분에 번쯔란(奔子栏) 마을 갈림길에서 왼쪽 길로 들어섰다. 아침에 포산(佛山) 숙소를 떠난 후 지금껏 6시간은 어제 오후에 지났던 길을 되돌아왔고, 지금부터는 차마고도를 벗어난 또 다른 미지의 새 길이 펼쳐진다. 좌회전과 동시에 진사강을 건너면서 우리의 위치도 윈난(雲南)에서 쓰촨(四川)으로 단숨에 바뀌었다. 정확하게는 윈난성 디칭 티베트족(迪庆藏族) 자치주의 더친현(德钦县)을 등지고, 쓰촨성 간쯔 티베트족(甘孜藏族) 자치주의 더룽

현(得榮縣)에 막 들어섰다. 마방들의 한숨과 땀방울로 얼룩진 차마고도를 벗어나, 『삼국지』 유비의 촉한(蜀漢) 땅으로 들어선 것이다.

4장

쓰촨성 장족의 땅

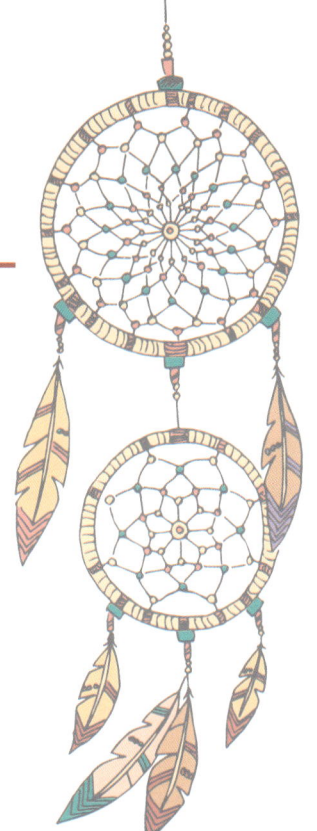

샹청 거쳐 다오청으로

제2의 샹그릴라를 찾아

야딩 풍경구의 하늘호수

성스러운 고도 리탕

치마고도 동쪽 관문 캉딩

칭짱 고원에서 쓰촨 분지로

샹청 거쳐 다오청으로

'전국(滇國)'은 기원전 한 무제에게 정복당하기 전까지 윈난 지역을 주름잡았던 고대 왕국의 이름이다. 이후 오늘날까지 '전(滇)'은 윈난의 옛 지명으로 통용돼 왔다. 전장공로(滇藏公路)는 윈난(滇)과 티베트(藏)를 잇는 국도를 일컫는다. 앞서 보았듯 옛 차마고도의 한 갈래다.

우리는 이제 '전천통도(滇川通道)'라는 오지 길로 들어섰다. 한자 뜻 그대로 윈난(滇)과 쓰촨(川)이 통(通)하는 길(道)이다. 윈난성 차마고도인 G214 국도의 더친현 서부와 쓰촨성 S217 지방도의 샹청현 남부를 연결하는 이 길은 워낙 오지이면서 험난했다. 협곡 중턱에 얇은 홈을 파서 길을 냈거나 비포장인 구간도 많았다. 양편 절벽으로부터 언제 있을지 모르는 낙석에도 주의해야 하고, 자칫 방심하면 길 옆 계곡으로 추락할 위험도 신경 쓰였다. 해발 2,000m에서 3,300m까지를 오르락내리락 반복하며 구불구불 이어지는, 총거리 150km가 조금 못 되는 길이었다.

보통의 도로였다면 2시간에 충분했을 이 길을 어제 우리는 6시간 넘게 걸려서 지났다. 큰 바위 낙석으로 막힌 길을 뚫는 동안 10여 대 차량이 30분씩 줄 서 기다린 경우도 두 번이나 있었다. 이런 곳에 어찌 사람이 살까 싶었지만 중간중간 차 세워 만났던 티베트 마을 사람들은 한결같이 밝고 웃음 띤 표정들이었다. 다들 행복해 보였다. 어두워진 오지 복판에서 걱정 말라고 우리를 안심시키는 기사의 말에도 불구하고 내내 조마조마하다가 밤 10시 직전에 겨우 샹청(鄕城)에 도착했다.

우리에게 샹청은 그냥 하룻밤 머물고 지나가는 곳이었다. 엊저녁 밤늦었는데 겨우 저녁 식사를 할 수 있게 해 준 숙소 인근 식당에서 아침 식사까지 마치고 오전 10시에 느긋이 호텔을 나섰다. 2~3시간 거리의 다오청현

(稻城县)에 있다는 또 다른 샹그릴라를 찾아가기 위해서다. 며칠 전의 샹그릴라시는 물론 어제오늘 만나는 이 지역들 모두 장족(藏族)인 티베트인들이 주류인 땅이다. 그러나 행정적으론 티베트가 아니다. 중국 정부가 공식적으로 인정하는 티베트는 서(西)쪽의 장(藏)족 땅인 시짱자치구(西藏自治区)뿐이다. 우리나라와 비교하여 면적은 12배만큼 넓지만 인구는 12분의 1에도 훨씬 못 미치는 척박한 고원 지역이다.

4장 쓰촨성 장족의 땅

그러나 원래의 티베트 땅은 지금의 2배만큼 넓었다. 현 중국대륙의 4분의 1에 해당하는 광활한 면적이었다. 1950년 마오쩌둥 공산군이 티베트를 침공해 이후 동서로 나누어 통치하면서 행정적으로 티베트의 공식 면적은 절반으로 축소되었다. 서부 지역만 티베트로 인정해 서장(西藏)이란 이름의 자치구로 개편시켰고, 동부 지역은 4개로 쪼개어 윈난성, 쓰촨성, 칭하이성(青海省), 간쑤성(甘肃省)에 강제 편입시켜 버린 것이다.

이들 4개 성에 편입된 동쪽의 티베트 지역들은 공식적으론 티베트가 아니지만, 언젠가부터 외지인 여행자들에게 '동티베트'란 별칭으로 불려 왔다. 그리고 우리 네 명은 어제 오전까지 차마고도를 주축으로 한 윈난성 동티베트 여행을 마치고, 오후 늦게 쓰촨성 동티베트 지역으로 들어와 오늘 이렇게 더 깊숙한 곳으로 달리고 있다.

해발 3,000m인 샹청에서 출발해 다오청현(稻城县)의 샹그릴라진(香格里拉镇)까지 가는 3시간 반 동안 우리 차는 해발 4,500m 지점을 두 번 오르내렸다. 일조신산 전망대(日照神山观景台) 지나 한 번 그리고 다오청 지나 다시 한 번이었다. 두 번 다 잠시 차를 세워 주변을 걸어보기도 하였다. 대지 위에 바짝 붙은 키 작은 풀이나 이끼류들만이 군데군데 녹색을 띠지만, 주변 토양은 거칠고 탁한 갈색 톤이었다. 온통 산으로 둘러싸인 험준한 지그재그 도로였음에도 2차선 포장 상태는 양호했다. 어제와 같은 협곡도 아니었기에 추락이나 낙석과 같은 위험에서도 자유로웠다.

봄이긴 했지만 해발 4~5천 미터 고산에 흰 눈이 전혀 보이지 않는 것도 신기했다. 이곳 쓰촨성 샹청과 다오청 일대는 광활한 티베트 고원의 동남쪽 끄트머리에 해당한다. 강수량이 적고 건조한 날씨가 계속되는 기후 특성이 눈을 쉬이 녹게 만드는 모양이다.

봉고차가 고도를 계속 올려가면서 은근히 고산병 걱정도 했지만 머리가 약간 멍한 것 말고는 특별히 불편한 증세가 없다는 것도 다행이었다. 차마고도는 물론 어제의 전천통도를 오르내리면서 요 며칠 고산 지대에 충분히 적응이 되었기 때문일 것이다.

막바지 길목에서 눈에 띈 대형 사찰 공가랑지링사(贡嘎郎吉岭寺) 앞에 차를 세워 30여 분 들러보다 나왔다. 달라이 라마 5세가 기증했다는 미륵불상이나 화려한 벽화들이 웅장한 건물과 묘한 조화를 이루며 깊은 인상을 남기는 곳이었다.

다시 차를 몰아 잠시 후 오늘 우리의 목적지인 샹그릴라진에 도착했다. 시간은 오후 1시 반. 눈에 띄는 숙소들 중 한 곳에 짐을 풀고 느긋하게 마을과 주변을 둘러보기로 하였다.

제2의 샹그릴라를 찾아

'샹그릴라' 하면 무릉도원이 연상된다. 일상의 삶과 스트레스에 찌든 이들을 편안히 쉬게 해 줄 안식처의 느낌이다. 아늑한 평온을 갈망하는 현대인들의 마음 한편에 상상으로만 남아 있는 곳일 게다. 그런 '샹그릴라(香格里拉)'라는 지명이 중국에는 두 군데 있다. 우리가 며칠 전 거쳐온 윈난성의 샹그릴라시(市)와 오늘 도착한 쓰촨성의 샹그릴라진(鎭)이다. 전자는 현급시(縣級市)이고, 후자의 진(鎭)은 그보다 하급 단위인 우리의 읍(邑)에 해당한다.

중국의 행정 단위는 성(省)-시(市)·주(州)·현(縣)-진(鎭)·향(鄕)-촌(村)으로 구성되는데, 우리나라의 도(道)-시(市)·군(郡)-읍(邑)·면(面)-리(里) 4단계와 유사하다. 2001년에 윈난성 정부가 디칭 티베트족 자치주의 중뎬현을 샹그릴라현으로 개명하자, 이듬해인 2002년 쓰촨성 정부도 이에 질세라 간쯔 티베트족 자치주의 다오청현 르와향(日瓦鄕)을 샹그릴라향으로 개명한다. 그리고 2009년 쓰촨성은 샹그릴라향(鄕)을 진(鎭)으로 승격시키고, 2014년엔 윈난성이 샹그릴라현(縣)을 시(市)로 승격시킨 후 오늘에 이르렀다.

두 곳 모두 제임스 힐턴의 소설 『잃어버린 지평선』의 이상향을 모델로 했다. 자기들 지역이 소설 속 배경지라고 서로 주장하며 경쟁적으로 개명을 알렸고 후속 조치를 이어갔다. 물론 두 경우 모두 상업적 마케팅 차원의 일환이었다. 샹그릴라라는 지명을 통해 그 지역을 신비롭고 아름다운 곳으로 브랜딩함으로써 관광객을 유치하고 지역 경제를 활성화하려는 의도였던 것이다.

결과는 성공적이었다. 윈난성 디칭 티베트족 자치주의 샹그릴라시가 특히 개명 효과를 톡톡히 보아왔다. 원래는 중뎬(中甸)이라는 이름의 1개 현(縣)에 불과했던 곳이다. 개명한 지 20년이 넘은 지금 샹그릴라는 리장, 쿤밍, 따리와 함께 윈난 최고의 관광도시로 변모해 있다. 그러나 꿈속의 낙원이나 무릉도원 같은 환상을 품고 찾아간 여행자라면 대개는 실망한다. 너무나 상업화된 현지 모습이 여느 유명 관광지와 다를 바 없기 때문이다. 우리처럼 '샹그릴라에 와보니 샹그릴라는 없더라'고 자조하며 샹그릴라를 떠나기 십상이다.

윈난 샹그릴라에 실망한 이들은 쓰촨에 있다는 또 다른 샹그릴라를 찾아가기도 한다. 지난 이틀간의 우리처럼 해발 2,000m에서 4,500m까지를 오르내리는 길고 험난한 여정이다. 비슷한 시기에 개명되었지만 두 곳 샹그릴라의 차이는 크다. 대도시인 윈난 샹그릴라시(市)에 비하면 이곳 쓰촨 샹그릴라진(鎭)은 시골 읍내 수준에 불과하다. 윈난보다 한 템포 늦게 개명했기에 외부엔 덜 알려져 있다. 외지인들의 발길이 훨씬 덜 닿았고 그만큼 오염도 덜 되었기에 상업적으로도 덜 때 묻었다.

그러나 제2의 샹그릴라를 기대하고 힘든 여정을 거쳐 이곳에 도착한 이들에겐 역시나 실망감이 뒤따른다. 동서남북이 산으로 둘러싸인 해발 3,000m 분지 마을, 고즈넉하고 평화로운 분위기임엔 분명하나 샹그릴라라는 이름에 걸맞은 이미지는 별로 느껴지지 않는다.

그러나 아직 실망하기엔 역시 이르다. 마지막 샹그릴라가 또 있기 때문이다. 앞에서 본 대로 중국 행정 단위 중 진(鎭)과 향(鄕)은 우리로 치면 읍(邑)과 면(面)에 해당하는데, 쓰촨성 간쯔 티베트족 자치주의 다오청현에 속하는 이곳 샹그릴라진(鎭)은 읍 단위 규모다.

진(鎭)을 구성하는 10여 개의 촌(村) 중에서 우리는 우두머리 마을인 샤용촌(呷擁村)에 오늘 오후 1시 반 도착하여 투숙했다. 나오청 등 외부와 연결된 유일한 통로인 S216 지방도가 끝나는 곳이다. 이 일대 반경 500m에 걸쳐 우리 숙소는 물론 주요 관청과 식당 등 상업시설이 밀집해 있다. 샹그릴라진의 중심부이자 이를테면 시골의 읍내(邑內)에 여장을 푼 셈이다.

그러나 여행자들에게 더 중요한 곳은 따로 있다. 샹그릴라진의 10여 개 마을(村) 중 남쪽 외곽 산중에 위치한 야딩촌(亚丁村) 그리고 그 일대에 드넓게 펼쳐진 야딩 풍경구(亚丁风景区)이다. '다오청 야딩(稻城亚丁)' 또는 그냥 '야딩'이라고도 불리는 이곳 국가 지정 지연보호구역은 언젠가부터 외지인들에게 '최후의 샹그릴라'로 불려 왔다.

물론 쓰촨성 정부의 홍보 영향이 크겠지만, '푸른 지구 위의 마지막 정토'라는 누군가의 표현이 그리 과하지만은 않다는 곳이다. 내일 아침 우리는 숙소 인근에서 버스를 타고 1시간 넘게 달려 야딩 풍경구에 이를 것이다. 그리곤 두 발로 걸어 해발 4,600m에 있다는 하늘호수 2개를 만나고 내려온다.

야딩 풍경구의 하늘호수

가상의 지명 '샹그릴라'가 중국 내 옛 티베트 지역 두 곳에 이렇게 실제로 현실화된 것은 앞서 보았듯 1933년 출간된 소설 『잃어버린 지평선』 때문이다. 윈난성 정부가 '중뎬'의 개명을 발표할 때도 이 소설이 모델임을 천명하였다. 그러면 지상낙원이나 무릉도원 같은 소설 속 배경지는 어떻게 탄생되었을까? 영국 작가 제임스 힐턴(1900~1954)은 어떤 정보나 자료 혹은 경험을 통하여 샹그릴라라는 가상의 세계를 상상해 냈을까?

알려진 바로는 1931년 내셔널 지오그래픽 잡지에 실린 연재 기사가 모델이 되었다. '신비의 산맥을 찾아서: 중국-티베트 국경 탐험(Seeking The Mountains Of Mystery: An Expedition On The China-Tibet Frontier)'이라는 긴 제목의 여행 기사다. 미국 식물학자 조셉 록(1884~1962)이 연구차 윈난성 리장의 나시족 마을에 상주하면서 이곳 야딩 풍경구를 탐험한 내용인데, 같은 제목의 단행본 책자로 오늘날까지 시판이 되고 있다.

서구인들에겐 색다르면서 경이로운 자연과 함께 순수한 티베트인들의 삶을 보여주는 다양한 사진과 글이 힐턴 작가의 상상력을 자극하여 샹그릴라라는 가상의 세계가 탄생된 것이다.

아무튼 조셉 록의 기사를 통하여 서구사회엔 티베트 동쪽 끄트머리의 '야딩(亞丁)'이란 곳이 신비의 땅으로 소개되었다. 때문에, 그 뒤 이어서 출간된 제임스 힐턴의 소설 속 샹그릴라도 바로 이곳 '야딩'을 모델로 했을 것으로 여겨진 듯하다. 그러나 제2차 세계대전 후 중국이 공산화되면서 이 지역은 외부인이 갈 수 없는 금단의 땅으로 변했다. 서구인들 뇌리에서도 점차 잊혀졌다.

그리곤 반세기가 지났다. 관광 자원과 외화벌이가 시급했던 중국 윈난성 정부가 선수를 쳐서 '샹그릴라'라는 지명을 도용하자, 쓰촨성도 한발 늦게 부랴부랴 야딩과 주변 지역을 합쳐 샹그릴라로 개명했다. 그러나 윈난의 중뎬보다는 쓰촨의 야딩 풍경구가 샹그릴라의 모델에 가까웠음은 내셔널 지오그래픽 기사로 보아 당연히 짐작할 수 있다.

화창한 봄날의 아침, 샹그릴라진의 중심가 읍내에서 차로 십 분 거리인 야딩 입구 버스터미널에서 야딩 풍경구 4인 입장권을 샀다. 터미널 건물 옆 대형 입간판에서는 '稻城 · 亞丁(다오청·야딩)'이라는 대형 글자보다는 그 밑에 이어진 11자 홍보 문구가 더 눈길을 끌었다. '蓝色星球上最后一片净土'란다. '푸른 별 지구에 남은 마지막 정토'라는 뜻이다.

리무진 버스 속에서의 40분은 고도차 1,000m 계곡 아래 하천인 공가은하(贡嘎银河) 줄기를 내려다보며 야딩 대협곡의 중턱을 누비는 여정이었다. 아슬아슬 긴장의 연속이기도 했다. 해발 3,300m인 터미널을 출발해 좁고 가파른 능선길을 따라 4,300m 고산 지대까지 올라갔다가 해발 3,800m 야딩촌에서 버스를 내렸다. 길 초입 예얼홍 전망대(叶儿宏观景台)에서 10분간 내려 주변 산세에 황홀해했던 것 외에는 수십 번의 지그재그를 돌고 도는 동안 버스 옆으로 펼쳐지는 아찔한 계곡에 눈 감으며 오금을 저려야 했다.

룽퉁빠(龙同坝) 종합안내소 앞에서 트레킹을 시작했다. 충구사까지 3.5km는 내내 하천 옆을 따라 걷는 평지 구간이었다. 주변 산악지대에 막혀 시야는 트이지 않았지만 바로 옆에서 들려오는 하천 물소리가 천상의 멜로디처럼 워낙 청아하게 들렸다. 해발 3,800m 지점이라 얼핏 수목한계선을 넘었을 것 같은데도 키 작은 나무들로 숲은 울창했다. 바위든 나무든 닥치는 대로 들러붙은 이끼식물들도 숲을 더욱 풍성하게 꾸미고 있었다.

충구사 직전의 짜관펑(札灌崩)부터 주변 설산들이 시야에 들어오기 시작했다. 걷는 구간을 최대한 줄이고 싶다면 두 번의 유료 탈것을 이용할 수도 있었다. 룽퉁바에서 말을 타고 와 이곳 짜관펑에서 내리고, 두 번째로는 충구사 앞에서 낙융목장까지 7km를 잇는 전동차에 다시 몸을 싣는 것이다. 우리 일행 넷은 갈 때는 계속 걷기만 하고 하산 후 돌아올 때 전동차만 타보기로 하였다.

시야가 갑자기 트이며 나타난 티베트 사원 충구사(沖古寺)는 '설산에 있는 금빛 찬란한 절'의 모습 그대로였다. 빙하와 숲과 호수와 대초원이 있는 곳이었다. 100여 년 전 식물학자 조셉 록이 야딩을 처음 방문해 탐험할 때 바로 이곳 충구사에 사흘 동안 머물렀다고 한다. 어느 날 밤의 잠 못 이루던 그를 떠올려본다. 작은 창문 밖으로 길게 뻗은 야딩 대협곡과 멀리 야딩촌 가옥들 위로 달빛이 내려앉는 모습을 오랫동안 지켜봤으리라. 그리곤 다시 일어나 앉아 불 밝히곤 뭔가를 써내려 갔을 것이다.

40대 중반의 식물학자가 이렇게 쓴 글들은 몇 년 후 내셔널 지오그래픽 잡지에 사진들과 함께 실렸다. 티베트 근처엔 가 본 적도 없던 30대 초반의 작가 제임스 힐턴은 이 기사를 통하여 '샹그릴라'와 '푸른 달 계곡'을 상상해 냈으리라.

"그들은 길이 꺾이는 곳에 멈춰 서서 샹그릴라의 마지막 모습을 보았다. 저 밑의 '푸른 달 계곡'은 마치 구름에 가려진 것만 같았고, 뿌연 안개 너머로 띄엄띄엄 보이는 지붕들은 콘웨이의 뒤를 따라 둥둥 떠오르는 것만 같았다. 그리고 마침내 진짜 작별의 순간이었다." (제임스 힐턴 『잃어버린 지평선』 中)

충구사 앞 갈림길에서 오른쪽으로 1.5km 들어가면 진주해(珍珠海)로 불리는 작은 호수 탁마라조(卓瑪拉措)와도 만날 수 있었다. 1박 2일 야딩에 머무는 이들이 첫날 느긋하게 다녀오는 코스지만, 당일치기인 우리는 그대로 직진해 지나쳤다.

드넓은 초원 습지 충구초전(沖古草甸)은 빙하 하천과 목초가 어우러지는 청정 낙원이다. 눈길 주는 곳마다 지천이 야생화로 수를 놓았다. 들풀 한 포기라도 밟히지 못하게 튼튼한 목책과 데크길이 우리 모두를 인도하고 있다.

해발 3,800m에서 시작한 걸음은 2시간 반 동안 아주 완만한 오르막을 거치며 낙융목장(洛絨牛場)까지 이르렀다. 해발 4,100m 대초원엔 소와 말과 양들이 한가로이 풀을 뜯고 있다. 조금씩 자태를 드러내던 설산들, 이곳 야 딩의 주인 격인 3개의 설산과도 본격 조우하는 순간이다. 멀리 앙매용 설산의 절경에 특히 압도되며 잠시 숨을 멈췄다. 빙하를 뒤집어쓴 채 뾰족하게 솟은 삼각 봉우리가 흰 구름에 감겨 있어 신비롭다.

티베트인들은 이들 설산을 삼신산(三神山)으로 여기며 신격화해 부른다고 한다. 정면의 앙매용(央迈勇 5,958m)은 지혜의 화신인 문수보살, 오른쪽 선내일(仙乃日 6,032m)은 중생들에게 자비를 베푸는 관음보살, 우리 뒤쪽의 하락다길(夏诺多吉 5,958m)은 세상의 악을 물리치는 금강수보살로 여긴다는 것이다.

하천을 건너며 목장과 초원과 데크길이 끝나는 곳은 '특종마방 복무점(特种马帮服务点)'으로 표기된 쉼터 공간이다. 삼신산 중 가장 존재감이 떨어졌던 하락다길 설산이 비로소 웅장하게 자신의 모습을 드러내 보이는 위치다. 거친 산악길이 시작되는 분기점이기도 하다. 모두가 잠시 숨 돌리며 여기저기 앉아 쉬고, 우리 또한 풀밭에 둘러앉아 방금 매점에서 구입한 컵라면 종류로 간단하게 점심을 때웠다. 정상까지 걷기 힘든 이들은 여기서부터 원화 기준 약 5만 원에 유료 말을 타고 오르면 된다. 주변에 여러 필의 말과 마방들이 손님을 기다리는 중이다.

고도차 500m 위쪽인 정상의 호수를 향하여 남은 5km 산길로 발을 내디뎠다. 한동안은 길이 넓고 편안하다. 원래는 거친 자갈길이었을 것이다. 수많은 이가 오가며 자연스레 평평하게 다져진 흔적이 역력하다. 1시간쯤 지나며 폭 좁은 돌계단길이 시작됐다. 경사도 가팔라졌다. 무리하게 빨리 오르려 하면 고산병 가능성이 높아진다. 무조건 심호흡 크게 하며 최대한 천천히 움직여야 한다. 경험이 가르쳐 준 소소한 지식이다.

군데군데 움막이나 돌담집들을 지날 때는 나도 모르게 큰 숨을 들이마시곤 하였다. 고산 지역 티베트인들이 풍기는 일상의 내음을 느껴보고 싶었는가 보다. 알 수 없는 경외감이 밀려들었다. 이렇게 세상과 동떨어진 곳에선 과연 어떤 삶들이 이어질까? 고요한 일상 속에 순결한 영혼을 간직한 이들이 살아갈 것이리라.

가파른 오르막 뒤에 도착한 거대한 암벽 밑에선 수백 장의 깃발들이 만국기처럼 휘날리고 있었다. 네팔이건 중국이건 티베트 문화권에서 흔히 만나는 타르초다. 오색의 깃발 한 장 한 장에 적혀 있는 불교 경전들이 바람에 펄럭여 읽히며, 무지한 중생들 마음에 심기고 있는 것이다.

혼신의 힘을 쏟아내며 다시 가파른 너덜길에 한발, 한발을 내디뎠다. 두 번째 타르초 지역이 나타났다. 조금 전보다 훨씬 많은 깃발들이 바람에 펄럭이고 있다. 고산 대지를 걷는 우리 모두의 소소하거나 간절한 소망들이 바람에 실려 하늘 멀리 전해지는 중이겠다.

드디어 해발 4,600m 정상에 올라섰다. 2개의 하늘 호수가 거기에 있었다. 선내일 앞 오색해(五色海)가 발아래 펼쳐졌고, 앙매용 앞 우유해(牛乳海)는 10분쯤 내려가야 할 저지대에 앉아 있다. 옆에 섰던 영택 친구가 "영철아, 나 눈물 나올라 그런다."라며 중얼거렸다.

2개의 설산 빙하가 녹으며 만들어낸 풍경은 한두 마디 어설픈 표현에 쉬이 상처받거나 오염될 것만 같았다. 절대 순수를 떠올리는 정경이었다. 하늘 높은 6월의 봄날, 거대 설산 앞에서 최후의 샹그릴라와 조우했다. 동티베트 고원에 펼쳐진 대자연의 경이와 함께.

※ 트레킹 루트: **롱통빠**(龙同坝 3,780m)-**4km-충구사**(冲古寺 3,880m)-**7km-낙융목장**(洛绒牛场 4,130m)-**4.5km-우유해**(牛奶海 4,500m)-**0.5km-오색해**(五色海 4,600m)-**4.5km-낙융목장** (총거리 20.5km)

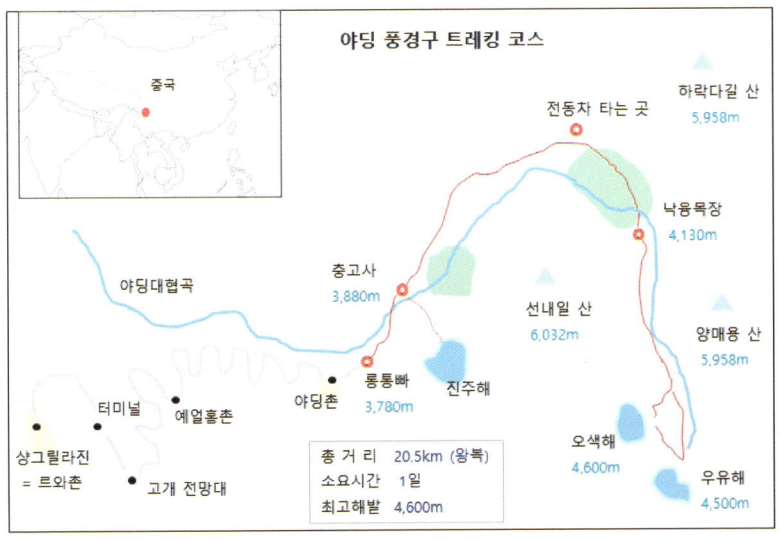

성스러운 고도 리탕

그저께 길에서 만난 젊은 승려 둘의 선한 눈빛이 계속 뇌리에 남는다. 샹그릴라진에 도착한 날이었다. 숙소 체크인 후 점심 먹고 나서 인근 캉구(康古) 마을 쪽으로 드라이브하며 둘러보는 중이었다. 100여 미터 앞에서 오체투지 삼보일배로 다가오는 두 사람을 보고 기사가 잠시 차를 세웠다. 하천을 따라가는 비포장도로는 차 한 대만 지나도 워낙 먼지가 많이 일었기 때문이다. 우리 다섯 모두 차에서 내려 조용히 그들을 지켜보았다.

두 손 높이 들어 하늘 향해 한 번, 이어서 이마와 가슴 앞에서 각각 한 번씩 합장한다. 그리곤 두 팔 앞으로 길게 뻗으며 엎드린다. 온몸은 길바닥에 완전히 밀착시킨다. 이마까지 땅에 착 붙인 채 두 손 모아 하늘에 경배하곤 다시 일어난다. 대여섯 발자국 옮기며 같은 동작을 반복, 또 반복하는 동안 주변엔 흙먼지가 폴폴 일어난다. 하지만 두 사람은 이들 먼지를 대기의 일부인 양 그대로 들이마시며 앞으로, 또 앞으로 나아간다.

안타까운 눈빛으로 쳐다보며 서 있는 우리와 달리 승복 차림의 두 남자 표정은 너무나 맑아 보인다. 우리를 향해 눈인사까지 던진다. 우리 기사가 둘에게 다가가 몇 마디 나누고 돌아왔다.

"라싸까지 간다고 한다. 어두워지면 뒤 일행이 차 몰고 와서 텐트를 치고 함께 야영을 할 거란다."

우리 몸의 다섯 부위(五體)를 땅에 던진다(投地) 하여 '오체투지'다. 양 무릎과 양 팔꿈치 그리고 이마, 이렇게 다섯 군데라지만 머리·가슴·배·팔·다리여도 마찬가지겠다. 이런 식으로 가봐야 하루 최대한 10km가 고작일 것이다. 여기서 라싸까지는 대략 1,500km 거리다. 앞으로 꼬박 6개월을 저렇게 쉼 없는 고행길이라니, 우리로선 도무지 감 잡을 수 없는 티베트인들의 정신세계다.

S216 지방도가 끝나는 삼거리 식당에서 늦은 아침 식사를 마쳤다. '다오청 주방소채(稻城厨房小菜)'라는 소박한 상호지만 맛도 분위기도 마음에 드는 식당이었다. 샹그릴라진에서 이곳까지 100km 구간을 3시간 걸려 달려왔다. 해발 4,600m 지점을 넘는 고산 도로였지만 이틀 전에 갈 때는 별일 없었는데 오늘 반대 방향으로 올라오면서는 약간의 고산 증세를 느꼈다. 아마도 엊저녁 바이주(白洲)를 과음한 탓일 게다. 고산 지역에선 음주가 독인데, 어제 야딩 트레킹을 성공리에 마치곤 넷 모두 살짝 들뜬 상태였는가 보다.

역시 야딩과 샹그릴라진은 접근성 면에서 오지 중의 오지다. 다른 도시 등으로 빠져나가려면 남쪽으론 첩첩산중이라 길이 없다. 북쪽으로 이어진 S216 도로가 유일하다. 윈난성보다 한발 늦게 샹그릴라로 개명한 후 이곳에도 공항이 생기면서 외지인들의 여행 접근성이 그나마 나아졌다. 청두(成都)나 쿤밍(昆明)에서 차로 오려면 우리처럼 여러 날 걸릴 루트를 비행기로 단 몇 시간 만에 날아올 수 있는 것이다.

식사 후 S217 지방도로 갈아타곤 북으로 계속 달렸다. 20분쯤 달리다 공항이 있다며 기사가 왼쪽을 가리켰지만 활주로는 물론 공항 건물도 보이진 않았다. 도로보다 공항 지대가 훨씬 높았기 때문이다. 해발 4,411m의 다오청야딩공항(稻城亚丁机场), 말로만 들어온 세계 최고 높이의 공항이다. 몇 년 전 남미 여행 때 볼리비아의 해발 4,061m 엘 알토 국제공항에 내린 후 그날 내내 고산증에 시달렸던 악몽이 되살아났다.

일부러 잠을 청하며 비몽사몽 헤매다 목적지 리탕(理塘)에 도착했다. 이 도시의 동쪽 관문인 동성문(東城門)은 그 외관도 화려하고 웅장했지만 문루에 쓰인 '세계 고성 리탕(世界高城理塘)'이라는 문구가 더 압도적 느낌을 주었다. '고성(高城)'이라는 표현답게, 해발 4천 미터가 넘는 고원 도시로는 세계적으로 다섯 손가락 안에 드는 도시다.

1950년 중국에 합병되기 전 원래의 티베트는 크게 세 지역으로 이뤄졌었다. 서쪽 절반이 우창(U-Tsang, 衛藏), 나머지 절반인 동쪽은 다시 북부와 남부로 나뉘어 암도(Amdo, 安多)와 캄(Kham, 康巴 또는 康)으로 불렸다. 이들 세 지역을 합친 면적은 지금 중국대륙의 4분의 1에 달할 만큼 넓었다.

티베트는 13세기 중엽 몽골에 점령된 이후 원, 명, 청에 이르기까지 7백 년간 중국의 직간접 지배를 받았다. 1911년 청나라가 멸망하면서 독립을 선언했으나, 1950년 마오쩌둥의 공산당 정부에 다시 합병되어 오늘에 이르렀다. 1959년 티베트인들의 대대적인 반중국 봉기가 실패로 끝나고, 달라이 라마 14세가 인도로 망명하자 중국 정부는 티베트를 동서로 분할하여 통치하기 시작했다. 오늘날 티베트의 행정 명칭은 시짱(西藏)자치구다. 4개 직할시와 22개 성(省) 그리고 2개 특별행정구와 5개 자치구로 이뤄진 총 33개의 중국 행정 구역 중 하나일 뿐이다.

1965년 중국이 티베트를 동서 분할할 때 서부인 우창 지역만 서티베트 즉 '서장(西藏)'이란 이름을 붙여, 티베트인들의 자치구로 행정 개편해 버린 후 오늘에 이르렀다. 그때 동부의 암도와 캄 지역은 윈난, 쓰촨, 칭하이, 깐쑤, 4개 성의 일부로 분할 합병해 버리면서, 이 지역 티베트인들은 점차 천대받는 소수민족으로 전락해 왔다. 옛 암도와 캄 지역을 가리키는 '동티베트'라는 지명은 외지인 여행자들이 그렇게 불러줄 뿐 중국 입장에선 금기어이다.

그러한 이곳 동티베트의 리탕은 티베트의 역대 달라이 라마 14명 중 2명을 배출할 정도로 옛 캄 지역을 대표하는 중심 도시였다. 우리가 거쳐 올라온 윈난 지역과도 T자로 연결하는 삼거리 길목이자 교통 요충지이기도 하다.

동성문에서 1.5km 정도 시내로 들어오다 눈에 보이는 숙소로 들어갔다. '리탕포탈라호텔(理塘布达拉大酒店)'이란 상호에 걸맞게 라싸의 포탈라궁 대형 사진이 프런트 벽에 멋지게 걸려 있는 호텔이었다. 대충 짐들을 풀어놓고 모두 밖으로 나섰다. 걸어서 시내를 유유자적 돌아보기로 했다.

숙소 인근에서 도심 대로가 이어졌다. '행복로(幸福路)'라는 도로명이라 쉽게, 오래 기억될 길이겠다. 가게와 식당과 특산물 시장 등이 즐비하다. 염주를 만지작거리거나 휴대용 마니차를 돌리며 걷는 이들, 몸에 두르는 짱파오(藏袍)나 전통 모자인 니마오(呢帽) 등 티베트 복장을 한 이들은 승려인지 일반인인지 구분도 잘 안된다. 거리를 오가는 이들은 하나같이 바쁜 기색 없이 느긋하고 한가로운 걸음들이다.

모여 선 사람들, 모여 앉은 사람들, 모두의 표정은 한결같이 밝고 태평해 보인다. 외지인 여행자임을 알아보는지 우리를 향해 먼저 눈인사해오는 이들도 많다. 카메라를 들고 '사진 좀 찍어도 될까요?'라는 제스처를 취해 보이면 그들은 여지없이 고개를 끄덕여 웃으며 포즈를 취해준다. 우리가 앞서 거쳐온 동티베트 여러 도시보다 이곳은 더 '티베트스럽다'고 느껴진다. 도로의 이름에 걸맞게 거리의 모든 이들은 행복해 보인다.

동서로 이어진 행복로와 남북으로 뻗은 단결로(团结路), 이 두 도로가 리탕 도심을 동서남북으로 가른다. 두 도로가 만나는 교차로를 중심으로 반경 1km 이내에 외지인 여행자들이 리탕에서 관심 둘 만한 대부분의 명소가 밀집해 있다. 티베트의 왕인 달라이 라마 제도는 지금까지 600여 년 동안 이어져 왔다. 지금의 달라이 라마 14세가 중국 지배에 맞서 싸우다 인도로 망명한 지 65년이 흘렀지만, 90대에 접어든 그가 살아생전 티베트 땅을 밟아볼 일은 없을 것 같다. 역대 14명의 달라이 라마 중 이곳 리탕 출신은 7세와 10세, 둘이나 된다. 행복로에서 단결로를 따라 북쪽 500m 지점에 달라이 라마 7세의 생가(七世达赖喇嘛诞生地)가 있다. 리탕 여행자들이 찾아가는 필수 코스다.

포탈라궁을 건립한 달라이 라마 5세는 중국으로부터 나름 독립적 지위를 확보한 후에 세상을 떴다. 6세로 왕권이 넘어오자 중국은 다시 티베트에 대한 지배권을 확보하려고 묘책을 강구했다. 그런 와중에 중국이 자신들과 지리적으로 가까운 동티베트 리탕 출신을 꼭두각시로 내세워 라싸로 쳐들어가 왕좌에 옹립한 인물이 바로 달라이 라마 7세다. 그가 즉위하기 전 여덟 살 때 출가한 곳인 리탕사(理塘寺)는 티베트 불교의 중심지 중 하나로 꼽힌다. 이곳 생가와는 북쪽으로 1.5km 거리인데, 현지 이정표에는 리탕사의 옛 이름인 장청춘커얼사(长青春科尔寺)로 표기돼 있다.

　달라이 라마 7세의 생가 주변 1km는 인강고가(仁康古街)라는 이름의 고풍스러운 거리다. 우리 서울의 인사동 거리와 비슷한 분위기다. 민속박물관이나 티베트 전통 가옥들이 즐비하다. 골목골목 누비며 고즈넉하게 산책하기 좋은 길이다.

　인강고가 바로 인근 단결로(团結路)에 면한 거싸얼왕 광장(格萨尔王广场)은 잠시 쉬어가기 좋은 공간이다. 거싸얼왕은 고대 동티베트 지역의 전설 속 왕이었다. 실존 인물은 아니지만 이곳 캄 지역 사람들에게는 정신적 지주 역할을 해온 영웅이라고 한다. 광장 한편에 거싸얼왕의 기마상이 친근한 모습으로 서 있다.

　단결로를 벗어나 다시 행복로를 거닐다가 리탕의 또 다른 명소 백탑공원(白塔公園)에 들렀다. 샹그릴라 고성에 있던 것과 비슷한 규모의 거대 마니차를 여럿이 함께 돌려보고, 대형 백탑 주변에 ㄷ자로 길게 열 지은 마니차 대열을 겨우 한 바퀴 돌았다. 오체투지 하는 현지인들과 함께 동참해보려고도 하였으나, 지끈거리는 두통 때문에 엄두가 나질 않았다. 오전부터 알약을 두 알이나 먹었는데도 일행 넷 중 나만 유독 고산병에 취약한 모양이다.
　서녁을 먹는 둥 마는 둥 숙소 돌아와서도 내내 두통에 시달리며 잠을 설쳤다. 초저녁에 정전 한 번 되고 나니 창밖으로 보이는 주변 전체는 암흑으로 변했다. 4천 미터 넘게 하늘에 가까워진 만큼 천공지성(天空之城) 하늘도 시 리탕의 밤하늘은 별빛으로 찬란했다.

차마고도 동쪽 관문 캉딩

지난 5일간 우리는 봉고 차 속에서 울란투야(烏蘭托婭) 라는 중국 여가수의 음악을 질리도록 들어야 했다. 기사가 자신이 갖고 있는 유일한 CD 1장을 주야장천 반복해 틀었기 때문이다. 티베트를 테마로 한 노래 9곡이 수록된 CD로 '把爱留在西藏(티베트에 사랑을 남겨두다)'란 제목의 앨범이었다. 수없는 반복에 지겨워 '그만 꺼라'고 말하고도 싶었지만, 위험한 차마고도에서 기사가 혹시 졸면 어떡하니 싶어 우리가 꾹 참고 듣기로 했다.

그러나 사흘째부터는 약속이나 한 듯 우리 모두 여가수의 노래들을 마냥 즐기게 되었다. 간드러진 목소리와 청아한 멜로디는 중독성이 있었다. 중국에 오래 산 영택 친구는 〈我要去西藏(나는 티베트에 가고 싶어.)〉란 곡을 연이어 따라 부르기도 하였다. 나는 〈高原蓝(고원의 푸른빛)〉이란 곡이 너무 좋아져서 반복해 틀어달라 주문하곤 하였다.

오랫동안 좋아해 온 음악들은 수십 년 전 아련한 추억들을 떠올리게 한다. 그 시절 내 주변의 추억이 서린 곡들이기 때문이다. 앞으로 수십 년 지난 어느 날 내가 만약 올란루야 가수의 〈高原藍〉을 듣게 되면 아마 자동적으로 동티베트 차마고도에서의 요 며칠 추억이 소환될 것이리라.

5일간 좋은 음악까지 들려준 소위 '빵차'와는 어제 점심때 리탕 도착하자마자 대절료 정산 끝내고 헤어졌다. 여행 가이드 역할까지 겸해 준 기사에겐 우리 모두의 진심이 서린 감사 표시의 팁도 두둑하게 챙겨줬다. 그리곤 오늘 새벽 숙소를 나와 6시 반 버스로 리탕 터미널을 출발했다. 밤새 고산증세로 잠을 설친 상태였다.

이곳 고지대를 얼른 벗어나면 좋으련만 어차피 3~4시간은 더 참아야 한다. 해발 4,500m 산악 지대까지 올라간 다음에야 내리막으로 이어질 것이다. 오늘 목적지는 캉딩(康定)이다. 고산증에서 완전히 자유로울 수 있는 해발 2,600m 저지대이다. 300km 안 되는 거리인데 7시간이나 걸린다고 한다. 평균 시속 43km라니, 구글 지도로 들여다보아도 워낙 험해 보이는 구간이긴 하다.

차창 밖으로 점점 낮아지는 리탕 시내를 뒤로하며 저절로 눈이 감겼다. 내일이면 헤어지게 될 동티베트 산야를 빠짐없이 눈에 담아 가고 싶지만 마음뿐이었다. 고산증은 사람을 무력하게 만든다.

버스는 서쪽 네팔 국경에서 동쪽 상하이까지 이어지는 중국 최장거리 국도 위를 달리고 있다. 중국대륙을 횡단하는 G318 국도 중에서 오늘 우리가 지나는 쓰촨–티베트 구간은 '하늘길' 또는 '천상의 길'로 묘사되곤 한다. 쓰촨(川)과 티베트(藏)를 잇는 차마고도 천장공로(川藏公路)로도 더 유명하다.

윈난(滇) 차마고도인 전장공로(滇藏公路)가 민간 신분인 마방들이 보이차(普洱茶)를 싣고 교역에 나선 길이었던 반면, 쓰촨 차마고도인 천장공로는 왕실 또는 관(官) 주도의 교역 루트로 많이 활용됐다. 중원에서 티베트로 연결되는 거의 유일한 통로였기 때문이다. 중국의 역대 왕조들은 천하 제패의 싸움에서 우수한 전투마가 대량으로 필요했고, 티베트 고원의 말들은 그런 용도에 맞는 최상품이었던 것이다.

　오후 1시 못 되어 간쯔 티베트족(甘孜藏族) 자치주의 주도(州都) 캉딩에 도착했다. 예정보다 30분 빨리 온 셈이다. 눈에 담고 싶었던 쓰촨 차마고도의 풍광은 잠 속에 빠져 꿈으로만 그리며 지나왔다. 밤새 지끈거렸던 머리는 씻은 듯이 개운해졌다. 거의 백두산 높이인 고산 도시에 내렸지만, 불과 3시간 전에 비하면 2천 미터 가까이 고도가 낮아졌다. 터미널에서 시내 도심까지는 도보 20분 거리인 듯하니 슬슬 걸어가면서 적당한 숙소를 찾아보기로 하였다.

캉딩은 Y자 형태의 깊고 좁은 계곡 아래 형성된 산악도시다. 3개의 산으로 꽁꽁 둘러싸여 있다. Y자의 우측 날개 끝 지점인 캉딩 터미널(康定汽车站)에서 두 날개가 만나는 도심까지 1km를 걷는 것만으로도 도시 분위기는 금세 감이 잡혔다. 우리가 앞서 거쳐온 동티베트 여러 도시보다 월등하게 현대적인 건물들이 도로 양편을 채우고 있었다.

캉딩 시내에서 가장 인상 깊은 광경은 도심을 관통하는 저둬강(折多河)의 역동성이었다. 운하처럼 견고해 보이는 수로를 따라 엄청난 수량이 굉음과 함께 도심을 쓸고 지나간다. 호도협 계곡에서의 진사강에 못지않은 강력한 흐름이다. 이 물줄기는 쓰촨 차마고도인 G318 국도와 함께 동쪽으로 20km를 더 흐르곤 양쯔강 지류인 다두강(大渡河) 대도하에 합쳐진다.

동관에서 서쪽을 향하던 길이 남서쪽으로 방향이 틀어지면서 도심으로 접어들었다. 큰 물통을 등에 인 하얀 여인의 조각상이 눈길을 끈다. 옛사람들의 숱한 사연이 깃들었을 법한 우물터 캉딩 수정자(康定水井子)이다.

康定百货

인근 정가광장(情歌广场)은 이 지역의 유명한 사랑 노래인 〈캉딩정가(康定情歌)〉의 제목을 딴 광장이다. 많은 인파가 모여 단체로 춤을 추기도 하고, 다양한 공연도 이뤄진다고 한다.

안각사는 도심 한복판 대로변에 위치한 티베트 불교 사찰이다. 티베트의 가장 위대한 지도자로 꼽히는 달라이 라마 5세가 17세기에 건립했다고 한다. 라싸가 중국 공산당에 점령된 뒤 달라이 라마 14세가 마오쩌둥의 요청을 받고 베이징으로 회담하러 가는 도중, 캉딩에선 이곳 안각사에 잠시 머물렀다고 한다.

포마산(跑马山)은 노래 〈캉딩정가〉 가사 첫머리에 등장하는, 캉딩을 대표하는 산이다. 해발 2,700m 공원에 올라 캉딩 전 지역을 조망할 수 있는 위치이다. 1시간 이상 걸어서 올라갈 수도 있고 케이블카로 편하게 오를 수도 있다. 정상 근처에 있는 곡불사(谷佛寺)에서 연인 또는 부부가 함께 기도하면 사랑이 영원해진다고도 하고, 독특한 풍모를 자랑하는 영운백탑(凌云白塔)을 세 바퀴 돌면 원하던 소원이 이뤄진다고도 한다.

19세기 이전까지 캉딩의 옛 이름은 다젠루(打箭炉)였다. '화살 제조 가마'라는 뜻이 담겨 있다. 촉한의 제갈량이 남방 정벌에 나설 때 이곳에서 화살을 대량으로 만들게 한 설화에서 유래한 지명이다. 원나라 때까지만 하여도 계곡 속의 작은 마을에 불과했던 다젠루였다. 명나라 때부터 중국인들의 차(茶)와 티베트인들의 말(馬)이 물물교환되는 교역이 시작됐다고 한다. 이후 청나라 때 강희제가 나서서 이곳에 티베트인들을 대상으로 한 차(茶) 무역 시장을 크게 열도록 조치하면서 차마고도 교역이 이후 많이 활성화되었다는 것이다.

캉딩도 원래는 티베트 땅이었지만 중국과 경계이다 보니 한족(漢族) 유입이 많아졌다. 지금은 티베트인과 한족 비율이 반반이다. 그만큼 인근 리탕에 비해서 티베트 분위기는 훨씬 덜 느껴진다. 아무튼 중국인들 입장에서 보면 캉딩은 차마고도를 따라 티베트 땅으로 들어가는 첫 관문인 곳이다. 옛 티베트 땅에 두 곳의 샹그릴라를 있게 만든 소설『잃어버린 지평선』에서도 100여 년 전의 캉딩 분위기를 들여다볼 수 있다. 에필로그 부문의 한 단락에서다.

'캉딩은 아주 이상하고 찾아가기 어려운 도시였어. 세상의 끝에 있는 장터 마을 같은 곳이었지. 윈난에서 온 중국인 노동자들이 자신들이 가져온 차를 티베트인들에게 넘기는 곳이라네. 유럽인들은 거기까지는 가지 않지. 그곳 티베트인들은 꽤 예의 바르고 친절했네.'

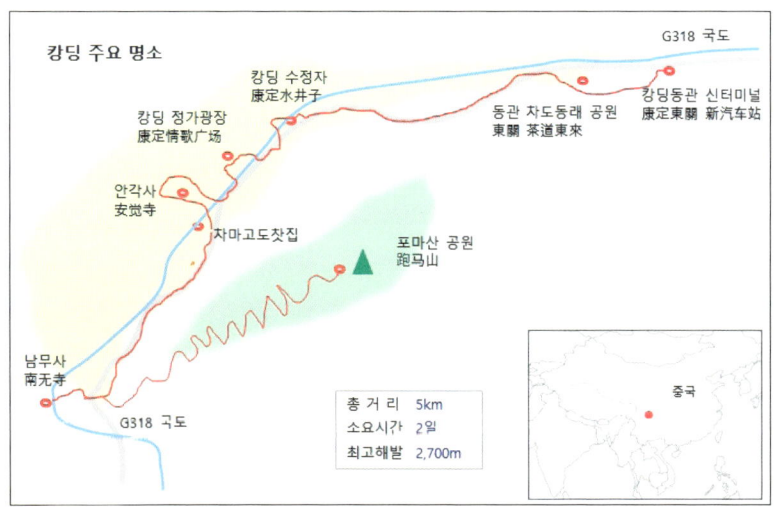

칭짱 고원에서 쓰촨 분지로

　어제 캉딩에 내릴 때 미리 매표해 둔 오늘 버스 시간에 맞춰 터미널로 향했다. 이번 동티베트 여행을 끝내고 마지막 목적지인 청두(成都)로 가기 위해서다. 어제 지나왔던 동관 지역의 수변 조각공원에 들러 다시 한번 더 찬찬히 둘러보았다. 허물어진 성곽의 아치형 출입구가 옛날엔 성문이었을 것이고, 지금은 공원 입구 역할을 하고 있다.

　성벽 위에 새겨진 '다젠루(打箭炉)' 세 글자는 캉딩의 옛 지명으로, 동쪽 중원에서 들어오는 외지인들을 지역 입구에서 환영해 주는 이정표였던 셈이다. 성벽 반대 면에 새겨진 '동관(東關)'이란 글자는 의미가 더 크다. 이곳이 바로 서쪽 티베트로 이어지는 차마고도의 '동쪽 관문'임을 말해주기 때문이다.

　쓰촨 차마고도 천장공로의 원래 시작점은 이곳에서 동쪽으로 150km 떨어진 한족(漢族)의 도시 야안(雅安)이다. 광대한 쓰촨 분지의 동쪽 끝단에 위치한 곳이다. 우리가 탈 청두행 버스가 몇 시간 후 거쳐 지날 곳이기도 하다. 그러나 야안은 티베트로 실어 갈 온갖 차(茶)들이 집결되고 보관되는 물류 거점이었을 뿐이다. 티베트 초입인 이곳 캉딩이야말로 차(茶)와 말(馬)이 실제로 거래되던 첫 번째 교역 현장이자 관문이었던 것이다.

　공원 내 15여 개의 청동 조각품들은 옛 차마고도의 인물 군상들 모습을 정겹게 담고 있다. 등짐을 짊어지고 힘들게 걷는 이들, 물건을 사고팔거나 흥정하는 이들, 잠시 한숨 돌리며 쉬고 있는 이들 등 다양한 모습이다. 불룩 나온 뱃살을 드러낸 이가 사람들을 모아놓고 뭔가 재미있는 이야기를 풀어놓는 풍경의 조형물도 꽤 해학적이다. 아마도 티베트에서 막 돌아오는 마방이 이제 티베트로 향하는 이들을 모아놓고 자신의 경험담을 과장해서 풀어놓는 정경이다.

　공원 한편 큼직한 바위에 새겨진 '茶道东来'라는 네 글자가 이 조각공원을 포함해 캉딩이라는 도시의 역사를 대변해 준다. '동쪽에서 차(茶)가 오던 길목'이었던 것이다.

　구글어스로 중국대륙을 들여다보면 동쪽은 단조롭고 서쪽은 거칠다. 이들 동쪽과 서쪽, 중원 지역과 티베트 고원 사이 틈바구니에는 둥그런 분지가 끼어 있어 도드라져 보인다. 『삼국지』에서 '파촉'으로 불렸던 지역이면서 해발 2,000m 내외의 거친 산맥으로 빙 둘러싸인 쓰촨 분지(四川盆地)다. 양쯔강(揚子江), 민강(岷江), 자링강(嘉陵江), 퉈강(沱江), 이렇게 4개 하천(四川)이 흐르는 광대한 이 분지는 중국 33개 행정 단위 중 2개인 충칭(重庆)직할시와 쓰촨성이 동서로 양분해 공유하고 있다.

쓰촨성은 원래 쓰촨 분지 일대만 관할하는 행정 단위였다. 1965년 중국이 티베트를 동서로 분할할 때 간쯔 티베트족 자치주를 인접 쓰촨성에 편입시키며 관할 면적이 두 배 가까이 넓어졌다. 1997년엔 충칭(重庆)이 중국의 네 번째 직할시로 떨어져 나가며 쓰촨성 면적은 조금 줄어들었다.

우리나라 면적의 두 배가 넘는 오늘의 쓰촨성은 성도(省都)인 청두(成都)를 포함해 18개의 지급시(地级市)와 3개의 자치주로 구성된다. 이들 21개 행정 단위 중 가장 넓은 곳이 바로 간쯔 티베트족 자치주이다. 지난 며칠 우리가 거쳐 온 동선처럼 더룽(得荣), 샹청(乡城), 다오청(稻城), 샹그릴라진(香格里拉镇), 야딩(亚丁), 리탕(理塘) 등을 아우르며 쓰촨성 전체 면적의 3분의 1에 달할 만큼 넓다. 티베트 고원에서 가장 동쪽에 위치한 간쯔 티베트족 자치주, 그 안에서도 동쪽 마지막 도시 캉딩을 벗어나면 고원의 끝이 코앞이다. 저지대인 쓰촨 분지로 비로소 내려서게 되는 것이다.

오전 10시에 캉딩을 출발한 버스는 잠시 후 차마고도인 G318 국도를 벗어나 최신 고속도로인 G4218로 갈아탔다. 티베트 고원의 동쪽 끝 캉딩(康定)과 쓰촨 분지의 서쪽 끝 야안(雅安), 인접한 두 도시를 잇는 135km 야캉 고속도로(雅康高速公路)가 G4218 도로다. 최신 고속도로라고 하지만 차창 밖 볼거리는 별로 없는 지루한 길이었다. 터널과 터널이 계속 이어졌기 때문이다. 목적지 청두는 오후 5시 반 도착이란다. 장장 7시간 반이나 걸리는 장거리다.

　컴컴했던 버스 안이 갑자기 밝아졌는지 잠결에 승객들 웅성거림이 들렸다. 감고 있던 눈을 뜨면서 시야가 확 트였다. 차창 너머로 드넓은 강물이 흐른다. 다두강, 그동안 말로만 들어왔던 그 대도하(大渡河)다. '泸定大渡河 兴康大桥'란 기다란 이름의 다리를 통해 강을 건넜다. 공산당 홍군 대장정의 성지 루딩교(泸定桥)가 바로, 남쪽 6km 지점 아닌가? 각종 미디어로만 보고 들었던 당시의 신화 같은 전투 장면이 눈에 선하다.

　1935년 5월 29일 홍군 전사 22명이 루딩교 서단에 달라붙었다. 맞은편 동쪽 벙커에선 국민당군의 기총소사가 작렬하고, 아군 쪽 대응 사격도 이어지는 혼전 상태였다. 폭 2.5m에 길이 100m 현수교인 루딩교를 오늘 점령해두지 못하면, 내일 도착할 마오쩌둥의 홍군 주력 부대가 괴멸될 수도 있는 절체절명의 순간이었다. 등에는 기관단총과 허리엔 여러 발의 수류탄을 동여맨 전사들은 현수교에 착 엎드린 채 한 팔 다시 한 팔 기어서 전진해 갔다. 앞서던 한 명이 총탄에 맞아 30m 아래로 떨어지자 대도하 급물살이 집어삼키며 순식간에 사라져 버렸다.

　다리라 해봐야 바닥 깔판들은 적군이 이미 철거해 버린 뒤였다. 뼈대인 쇠사슬 13줄만 앙상하게 남은 상태, 바닥 9줄에 양쪽 난간 각 2줄씩 배열된 쇠사슬만이 전사들의 생명줄이었다. 한 명 또 한 명 그리고 또 한 명이 총탄에 맞아 강물 속으로 시러지는 2시간의 사투 끝에 드디어 전사 한 명이 맞은편에 도달했다. 곧이어 그가 던진 수류탄 한 발이 국민당군 벙커 안에서 작렬하면서 대장정 루딩교의 역사가 탄생한다.

　에드거 스노우의 『중국의 붉은 별』을 통해서 소개된 위와 같은 대도하 루딩교 전투는 12,500km의 홍군 대장정 통틀어 하이라이트이자 가장 결정적 사건으로 꼽힌다.

그리고 15년이 지났다. 중국 공산당은 다시 루딩교를 건넌다. 이동 방향만 반대로 바뀌었다. 장제스 군을 대만으로 몰아낸 마오쩌둥이 티베트 영토까지 합병하기 위해 침공한 것이다. 인근 도시 야안을 출발한 소위 인민해방군은 루딩교를 건너 캉딩 그리고 리탕을 점령하며 파죽지세로 라싸까지 쳐들어간다. 지금은 포장도로지만 당시는 비포장이었던 쓰촨 차마고도가 그들이 이용할 수 있는 유일한 길이었다.

중국의 붉은 별*

막강 일본군과 싸웠고, 월등한 화력의 국민당군을 몰아낸 홍군이었다. 오랜 세월 외부와 전쟁이라곤 거의 해보지 않은 티베트인들에겐, 중일전쟁과 국공내전을 동시에 치러낸 공산당 홍군은 감히 대적할 수도 없는 무시무시한 존재였다. 개미 한 마리 살생에도 주저하는 불교도 티베트인들의 운명은 철저한 무신론자들의 총과 칼 앞에서 참담한 비극을 예고하고 있었다.

G4218 도로가 끝났는지 다른 고속도로 표지판이 차창으로 보인다. 쓰촨 분지의 첫 도시 야안은 이미 지났다는 뜻이다. 윈난 등 여러 산지의 차(茶)들이 집결했던 곳, 그리고 쓰촨 차마고도의 출발지였던 도시다. G318 도로였다면 그 도시 야안을 관통했겠지만, 캉딩–청두 간 고속버스는 야안 북쪽의 우회 도로를 타고 지났다.

이제 몇 시간 후면 우리는 청두에 도착할 것이다. 영택 친구가 마련하는 한인 식당 저녁 식사 자리가 예정돼 있다. 식사가 끝나면 함께 공항으로 이동하여 영택 친구는 집과 회사가 있는 광저우로 향하고, 남은 우리 셋은 쿤밍 거쳐 내일 오후에는 인천공항에 내릴 것이다.

서티베트 시짱자치구

5장 성도 라싸

6장 산난지구와 쟝체

7장 제2의 수도 시가체

8장 오지 정토 아리지구

9장 네팔 접경 히말라야

10장 시짱에서 칭하이까지

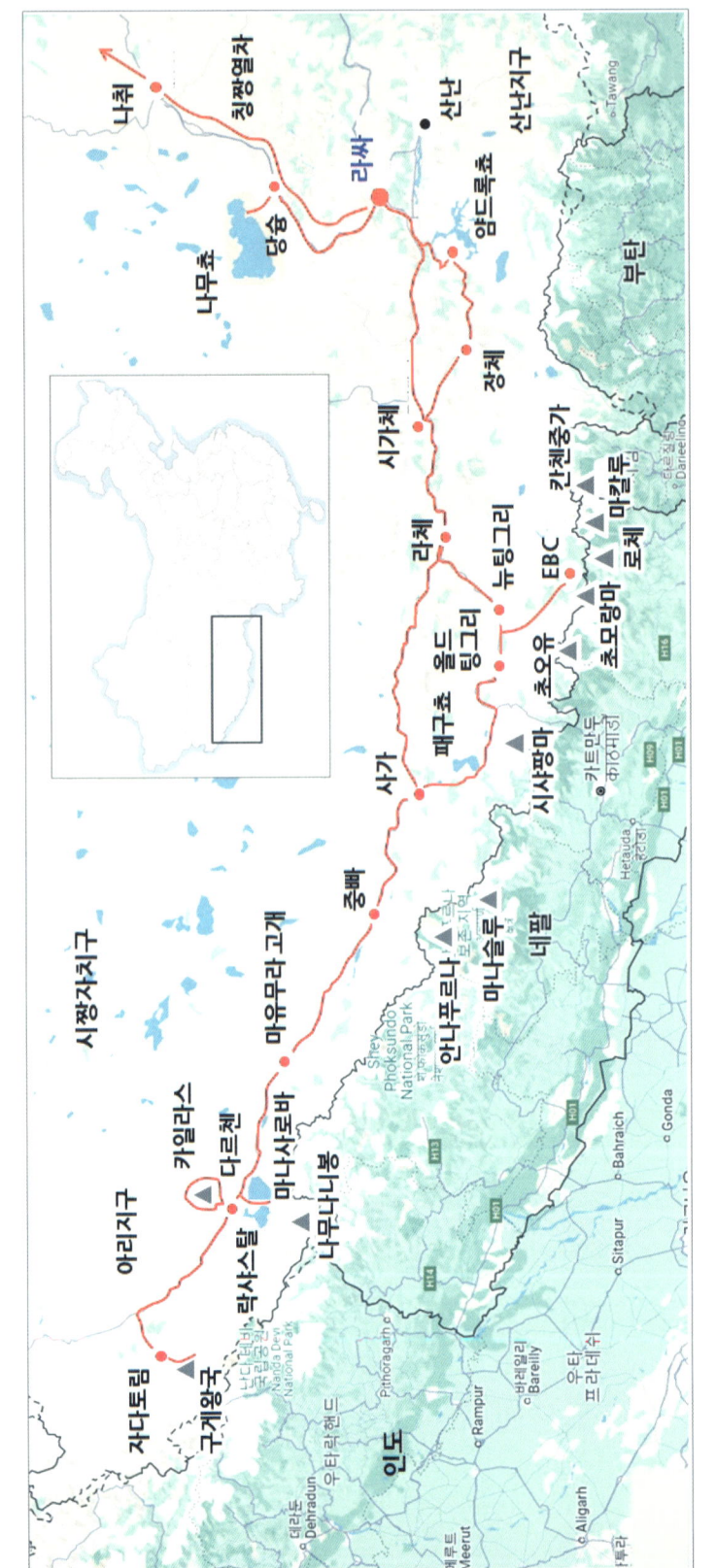

5장

성도 라싸

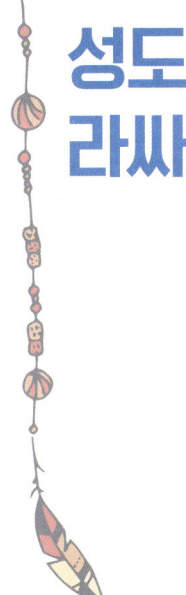

라싸의 어린 달라이 라마

티베트 심장 포탈라궁

토번왕 송첸캄포와 당태종

문성공주 혼례길 당번고도

영혼의 성지 조캉사원

그들의 오체투지 순례길

석가모니 12세 등신불

신에게 다가가는 길 바코르

시짱자치구 그리고 라싸

세라사원에서 만나는 승려들

포탈라궁 광장 2개의 탑

라싸의 어린 달라이 라마

악몽을 꾸었다.

흉포한 군인들이 사원에 난입해 총을 난사했다. 부처님 불상의 머리 부분이 떨어져 나가며 산산조각이 났다. 밖에선 포탄이 터졌고, 겁에 질린 농민들이 집안으로 뛰어들며 숨었다. 뒤따라 달려온 군인들이 수류탄을 던졌고, 돌담집 안에선 큰 폭발이 일었다. 피투성이가 되거나 불붙은 이들이 비명을 지르며 밖으로 뛰쳐나왔다. 기다리던 군인들이 마구잡이로 총탄 세례를 퍼부었다.

'아! 여기가 바로 아수라구나.'

눈앞에서 벌어지는 일이 도대체 믿을 수가 없었다. 병사들 여럿이 아버지와 아들을 붙잡아 세우곤 아들에게 총을 주며 아버지 머리를 쏘라고 다그친다. 잠시 굉린의 독촉과 공포의 울부짖음이 뒤섞인 뒤 '땅!' 하는 소리와 함께, 화들짝 놀라 잠이 깨며 벌떡 일어났다. 온몸은 땀으로 범벅인 채 부들부들 떨고 있다.

장 자크 아노 감독의 영화 〈티벳에서의 7년〉에서 달라이 라마 14세가 악몽을 꾸는 장면이다.

당시 그는 본명이 텐진 갸초인 15세 소년에 불과했다. 그러나 무한 책임이 그의 어깨를 짓누르고 있었다. 어린 나이임에도 그는 티베트 고원의

600만 국민이 우러러보는 영적 지도자이자 정치적 우두머리, 이를테면 티베트의 왕이었다.

3세 아기 때 제13대 달라이 라마 툽텐 갸초의 환생자임이 밝혀지며 라싸로 모셔졌다. 10여 년 세월이 훌쩍 지난 지금, 그동안 불길했던 몇몇 전조들은 바로 미래의 오늘을 암시했던 것일까? 모두에게 막연했던 불안이 현실로 다가왔다. 1950년 10월 초, 중국 공산당이 티베트를 침공한 것이다.

동쪽 암도(安多, Amdo) 지역의 중심도시 창두(昌都)가 단숨에 점령되면서 티베트 동부는 완전히 중국군 수중에 들었다. 연초부터 직전인 9월까지 이미 중국으로부터 여러 번 협상 제의가 있었다. 티베트를 평화적으로 해방시켜 준다는 명목으로 라싸에 군대를 주둔시키고, 국방, 외교, 무역을 중국이 담당한다는, 결코 받아들일 수 없는 조건이었다. 설마 했는데 결국 저들은 동쪽에서 전쟁을 일으켰고, 서쪽 라싸까지 밀고 들어오는 건 시간문제였다.

중일전쟁 그리고 국민당과의 내전을 거치며 승승장구해 온 인민해방군이다. 티베트는 애초에 저들의 적수가 될 수 없었다. 창두 전투에선 수천 명의 티베트 군인과 민간인이 단 이틀 만에 학살되었다. 하지만 1,000km 떨어진 라싸까지는 정확한 피해 상황이 제때에 제대로 보고될 수가 없었다. 수도 라싸 포탈라궁의 달라이 라마와 대신들에게는 그저 단편적인 참상들만 들려올 뿐이었다.

군인들이 아이들에게 총을 주며 자기 부모를 쏘게 한다거나, 비구승과 비구니를 붙잡아 거리에서 강제로 계율을 어기게 했다는 등 도저히 입에 담기도 끔찍한 일들이 동쪽에서 벌어지고 있다고 한다. 종교를 독이요 마약으로 치부한다는 공산주의자들이다. 티베트 고유의 전통 양식인 가족 간 유대와 숭고한 신앙심을 뿌리째 말살시키려고 그들이 일부러 그런 짓을 자행하고 있다고도 한다. 라싸까지 그들에게 점령당하면 얼마나 더 참혹한 일들이 벌어질까? 티베트 민족의 미래는 과연 어떻게 될 것인가? 영화 속 어린 달라이 라마는 두려움과 분노로 몸을 떨었다.

영화 〈티벳에서의 7년〉은 오스트리아 등반가 하인리히 하러(1912~2006)와 티베트 지도자 달라이 라마 14세(1935~)의 실화를 다룬다. 하러가 지은 동명의 자전적 소설이 원작이다.

제임스 힐턴의 소설『잃어버린 지평선』이 인기를 끌던 시절, 고단한 현실을 벗어나고픈 이들이 동방 어딘가에 있다는 꿈의 이상향 샹그릴라를 찾아 떠났다. 독일 총통 히틀러는 다른 이유로 동방에 수차례 원정대를 보냈다. 중앙아시아로부터 인도, 이란 등지로 흘러들어온 아리안족을 게르만족의 조상으로 믿었기에 아리안족 순혈주의에 대한 이론 체계를 탐구한다는 이유였다. 내심으론 히말라야 봉우리 중 하나를 인류 최초로 정복하여 나치 정권과 게르만족의 우월성을 만방에 과시하려는 의도가 컸다.

1939년 히틀러의 히말라야 원정대 일원으로 낭가파르밧 등반길에 오른 주인공 하인리히 하러는 정상 정복에 실패한 후 조난당해 티베트에서 7년을 살았다. 이때 티베트 지도자 달라이 라마 14세와 인연이 닿아 어린 그의 조언자로, 교사로, 친구로 우정을 쌓았던 일화들이 소설과 영화에 담겼다.

'세계의 지붕 티베트. 아시아 한가운데 중세의 거성처럼 우뚝 솟은 요새. 지구상에서 가장 높고, 가장 고립된 곳'이라는 영화 속 오프닝 내레이션이 보여주듯 간접 여행을 통해 티베트를 느껴보기로는 마틴 스코세지 감독의 영화 〈쿤둔〉과 함께 최고의 작품일 것이다.

인도 데라둔 수용소를 탈출한 주인공이 고원 산악 지대를 헤매는 영화 전반부에선 티베트의 대자연이 드라마틱하게 펼쳐진다. 이어지는 후반부는 1,500km 넘게 걸어서 도착한 성도(聖都) 라싸의 모습을 내내 보여준다.

인도로의 망명 전 달라이 라마의 거주지는 두 군데였다. 더운 여름엔 아름다운 정원이 있는 노블링카(罗布林卡)에 머물렀고, 나머지 계절엔 라싸의 심장 격인 포탈라궁(布达拉宫)에 주로 거주했다. 때문에 영화에서 주인공 하러와 달라이 라마가 등장하는 곳은 이 두 군데뿐이다.

두 사람이 처음 만난 곳도 포탈라궁이다. 노랑머리 서양인을 처음 만난 어린 달라이 라마는 몹시 신기해하며 연신 하러의 머리를 쓰다듬고 만지작거린다. 여름 궁전 노블링카 정원에서 두 사람은 지구본을 사이에 두고 학생과 교사로 마주앉아 우주가 돌아가는 섭리와 서양과학을 배우고 가르친다.

노블링카의 방에선 드뷔시의 피아노곡 〈달빛(Clair de Lune)〉을 들으며 기분이 좋아진 달라이 라마가 중국군이 쳐들어온 현실을 새삼 깨달으며 금세 표정이 어두워지기도 한다. 옆에 있던 주인공 하러는 그저 안타깝게 이 모습을 바라볼 뿐이었다.

영화 엔딩 부분에선 달라이 라마와 작별 인사를 끝내고 나온 주인공이 마지막으로 라싸의 거리를 걷는다. 마오쩌둥의 대형 초상화가 걸리고, 무장한 중국군이 득실대는 거리의 뒷산에는 거대한 포탈라궁이 난공불락 요새처럼 웅장하게 서 있다. 하지만 그 위 옥상에서 하러를 내려다보며 배웅하는 달라이 라마의 모습은 왜소하고 초라하기만 하다. 티베트 민족과 그의 미래엔 이미 먹구름이 가득 드리운 것이다.

티베트 심장 포탈라궁

　관세음(觀世音)보살은 중생을 구제하고 보살피는 일을 한다. 말 그대로 '세상의 소리에 귀 기울이고 관철'시키는 존재다. 그가 천 개의 손과 천 개의 눈, 천수천안(千手千眼)을 움직여 열심히 일하는 곳은 포탈라카(Potalaka)산 또는 보타락(普陀落)산으로 알려져 있다. 인도 남동쪽 해안 어딘가에 있다는 가상의 정토(淨土)다. 현실 세계에서도 이 산의 지명을 빌려온 곳들이 많다.

　중국 저장성의 동해안 작은 섬에 있는 보타산(普陀山)이 대표적 예다. 관음보살 성지로 유명하여 중국의 불교 4대 명산 중 하나로 꼽힌다. 높이 33m에 무게 70t인 거대한 관음상은 마치 바다 한가운데 우뚝 서 있는 형상이다. 우리나라에도 관음보살의 땅 보타락(普陀落)에서 이름을 따온 명소가 있다. 강원 양양의 동해안 바다 앞에 있는 낙산사가 그렇다. 이곳에 있는 보타전과 해수관음상은 우리나라 대표 관음성지로 꼽히기도 한다.

　유라시아 대륙의 동쪽 해안을 벗어나 보자. 서쪽으로 내륙 깊숙이 들어가면 세계의 지붕 티베트 고원이 펼쳐진다. 사회주의 중국에 속하지만 엄연한 불교의 땅이다. 보타산이나 낙산사 같은 관음성지가 왜 없겠는가? 티베트 여행의 으뜸은 라싸요, 라싸에서도 여행의 으뜸은 곧 포탈라(Potala, 布达拉)궁이다. 티베트의 상징이자 심장으로도 통하는 이 궁의 지명 역시 관음보살의 정토(淨土)인 포탈라카(Potalaka, 普陀落伽)에서 비롯됐다.

4월의 봄날 아침, 라싸의 하늘은 맑았다. 숙소인 마나사로바 호텔에서 4km 거리인데 차로 20분이 걸렸다. 아침 교통 체증은 라싸 역시 예외는 아닌가 보다. 눈앞에 서 있는 포탈라궁은 1시간 전 아침 식사 때 호텔 식당에서 봤던 벽면 전체 사진 모습 그대로였다. 황금빛 아침 햇살이 스며들어서인지 더 찬란해 보였다. 거대한 백궁(白宮)의 한가운데에 우람한 홍궁(紅宮)이 얹힌 형상은 100m 언덕 위에 세워진 100m 높이의 거대한 성체의 모습 그대로였다. 흰색과 붉은색 벽면 그리고 수많은 창문 주변의 검정색 테두리가 극적인 대비를 이룬다.

 티베트 전통 복장을 한 이들이 마니차를 돌리며 궁 주변을 순례 중이거나, 궁 쪽을 향해 머리 숙여 뭔가를 기원하는 이들도 여럿 보인다. 옆으로 세 걸음씩 옮기며 삼보일배로 궁을 향해 오체투지(五體投地)하는 티베트인에게, 지나는 이들이 지폐 한두 장씩을 쥐여주기도 한다. 자선이나 동정심 차원보다는 내 몫까지 대신 빌어달라는 사례비 정도의 의미인 듯하다.

　　9시부터 입장이 시작됐다. 기다란 줄을 서서 궁으로 들어섰다. 흰 석회로 칠해진 외벽의 집들이 줄 서 있는 골목을 지나고 계단길이 시작됐다. 고도차 100m 이상을 이 계단으로 올라가야 한다. 해발 3,650m인 고지대에서 30층 아파트를 계단으로 오르는 건 꽤나 힘든 일이다. 숨을 크게 들이마시며 천천히 한 계단 한 계단 발을 옮겼다.

두 번째 계단을 올라서기 직전에 높게 솟은 비석 하나가 서 있어 모두의 눈길을 끌었다. 글자가 하나도 없는 무자비(無字碑)이다. 티베트의 황금시대를 열었던 달라이 라마 5세의 공덕을 기리고 포탈라궁 완공을 기념하여 17세기 말에 세워졌다고 한다. 그의 공덕이 워낙 많아 하나의 비에 다 쓸 수 없이 무량(無量)하기에 글자가 없다는 가이드의 말도 뒤따랐다.

지그재그로 이어지는 수많은 계단을 20여 분 올라 궁전 안으로 들어섰다. 정치와 세속의 공간인 백궁(白宮)이 먼저다. 성스러운 종교 시설인 홍궁(紅宮)보다 저지대에 위치했기 때문이다. 티베트를 최초로 통일한 송첸캄포(松贊干布) 왕 때부터 현재 인도에 망명 중인 달라이 라마 14세까지 역대 군주들이 거처하며 정사를 보던 공간이다.

오래된 카펫이 깔린 복도가 미로처럼 얽히고 양편으로 수많은 방과 거실 공간들이 이어졌다. 역대 달라이 라마의 초상화와 다양한 불교 문양 벽화들이 내부를 장식하고 있다. 달라이 라마가 앉았던 왕좌와 집무실 등 주변 공간은 포탈라궁 전체의 위용에 비하면 아주 소박한 수준이다.

백궁이 현실 생활공간이었다면 홍궁은 영적인 공간이다. 햇빛이 잘 들어오지 않는 내부는 버터 램프들이 줄지어 타오르며 신성한 기운으로 가득하나. 야크 버터가 타는 그윽한 향기와 램프 불꽃들의 미묘한 흔들림이 명상적 분위기를 더해준다.

홍궁 내부에서 가장 눈에 띄는 건 역대 달라이 라마의 무덤들이었다. 포탈라궁을 지금의 형태로 건립한 달라이 라마 5세부터 마지막으로 입적한 13세까지 이곳에 안치돼 있다. 물론 흙으로 쌓은 매장 봉분이 아니고 탑장(塔葬)으로 장례 지낸 영탑(靈塔)의 형태다. 미라 처리된 시신이나 유골 또는 사리 등이 금박과 보석으로 장식된 화려한 탑 안에 안장된 것이다.

그중에서도 역시 높이 15m에 이르는 달라이 라마 5세의 영탑이 가장 화려하고 가장 돋보인다. 업적이 위대한 만큼 영탑에 쓰인 금과 보석의 양도 가장 많다고 했다. 토번왕국의 위대한 왕 송첸캄포와 두 명의 왕비인 당나라 문성공주(文成公主)와 네팔 브리쿠티 공주의 불상 3개 또한 홍궁의 보물들이다. 관람객들 입장에선 말소리는 물론 발걸음도 그저 조심스럽기만 했다.

묵직한 고요함이 감도는 포탈라궁의 실내는 티베트 불교문화의 정수를 담은 최고급 갤러리나 마찬가지였다. 그러나 대부분의 초행길 방문자에겐 2시간여의 짧은 관람이 그저 수박 겉핥기에 가까울 뿐이었다.

궁 외부로 나와 데양사(德央夏)광장에 섰다. 예전에 법회나 티베트 전통 공연 같은 대규모 행사를 자주 했던 곳이고, 달라이 라마는 백궁의 7층 창문을 통해 이 광장을 내려다보며 공연을 관람했다고 한다. 실내에서 금지됐던 사진 촬영을 감시받지 않아서인지 주변 너도나도 서로 사진 찍어주거나 포즈를 취하는 모습들로 광장은 법석이다.

광장 한편의 대문을 통해 지그재그인 내리막길을 걸어 궁을 내려왔다. 3시간 전 입장할 때는 궁의 남쪽 정경만 바라보며 고산증 염려에 조심조심

올라왔었다. 반대편으로 내려가는 지금은 포탈라궁의 북쪽뿐만 아니라 라싸 시내 정경까지 느긋하게 바라보는 여유가 생겼다. 특히 궁 바로 밑에 자리 잡은 호수공원 룽완탄(龍王潭)과 주변이 한층 평화로워 보였다. 그 옛날 포탈라궁을 지을 당시 흙을 퍼간 넓은 구덩이에 오랜 세월 물이 고이며 호수가 만들어졌다고 한다. 외적의 공격으로부터 궁을 지키기 위한 해자(垓子)의 역할도 했음을 짐작할 수 있다.

궁 출구로 내려온 뒤 바지 속 지갑에서 출국할 때 환전해 온 지폐 몇 장 중 50위안(元) 한 장을 꺼내 보았다. 앞면은 마오쩌둥 사진이요, 뒷면은 이곳 포탈라궁의 남쪽 정경이다. 중국 화폐 100위안 다음의 고액권 뒷면을 티베트 유적이 장식한다는 사실에 라싸 포탈라궁의 가치와 위상이 함축돼 있다.

토번왕 송첸캄포와 당태종

오늘날 '티베트'라면 중국의 시짱(西藏)자치구를 말한다. 서쪽에 사는 장족(藏族)의 땅이라지만, 22개 성(省)을 포함해 중국을 구성하는 총 33개의 행정 단위 중 하나일 뿐이다. '티베트(Tibet)'라는 지명은 이 일대 옛 왕국이었던 '토번(吐蕃)'의 음역 '투보(Tubo)'에서 비롯됐다. 한반도가 13세기 '고려' 때 몽골의 지배를 받으며 서양 세계에 'Corea' 등으로 불렸던 것이 '코리아(Korea)'로 굳어진 것과 비슷한 사례다.

7~9세기의 토번왕국은 현 중국대륙의 4분의 1에 해당하는, 대륙 서남부에 걸친 대국이었다. 지금의 시짱자치구는 물론 쓰촨·윈난·칭하이·깐쑤성 일부인 동티베트까지 아우르는 방대한 영토였다. 전성기였던 서기 763년엔 당나라 수도 장안(長安)까지 한때나마 점령한 바 있었다. 그것도 당이 토번에 공물을 보내지 않았다는 이유 때문이었다. 안녹산의 난으로 혼란에 빠진 틈을 노려 토번이 20만 대군으로 당제국의 수도였던 지금의 시안(西安)까지 쳐들어가 점령했었던 것이다. 티베트의 옛 역사가 얼마나 화려했었는지를 보여준다.

티베트 역사상 가장 위대한 인물로는 역시 송첸캄포(松贊干布)를 꼽는다. 고대 토번왕국의 33대 왕이지만 왕조의 창건자나 다름없이 여겨진다. 이전까지는 부족들 간의 느슨한 연합체에 불과했던 토번왕국이었다. 그의 부친인 32대 남리송첸(囊日松贊)왕은 이 부족 연합을 중앙집권 체제로 장악하려다 실패하고 반란군에 의해 암살당한다. 서기 629년 13세 어린 나이로 즉위한 송첸감포는 섭정과 신하들의 도움으로 반란 세력을 진압한 뒤 부족 전체를 통일시켜 티베트 역사상 최초의 통일 국가를 수립했다.

수도 이전도 단행했다. 선조 이래 왕조의 근거지였던 얄룽창포강(雅魯藏布江) 유역 좁은 계곡에서 벗어나 북서쪽으로 100km 떨어진 라싸(拉萨)로 수도를 옮겨 토번왕국의 새로운 중심으로 삼은 것이다. 라싸는 티베트 고원의 중심지로서 북쪽으로 녠칭탕구라 산맥(念青唐古拉山脈)이 방벽을 쳐주고, 남쪽으론 얄룽창포강이 해자(垓子) 역할을 해 주면서 동서 방향으로는 주요 요충지로 연결이 되는 위치다. 일국의 수도로서 최적의 지리적 조건을 갖춘 셈이었다.

라싸로의 수도 이전은 토번왕국이 더 넓은 외부 세계로 눈을 돌리는 계기로 작용했다. 동쪽으로 당나라와 남쪽으로 네팔 그리고 북서쪽 중앙아시아까지 광범위한 지역으로 관심을 가지게 되었다. 그동안은 해발 수천 미터 고원 위에 고립된 존재에서 바야흐로 주변 평야 지대 강대국들과 활발히 교류하며 국제적 위상을 높여갈 수 있었던 것이다.

네팔과 당나라를 향해서는 외교 사절을 보내 당돌하게도 혼인동맹을 요청했다. 우여곡절 끝에 이 요청은 결실을 맺어 송첸캄포 왕은 두 나라의 공주 둘을 왕비로 맞아들일 수 있었다. 이는 외딴 시골의 졸부가 도시 명문 가문의 귀한 딸을 둘이나 아내로 맞아들인 모양새가 되었다. 산골 촌 같은 토번왕국에겐 외부의 고급 문명을 습득하는 절호의 기회로 작용되었다.

송첸캄포 왕은 이런 좋은 조건을 최대한 활용했다. 당시 선진 문화였던 불교를 도입하여 적극 장려하고, 라싸에 포탈라궁과 조캉사원까지 건립했다. 고유의 문자도 창제하여 불교 경전의 번역과 문서 작성에 활용토록 하였다. 티베트의 문화적 정체성 확립에 일대 전환을 이룬 것이다.

송첸감포가 토번왕국을 티베트 역사의 황금기로 만들게 한 배경에는 당나라 문성공주의 역할이 매우 컸다. 송첸감포가 외국의 왕녀 둘을 왕비로 맞은 건 비슷한 시기였다. 네팔의 척존공주(尺尊公主 또는 브리쿠티 공주)가 먼저였고, 당나라 문성공주가 그다음 몇 년 후였다. 순서로는 후처인 문성공주가 시간이 흐르면서 본처의 역할과 위치로 그 위상이 바뀌어 간 듯하다.

1400년 지난 지금까지도 문성공주는 티베트인들의 마음속에 영원한 국모로 남아 있다. 티베트 어디에서건 외지인 여행자들은 한족(漢族)인 문성공주에 대한 자취나 자료들을 쉬이 접하게 된다. 이는 지난 75년 동안 티베트를 지배해 온 중국의 의도와도 연결이 된다. 티베트 문화의 뿌리는 한족과 닿아 있음을 은연중 알리려는 속셈인 것이다.

문성공주는 원래 왕의 친딸은 아니었다. 왕실의 인척 집안 딸이었다가 당태종 이세민(李世民)의 양녀로 간택되었다. 서기 626년 '현무문의 변'으로 황태자 형을 죽이고 집권한 이세민은 즉위 10년이 되어가던 즈음 중앙아시아 쪽으로 서역 경영에 공을 들이고 있었다. 그러나 티베트 고원의 지배자 토번왕국이 라이벌이면서 늘 골칫덩이였다. 당(唐)의 입장에서 토번은 그저 변방의 야만족에 불과했지만 무시할 수도 없는 거친 존재였다. 서역으로 향하는 실크로드를 위협하고, 중원의 안정을 해칠 수도 있는 강력한 장애물이었던 것이다.

어느 날 토번 왕 송첸감포가 사신을 보내왔다. 혼인동맹을 맺고 싶으니 당나라 공주를 한 명 보내달라는 것이다. 당태종 입장에선 당돌하고 가소로운 요구였다. 토번과의 혼인은 국격을 떨어뜨리고, 당 제국의 권위와 체면에 손상을 입힌다고 느껴졌다. 하지만 야수 같은 족속을 서운하게 무시할 수도 없었다. 토번이 당나라의 속국인 토욕혼(吐谷渾)을 위협한다는 구실을 들며 완곡하게 달래듯 거절해 보냈다. 그러자 토번은 즉각 반발해 왔다.

　대군을 일으켜 토욕혼을 정벌하고 멸망시켜 버린 것이다. 그에 더하여 당(唐)의 국경까지 침공해 싸움을 걸어왔다. 토욕혼은 현재의 칭하이성(青海省) 북부와 간쑤성(甘肅省) 일대 지역을 말한다. 당 제국으로선 실크로드로 향하는 서역 경영의 요충지였다.

　당태종은 국경에서 토번을 겨우 물리쳐 돌려보냈으나 그 위세에는 많이 놀랐다. 결코 무시할 수 없는 막강한 존재임을 이번 싸움으로 절실히 깨달은 것이다. 물러난 송첸캄포가 마침, 화해의 제스처를 취해왔다. 막대한 황금과 다량의 공물을 지참한 사절단을 보내어 다시 혼인동맹을 요청해 온 것이다. 결국 당태종은 못 이기는 채 토번의 요구를 받아들였다. 한족(漢族)의 피가 토번족과 섞여 대대손손 당 제국과 화평을 누리는 것도 멀리 보아 좋은 전략이 될 것이라 여긴 것이다. 이렇게 해서 황실 인척의 여식 중 한 명을 뽑아 당태종의 양녀로 삼았으니 이 여인이 곧 토번국의 왕비가 될 문성공주였다.

문성공주 혼례길 당번고도

서기 641년 티베트 라싸로 향하는 대규모 혼인 사절단이 당나라 수도 장안을 출발했다. 총인원은 300여 명 수준으로 전해진다. 신부 문성공주의 친부인 이도종(李道宗) 장군이 사절단의 우두머리이자 호위대장까지 맡았다. 실어가는 혼수품 규모도 대단했다. 공주가 토번에서 생활하는 데 필요할 일용품들이야 기본이고, 금은보석 귀금속과 장신구, 대량의 비단과 황실 의복, 도자기와 가구와 악기 등 당 제국의 문화 수준을 상징하고 과시할 만한 물품들이 다양하게 꾸려졌다. 척박한 고원 땅 티베트인들에게 실질적 도움을 줄 수 있는 농업 기술 도구와 건축 자재 등도 포함되었다. 이 모든 물품은 장기적 관점에서 당과 토번의 우호 증진에 큰 도움이 되는 쪽으로 선정이 되었다.

혼례 사절단의 인적 구성 역시 대단했다. 당 황실의 명예를 대표하는 고위 관료들은 물론 공주의 시중을 들 궁녀와 하인들부터 농업과 건축 기술을 전수할 전문가 그리고 선진 문화를 보급할 장인과 예술인까지 다양한 인력이 망라됐다.

이렇게 거대하고 화려한 행렬의 외형과는 달리 행렬을 이루는 구성원들의 심정은 정작 하나같이 어둡고 착잡할 뿐이었다. 관료들과 호위대는 토번에 도착하면 결혼식을 마치고 모두가 당나라로 복귀할 예정이지만 대다

수인 나머지 인원은 다시는 고향으로 돌아올 수 없다. 하늘에 닿을 듯 높다는 그곳, 숨쉬기도 어렵다는 그곳 야만족의 땅에서 평생을 살다가 뼈를 묻어야 한다.

주인공인 문성공주의 심정 또한 그들과 다르지 않았을 것이다. 부모와 함께 행복하게 살고 있던 어느 날 갑자기 주변 모두의 축하를 받으며 장안의 궁으로 불려 들어갔다. 그러나 축하받을 일은 아니었다. 얼떨결에 수십 명 시녀들의 보살핌을 받는 공주 신분이 되었고, 예법 등 여러 달 동안의 교육 과정을 거친 후 이렇게 머나먼 이역으로 시집살이를 떠나게 되었다.

오늘날 칭하이성의 성도인 시닝(西寧)은 칭짱고원(靑藏高原)의 동쪽 끄트머리 지역이다. 장안(長安)에서는 800km 거리, 오늘날에는 쾌속열차로 5시간이면 충분하겠지만 그 옛날 문성공주 일행은 두 달 넘게 걸렸다. 장안은 해발 600m에 그치지만 이곳 시닝은 해발 2,200m를 넘어선다. 본격적인 고지대로 들어서기에 앞서 일행은 시닝에서 며칠 동안 휴식을 취한 후 다시 길을 나섰다. 며칠 후 붉은 고개 적령(赤嶺)에 올랐다. 이제 당나라 땅과는 이별을 고해야 할 시간이다. 공주는 마지막으로 뒤돌아 장안 쪽을 바라보며 눈물지었다.

고향이 그리울 때 보라며 황후가 선물로 준 거울 일월보경(日月寶鏡)을 잠깐 꺼내 들었다가 실수로 떨어트리며 두 동강이 나버렸다. 이때 동쪽에 떨어진 반쪽 거울엔 서쪽으로 지는 해(日)가 비쳤고, 서쪽에 떨어진 반쪽 거울엔 동쪽 하늘에 떠 있는 희미한 달(月)이 비쳤다 하여 오늘날 이 고개의 이름은 일월산(日月山)으로 통한다. 바다 같은 호수 칭하이호(靑海湖) 인근 40km 지점에 위치한다.

해발 3,500m인 이 언덕에서 만나는 당번분계비(唐蕃分界碑)가 그 옛날 당나라에서 티베트 토번왕국으로 넘어가는 국경이었음을 말해준다. 일월산을 등지는 문성공주 행렬 앞에는 서남쪽으로 끝없는 황토 고원이 펼쳐질 뿐이었다.

1400년 전 문성공주 일행이 6개월 넘게 지났을 이 혼례길은 당번고도(唐蕃古道)로 불린다. '당나라와 토번을 잇는 오래된 옛길'이란 뜻이다. 오늘날의 중국 행정 명칭으로 보면 이 길은 4개의 성급(省級) 행정 구역을 지난다. 산시성(陝西省), 간쑤성(甘肅省), 칭하이성(靑海省), 시짱자치구(西藏自治區)이다. 이들 중 시안(西安)이 성도(省都)인 산시성만 중원(中原)에 속했고, 나머지 3개 지역은 1950년 인민해방군 침공 전까진 모두 티베트의 영토였다.

당번고도의 경유지들을 현재의 지명으로 둘러보자. 시안을 출발해 간쑤성 톈수이(天水)와 린샤(臨夏)를 거친 후, 칭하이성으로 들어서면 시닝(西寧), 일월산, 마둬(瑪多), 위수(玉樹)를 지난다. 이어서 시짱자치구의 레이우치(類烏齊), 딩칭(丁靑), 바칭(巴靑), 나취(那曲)를 거쳐 최종 목적지 라싸(拉薩)에 이른다. 총거리 3,000km에 이르는 멀고 먼 길이다. 해발 500m 지대인 관중평원(關中平原)에서만 살았을 문성공주 등 당나라인 수백여 명이 해발 4,000m가 넘는 티베트 고원을 반년 이상 누비며 라싸에 도착한 것이다.

그러나 토번의 왕은 라싸에 앉아서 이들을 맞은 건 아니었다. 이들 혼례길의 절반이 넘는 1,700km를 말 달려 마둬(瑪多)까지 나와서 문성공주를 맞았다. 신랑으로서 신부에 대한 기대감과 토번왕으로서 대제국 당의 황제에게 자신의 힘을 관철시켰다는 성취감이 그로 하여금 그렇게 멀리까지 영접을 나가게 만들었을 것이다.

두 사람은 마둬(瑪多) 인근의 바다 같은 2개의 호수 백해(柏海) 앞에서 결혼식을 올렸다. 칭하이성에 있는 이 두 호수의 오늘날 지명은 엘링호(鄂陵湖)와 자링호(扎陵湖)이다. 중원을 가로질러 발해만으로 흘러드는 황하(黃河)의 수원(水源)으로 유명하다.

혼인식이 끝난 후 사절단의 책임자 이도종(李道宗)은 호위대를 이끌고 당나라로 돌아왔다. 친부와 작별한 문성공주는 송첸캄포와 함께 라싸로 들어갔고 이후 다시는 고향으로 돌아갈 수도, 가족을 만날 수도 없었다. 내면적으로는 힘겹고 외로운 삶을 살았을 것이다. 그러나 지혜로운 그녀는 왕의 사랑과 함께 티베트 고원의 모든 이들로부터 존경받는 삶을 살았다. 오랜 세월이 지난 오늘날까지도 그녀 앞에는 '티베트인들의 영원한 국모'란 수식어가 따라붙는다.

영혼의 성지 조캉사원

지금의 티베트는 중국 33개 행정 구역 중 하나이면서 장족인 티베트인들은 중국의 55개 소수민족 중 하나일 뿐이다. 그나마 자기 땅에서조차 주류인 한족(漢族)에 밀리고 치이며 거친 삶을 살아간다. 과거엔 중국대륙의 4분의 1에 걸친 광대한 면적을 호령했던 민족이다. 앞서 본 대로 한때는 대제국 당나라의 수도 장안까지 쳐들어가 잠시 점령한 적까지 있었다.

티베트 고대 왕조 토번(吐蕃)은 6세기 초반 송첸캄포가 집권한 이후 300여 년 가까이 당(唐)나라와 공존하는 관계였다. 서역(西域)을 두고 서로 자웅을 겨루며 때론 맞짱 뜨거나 때론 협력하기도 하였다.

이 시대 두 나라 외교 관계에 윤활유 역할을 했던 여인은 문성공주만이 아니다. 서기 710년 토번의 왕비로 시집온 당나라 두 번째 여인 금성(金城)공주도 있었다. 서기 650년에 송첸캄포가 죽고 680년 문성공주까지 죽으면서, 양국 관계가 다시 경색되고 서역(西域) 지배권을 두고 마찰을 빚다가 두 번째 정략결혼이 성사된 것이다.

금성공주는 70년 전에 라싸에 먼저 시집온 할머니 문성공주의 불교 관련 유업들을 소중히 하며 계승 발전시켜 나갔다. 문성공주에 의해 잉태된 티베트 불교는 손녀뻘 금성공주에 의해 두 번째 단계인 도약의 시대로 접어든다. 금성공주의 아들 치송데첸(赤松德贊)은 부친에 이어 즉위한 뒤 불교를 공식 국교로 지정한다. 그는 토속 신앙인 뵌교(苯教) 신도들에 의해 한때 외부에 버려졌던 문성공주의 석가모니 12세 불상을 되찾아 다시 조캉사원에 잘 봉안시키고, 뵌교를 금지시키는 한편, 삼예사(桑耶寺)를 건립하여 티베트 최초의 라마승도 배출시킨다.

치송데첸은 불교 발전은 물론 서역까지 제패하면서 티베트 역사상 가장 넓은 영토를 지배한 왕이 되었다. 그가 재위(755~797년) 초반인 서기 763년에 어머니 금성공주의 고향 당나라에 쳐들어가 수도 장안을 점령한 건 티베트 역사상 가장 찬란한 순간이었다.

그러나 덧없이 무너지는 것 또한 순간이었다. 80여 년 후 티베트에 대지신이 일어났다. 설상가상으로 가뭄에 전염병까지 전국을 휩쓸었다. 원래 신앙심이 없던 랑다르마(朗达玛) 왕은 이 모든 재앙의 원인이 불교에 있고, 불상을 숭배한 때문이라고 믿었다. 전통 종교인 뵌교 세력에 편향돼 있던 왕은 불교 사원과 승려에게 지원되던 모든 지출을 중단시키고, 조캉사원을 비롯한 전국의 사찰들을 폐쇄해 버린다. 불교에 대한 탄압이 격심해지던 어느 날, 랑다르마 왕은 한 승려가 쏜 화살에 정통으로 이마를 맞아 즉사한다. 서기 842년의 일이다. 이후 토번 왕국은 후계를 둘러싼 갈등이 격심해지며 분열이 일다가 결국은 멸망에 이른다.

티베트 역사에서 이제 강력한 중앙집권은 사라졌다. 혼란의 암흑기가 400년 가까이 이어졌다. 몽골이 침략해 왔고, 오랜 세월 지배당했다. 이런 과정에서도 불교는 꾸준히 전파되고 다양한 종파로 분화되며 또한 발전을 거듭했다. 오늘날 티베트 불교의 중심 종파는 겔룩파(格魯派)이고, 대표 성지는 라싸의 조캉사원이다. 이는 겔룩파의 창시자 총카파(宗喀巴)가 황폐해진 조캉사원을 재건하고, 1409년 1월 이곳에서 석가모니의 공덕을 칭송하는 대법회(大法會)를 연 것이 그 기원이 되었다.

조캉사원의 공식 명칭은 대소사(大昭寺)이다. 사원 내부의 '석가모니 불전'

을 일컫는 '조캉'이 언제부턴가 사원 전체의 이름으로 굳어졌다. 서기 641년 문성공주가 당나라에서 가져온 이곳 불전의 석가모니 12세 등신상은 '각와불(觉卧佛)' 또는 '각옥불(觉沃佛)'로 표기된다. 이는 '존귀한 자' 또는 석가모니를 일컫는 티베트 발음 '조보(觉卧, Jobo)' 또는 '조워(觉沃, Jowo)'의 음역에서 비롯됐다. 여기에 불당 또는 불전을 뜻하는 '라캉(拉康, Lha-khang)'이 결합되어 '조캉(觉康, Jo-khang)' 사원으로 불리게 되었다. 간단하게는 '조보 불상을 모신 사원'의 의미다.

원래 조캉사원은 네팔 공주가 가져온 석가모니 8세 등신상을 모시기 위해 지어졌다. 공주가 반지를 던져 떨어진 곳에 사원을 짓기로 했는데 반지는 호수에 떨어졌다. 때문에 송첸감포 왕은 먼저 호수를 매립하고 그다음에 사원을 지어야 했다. 이때 천 마리 양(羊)을 동원하여 흙(土)을 나르게 했기에, 사원의 초기 이름은 '양토신변사(羊土神变寺)'였다고 한다. 훗날 라모체 사원(小昭寺)에 있던 문성공주의 석가모니 12세 불상이 이곳으로 옮겨지며 두 불상의 위치가 뒤바뀐 채 오늘에 이르렀다.

라모체 사원에 옮겨진 네팔 공주의 석가모니 8세 불상은 1960년대 문화혁명 때 유실되어 훨씬 훗날에야 제자리에 안치되는 수난을 겪었다. 반면에 문성공주의 석가모니 12세 불상은 조캉사원의 주불(主佛)로, 티베트인들의 정신적 지주로 오늘날까지 그 위상에 변함이 없다.

그러나 이 불상도 수난의 역사를 겪어온 건 마찬가지였다. 토번왕조 시대에 불교를 배척하고 전통 뵌교(苯教)에 심취한 몇몇 왕들에 의해 호수에 버려지거나 땅에 묻혔다가 다시 제자리로 돌아오기까지 수십 년이 걸리기도 하였다. 문화대혁명 때 홍위병들은 신성한 조캉사원을 돼지우리로 만들었다고 한다. 가장 최근인 2018년엔 대형 화재가 발생하여 사원 내 많은 부분이 소실되기도 하였다.

조캉사원 내 1층 본당의 석가모니 불상과 2층의 송첸감포와 문성공주의 조각상 그리고 여러 불상이나 탱화 등 불교 유물들은 외지인 여행자들에겐 그저 '풍경'으로만 느껴질 수도 있다. 불심과 소원한 이들의 눈에는 바깥세상 여느 절에서나 쉽게 만나는 익숙한 모습과 다름없는 것이다. 특히 포탈라궁의 위용과 웅장함에 압도됐던 여행자들은 조캉사원에서 현지인들처럼 신성하고 영적인 기운을 느끼기란 쉬운 게 아니다. 1층 본당을 중심으로 이어진 마니차(摩尼車)를 손으로 터치해 돌리며 사각의 회랑(回廊)을 한 바퀴 천천히 돌고 나면, 티베트인 순례자들의 마음속에 조금이나마 다가선 기분이 들기도 한다.

2층을 거쳐 3층 옥상에 오르면 사원은 더 화려한 빛을 띤다. 금장 두른 지붕과 황금빛 불탑들 그리고 노란색 법륜을 받들고 있는 두 마리 사슴상 등이 온통 두 눈을 부시게 한다. 멀리 홍산 위로 솟아 있는 포탈라궁이 한층 장엄해 보이지만 옥상 바로 아래 바코르 광장에 북적이는 인파는 부처님 손바닥 위를 기약 없이 맴도는 이들처럼 보이기도 한다.

바코르 광장 한편엔 나무 한 그루와 비석 하나가 오랜 세월 조캉사원 정문을 지켜오고 있다. 담장이 둘러쳐진 나무는 서기 641년 문성공주가 시집올 때 종자를 가져와 심었다고 여겨지며 '공주 버드나무(公主柳)'로 불린다. 나무 옆 비석은 당번회맹비(唐蕃会盟碑), 당나라와 토번이 맺은 서기 821년의 마지막 평화협정을 기념해 세운 비석이다. 두 나라는 문성공주와 금성공주를 통한 정략혼인 등 모두 10여 차례의 동맹이나 우호 협약을 맺었지만 이때가 마지막이었다.

세월의 풍파로 흐려지고 난해한 이 비문에는 '당과 토번이 서로의 국경을 인정하며, 각자의 땅에서 각자 행복하게 살자.'라는 내용이 들어 있다고 한다. 비석이 세워진 지 1,200년이 지난 오늘날, 비문의 약속은 지켜지지 않고 있다. 한족(漢族)은 '서로의 국경'을 무시했다. 티베트인들은 자신들의 땅에서 한족에게 핍박받고 궁핍한 삶을 이어가고 있다. 그들에겐 다시 태어날 내세만이 유일한 희망처럼 보인다.

그들의 오체투지 순례길

간쯔(甘孜) 티베트족(藏族) 자치주는 쓰촨성 21개 행정 단위 중 하나다. 그러나 넓이로는 성 전체 면적의 3분의 1이나 차지한다. 75년 전까지만 해도 티베트 영토였던 곳이다. 동쪽에 인접하여 저지대인 쓰촨 분지와 이어지면서 칭짱 고원(青藏高原)의 동쪽 끄트머리에 해당한다. 외지 여행자들에겐 동티베트 땅으로 불리는 이 지역의 더꺼(德格)현 작은 마을에서 남자 다섯이 순례를 떠났다. 고향마을에서 성도(聖都) 라싸까지 2,100km나 되는 멀고 먼 길이다.

그 옛날 문성공주 일행이 지났던 3,000km와는 거리만 짧을 뿐 악조건 환경인 건 그때와 똑같다. 그러나 문성공주처럼 가마를 탄 것도 아니고, 호위무사들처럼 말을 타는 것도 아니요, 일반 시중들처럼 걸어서 가는 것도 아니다. 이삼십 대 젊은이 셋은 오체투지 삼보일배로 나아간다. 60대 노인 둘은 식자재와 일용품을 실은 마차 두 대를 각각 끌며 앞서간다. 젊은 셋에겐 거의 기어가는 것과 진배없는 고행길이다. 이들의 그날그날 숙식을 책임지는 노인 둘에게도 역시 고행이긴 마찬가지였다.

해발 4,500m 이상의 설산을 여러 번 넘고, 100퍼센트 야생으로 그날그날 텐트에서 묵으며, 비가 오나 눈이 오나 꾸준히 앞만 보며 그들은 나아간다. 바람에 날릴 만큼 가볍게 먹고, 찬이슬 맞으며 잠을 자는, 말 그대로 풍찬노숙(風餐露宿)의 나날이었다. 그들이 거쳐가는 길은 중국과 티베트 간에 차(茶)와 말(馬)이 거래되던 오래된 옛길인 차마고도의 여러 갈래 중 하나, 천장북로(川藏北路)다. 쓰촨(川)과 티베트(藏)를 북쪽으로 잇는 길이다.

  2007년 가을, 인기리에 방영됐던 KBS 다큐멘터리 〈차마고도〉 중 2부는 이렇듯 티베트인들의 험난한 순례 여정을 담고 있다. 당시로선 시리즈 7부작 모두 놀라움의 연속이었다. 지금 다시 보아도 영상이건 등장인물들이건 그때 느꼈던 감동과 경외감은 그대로다.

  오체투지(五體投地)는 온몸을 땅바닥에 던지는 행위다. 무릎을 꿇고는 두 팔을 앞으로 주욱 뻗으며 엎드린 후 이마를 땅에 대고 양 손바닥을 하늘 향해 폈다가 두 손 모아 경배하곤 일어난다. 머리·가슴·배·팔·다리 또는 이마·두 팔꿈치·두 무릎 이렇게 다섯 부위를 완전히 땅에 댄다는 건 우리 몸을 최대한 낮추는 것이 된다. 부처 등 경배의 대상을 그만큼 높게 받드는 것이다. 세 걸음에 한 번씩 오체투지로 절하는 삼보일배(三步一拜)는 부처와 불법과 승려를 일컫는 불(佛)·법(法)·승(僧)의 삼보(三寶)에 온전히 의지하고 구원을 청함에 그 의미가 있다.

티베트인들이 이런 고행을 이겨낼 수 있는 원천은 과연 어디에서 오는 걸까? 숭고한 신앙심 차원만으로는 납득이 되지 않는다. 오체투지 삼보일배 한 번에 이동거리 대략 3.5m로 가정해 보았다. 라싸까지 2,100km를 가려면 모두 60만 번의 절을 해야 한다는 계산이 나온다. 상상이 안 되는 수준이다. 과연 그들 개개인의 마음속에는 어떤 이유와 목적들이 있을까?

28세인 '처자'는 승려가 꿈이었다. 지금까지는 가난한 목동으로 살아왔다. 라싸까지 오체투지를 다녀오면 인연이 닿을지도 모른다는 기대가 있다. 승려가 될 수 있거나 아니면 돈을 많이 버는 부자가 될지도 모른다.

31세 '라빠'는 죽음에 대한 두려움이 있다. 많은 사람들이 고통 속에 죽음을 맞는 걸 안타깝게 보아왔다. 이번 순례에 다녀오면 죽음 이후의 세계에 대해 어떤 빛을 찾을지도 모른다. 언젠가는 죽을 것을 알기 때문에 미리 대비해 두고 싶었다. 다시 태어날 환생을 준비해 두기 위하여 이번 순례에 나선 것이다.

62세 '루루'는 자신이 전생에 업을 많이 쌓은 거 같다고 느껴왔다. 이생에서는 착한 일을 많이 하고 싶었는데, 목동으로 살다 보니 기회가 적었다. 뭔가 모르게 마음에 빚을 안은 듯 살아왔고, 죽기 전에 오체투지 순례를 통하여 마음의 빚을 조금이라도 갚고 싶었다.

66세 '부사'는 옛날부터 라싸까지 오체투지 순례 가는 게 꿈이었다. 남들 순례 떠나는 것만 부럽게 지켜보다 어느덧 죽음에 가까워진 나이가 되어버렸다. 그는 오래전부터 폐병을 앓아왔다. 고산을 오를 땐 숨조차 쉬기가 버겁다. 일생에 단 한 번 용기를 낸 이번 순례길에서 그는 혹시 죽을지도 모른다. 그렇지만 그렇게 죽는 것도 영광이라고 그는 생각했다.

KBS 카메라가 비추는 차마고도 천장북로 위에는 이들 다섯 순례자만 보이는 건 아니었다. 다양한 이가 다양한 모습으로 오체투지를 이어가고 있었다. 그중엔 가족이 한 팀인 순례단도 있었다. 그들이 잠시 멈추어 쉬고 있을 때, 카메라도 그들 옆에 잠시 따라 멈췄다. 장남이 얼마 전에 사고로 세상을 떠났다고 한다. 슬픔에 빠진 가족들이 재산을 정리하여 이번 순례에 나섰다는 말이다. 가장인 54세 '자시더지'가 손단지 속에서 가족사진 몇 장을 꺼내 보여주며 말을 잇는다.

"아들이 죽고 나서 우리 가족 모두는 너무나 힘들었습니다. 하지만 사람이 세상에 나와서 누구든 어차피 겪어야 하는 일입니다. 라싸로 가는 순례의 길에 저희 가족의 몸과 마음을 바칩니다. 살아 있는 모든 생명을 위해 매일 기도한답니다. 이 과정 속에서 저희 가족도 마음의 안정과 평화를 찾아가고 있습니다."

염주를 굴리며 말을 잇는 남편 옆에서 아내와 다른 식구들은 그저 고개 숙여 눈물만 훔칠 따름이다.

동티베트의 다섯 남자는 쓰촨성 더거의 시골 마을을 출발한 지 185일 만에 드디어 라싸에 도착한다. 멀리 홍산(紅山) 위에 솟아 있는 포탈라궁이 자신들을 내려다보고 있었다. 모두의 표정에 변함은 없었지만 마음속엔 더할 수 없는 감동의 물결이 몰아치고 있었다.

석가모니 12세 등신불

라싸 시내로 들어선 다섯 남자는 가장 먼저 포탈라궁에 들러 경배했다. 궁 입구의 기다란 계단 위에서도 오체투지는 멈추지 않았다. 맨 마지막으로 그들은 조캉사원(大昭寺)에 도착했다. 차마고도 천장북로(川藏北路) 6개월 순례 여정의 최종 목적지였다. 2,100km 먼 거리를 거의 기어가듯이 지나온 이력은 온몸에 그대로 나타났는가 보다. 그들의 오체투지 행색을 바라보던 사람들이 주변으로 몰려들었다. 조캉사원 앞은 마라톤 선수들을 맞이하는 결승선처럼 어느새 환영 인파로 채워졌다. 그중 누군가가 다섯 순례자의 목에 순결한 흰색 천 하다(哈達)를 걸어주기도 했다. 주변 모두가 함께 그들의 숭고한 여정을 축복해 줬다.

다섯 남자는 라싸에 두 달 가까이 머물며 조캉사원에서 10만 배 오체투지를 추가로 마친 후 각자의 일상으로 돌아간다. 60대 두 노인네는 고향으로 돌아가고, 30대 둘은 오랜 꿈이었던 승려가 되기 위해 사원으로, 그리고 20대 막내는 돈을 벌기 위해 동충하초를 캐러 떠나는 것으로 KBS 다큐멘터리 〈차마고도〉 2부는 끝을 맺는다.

티베트 여행에선 흙먼지를 뒤집어쓴 채 삼보일배로 나아가는 오체투지 현지인들을 자주 만난다. 멀리 쓰촨성 야딩에서 만났던 두 청년 앞에서 우리가 그랬던 것처럼, 수없이 엎드렸다 일어나기를 반복하는 순례자들 앞에서 외지인 여행자들은 왠지 모를 미안함과 묘한 연민을 품게 된다. 하지만 정작 그들의 표정은 맑고 평온하다. 고통의 흔적은 보이지 않는다. 눈이 오나 비가 오나 그들은 자신의 발끝과 무릎, 배, 가슴 그리고 이마를 차례로 땅에 대며 자신의 순례 거리를 따박따박 자로 재듯이 나아간다.

수개월 동안 육신을 혹사하며 그들이 향하는 곳은 오직 한 곳, 라싸의 조캉사원이다. 외지인 여행자들에겐 포탈라궁이 라싸 방문 최우선 명소로 꼽히는 데 반해, 티베트인들에겐 조캉사원이 평생에 꼭 한 번은 찾아가야만 하는 영혼의 성지로 여겨진다. '티베트 불교의 총본산'이란 수식어는 포탈라궁과 조캉사원 어느 쪽에나 따라붙곤 한다. 엄밀하게 구분해 포탈라궁이 정치와 행정의 중심지로서 달라이 라마의 세속적 권위를 대표한다면, 조캉사원은 종교와 신앙의 중심이자 부처의 영적 권위를 상징하는 심장 같은 곳이라 할 수 있다.

조캉사원의 이런 위상과 권위는 어디에서 비롯될까? 두 가지 때문이다. 하나는 사원 본당에 있는 불상의 존재요, 또 하나는 이 불상을 이곳에 있게 당나라 문성공주의 역할이다. 불상이야 세상의 사찰 어디에나 흔하지만 조캉사원의 이 불상은 특별하다. 붓다(Buddha) 살아생전인 기원전 5~6세기에 만들어진 것으로 믿어지는 석가모니 12세 등신불상(等身佛像)이다. 티베트인들은 이 불상과 만나는 걸 2,500년 전의 석가모니와 대면하는 것으로 믿는다고 한다. 이 때문에 그들은 라싸에서 수천 킬로미터 떨어진 윈난, 쓰촨, 칭하이, 간쑤 등지에서도 자신의 온몸으로 순례의 거리를 측정하듯이 기꺼이 오체투지로 올 수 있는 것이다.

그렇게 조캉사원에 도착한 이들은 본당의 이 불상 발치에 엎드려 경배하곤, 크리스천들이 신부 앞에서 고해성사하듯 자신의 죄업을 털어놓거나, 이승의 안녕과 내세의 행복을 간절히 소망하고 기원한다. 문성공주가 가져온 조캉사원의 이 불상은 지난 1,400년 동안 티베트인들이 간절하게 기도 하고 의지해 온 영혼의 대상이었던 것이다.

티베트인들에게 불교는 의식주만큼이나 중요한, 삶의 일부다. 티베트의 불교는 당나라 문성공주가 머나먼 이역땅으로 시집오면서 비롯됐다. 공주가 가져온 혼수품은 다양했고 대량이었다. 당나라 특산품인 비단, 직물, 염료에 차와 차 도구 등 생활용품은 물론 전통 의학 서적과 약재와 문구류 그리고 각종 곡식과 채소 종자 등이 망라되었다.

공주가 독실한 불교 신자였던 만큼 불상과 경전 및 탱화(幀畵) 등 종교 관련 품목들은 특히 중요했다. 이 중에서도 석가모니 12세 등신불상은 당나라 황실 사찰에 봉안돼 있던 보물이었지만 당태종의 직접 지시에 따라 문성공주의 혼수품으로 토번에 보내진 것이다.

이 불상이 만들어진 기원에 대해선 여러 설이 있는 듯하다. 석가모니 살아생전 제자들은 스승의 모습 그대로를 후세에 남기고 싶어 8세와 12세 등신상(等身像)을 각각 4개씩 만들었다고 한다. 이후 천년 세월이 흐르면서 이 불상들은 어딘가로 흩어졌고, 그중 하나가 어찌어찌 인도에서 중국으로 넘어와 당 제국의 휘하에 들게 된 것이리라.

문성공주가 토번에 오기 전, 송첸캄포는 네팔의 브리쿠티 공주(尺尊公主)도 왕비로 맞아들인 상태였다. 이를테면 문성공주는 두 번째 왕비였다. 브리쿠티 공주 역시 독실한 불교 신자로 네팔에서 석가모니 8세 등신 불상을 가져왔다. 송첸캄포는 네팔 공주가 가져온 8세 불상을 봉안하기 위해, 라싸의 호수를 메워 사찰을 지었으니, 이곳이 바로 티베트 불교의 기원이 되는 오늘날의 조캉사원(大昭寺)이다.

이어서 맞아들인 문성공주의 석가모니 12세 불상을 위해선 바로 인근에 라모체 사원(小昭寺)을 지었다. 두 사원은 같은 날 공사를 시작하여 같은 날 준공했다고 한다. 이날은 하늘이 꽃을 내리고 왕과 백성이 한데 어울려 춤추고 노래했다는 식으로 후세 사가들에 의해 미화되기도 한다. 직선거리 1km도 안 되는 가까운 거리의 두 사원은 오늘날까지도 인근 포탈라궁과 함께 라싸 도심에서 정삼각형을 이루는 위치에서 사이좋게 공존하고 있다.

송첸캄포는 고유의 문자 창제, 포탈라궁 건립, 당나라 선진 문물 도입 등을 통해 토번왕국의 전성기를 이끌었지만 문성공주를 맞은 지 10년을 못 채우고 눈을 감는다. 이후 문성공주는 30년을 더 살았다. 그동안 공주는 척박한 고원 땅에 불교를 보급시키는 일에서부터, 토지 경작이나 물레방아 설치 등 실용 기술까지 일반에 보급시키며 대중의 사랑을 듬뿍 받았다. 40년 세월 동안 티베트인들의 국모로서 꽉 찬 삶을 살았던 것이다.

문성공주까지 죽고 나자 토번과 당나라의 우호 관계엔 균열이 일기 시작했다. 결국 두 나라가 다시 적대 관계로 돌변하게 된 어느 날 라싸에 흉흉한 소문이 퍼졌다. 당나라의 막강 측천무후가 대군을 보내 쳐들어온다는 것이다. 라모체 사원에 봉안돼 있는 석가모니 12세 등신불상을 되찾아가는 게 목적이란다. 문성공주가 당나라에서 시집올 때 가져온 이 불상은 지금은 토번왕국이 숭배하고 의지하는 보물로 여겨졌다. 절대로 빼앗겨선 안 되는 것이었다.

겁에 질린 대신들은 라모체 사원의 석가모니 12세 불상을 조캉사원의 8세 불상과 위치를 맞바꾸는 식으로 임시 조치를 취했다. 다행스럽게도 당나라 군대는 쳐들어오지 않았다. 두 불상은 그렇게 각자의 원래 위치에서 서로 뒤바뀐 채 세월은 흘렀다. 크고 작은 숱한 사건·사고를 거치면서도 문성공주의 석가모니 불상만큼은 오늘날에 이르기까지도 변함없이 조캉사원 본당을 지키면서 모든 티베트인의 정신적 지주가 되어주고 있다.

신에게 다가가는 길 바코르

여행자들에겐 어느 도시를 가든 가장 먼저 가보고 싶은 0순위 지역이 있다. 라싸를 처음 방문하는 이들에게 물어보자. 꼭 가보고 싶은 곳 한 군데만 골라보라고 한다면 티베트인들은 대체로 조캉사원을, 외지인들은 포탈라궁을 꼽을 것이다. 티베트인들은 경배를 위한 신앙심의 발로일 터이고, 외지인들은 여행 차원의 관광이 목적일 것이다.

'걷고 싶은 곳이야말로 최고의 여행지'라는 말이 있다. 라싸에서 가장 걸어보고 싶은 곳이 어디냐고 물어본다면 티베트인이나 외지인이나 대개는 '바코르 거리'라는, 같은 답을 내놓을 것이다. 티베트인들은 오체투지를 하거나 그냥 걷거나 어느 쪽이든 종교적 순례가 목적이지만, 외지인들은 역시 여행자의 호기심 차원이다. 이 거리가 라싸에서 가장 유명하고, 가장 인파가 많다고 하니 현지인들과 함께 걸어보고 싶은 여행자의 바람인 것이다.

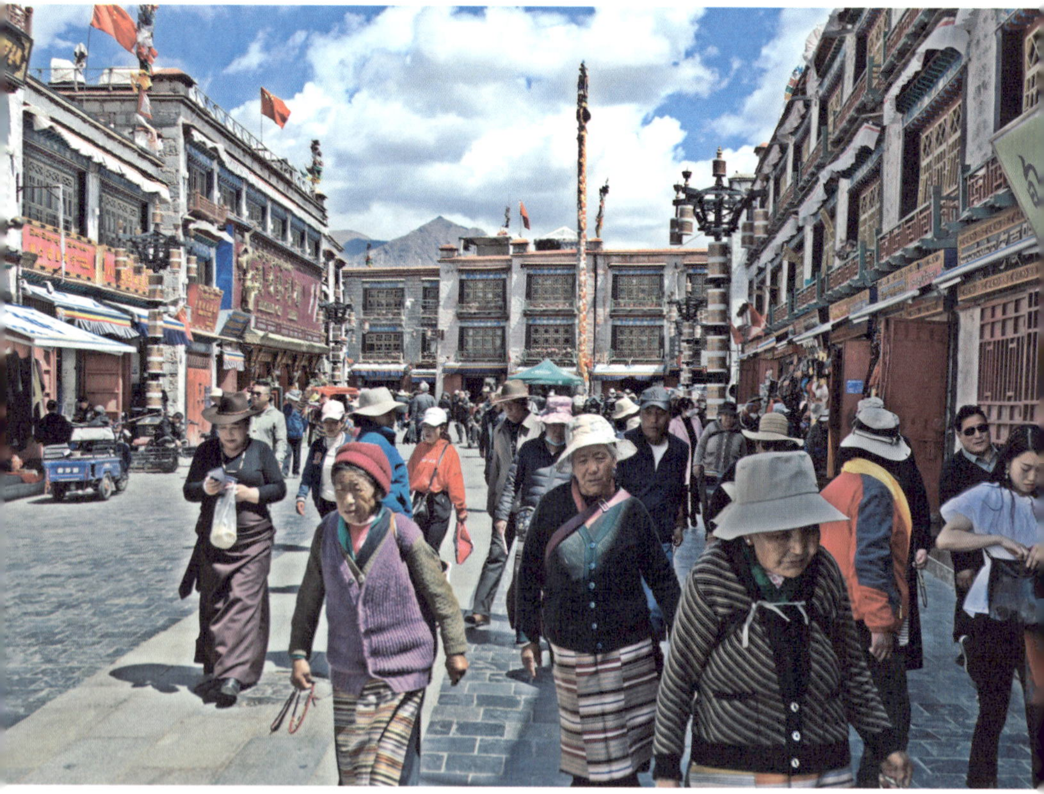

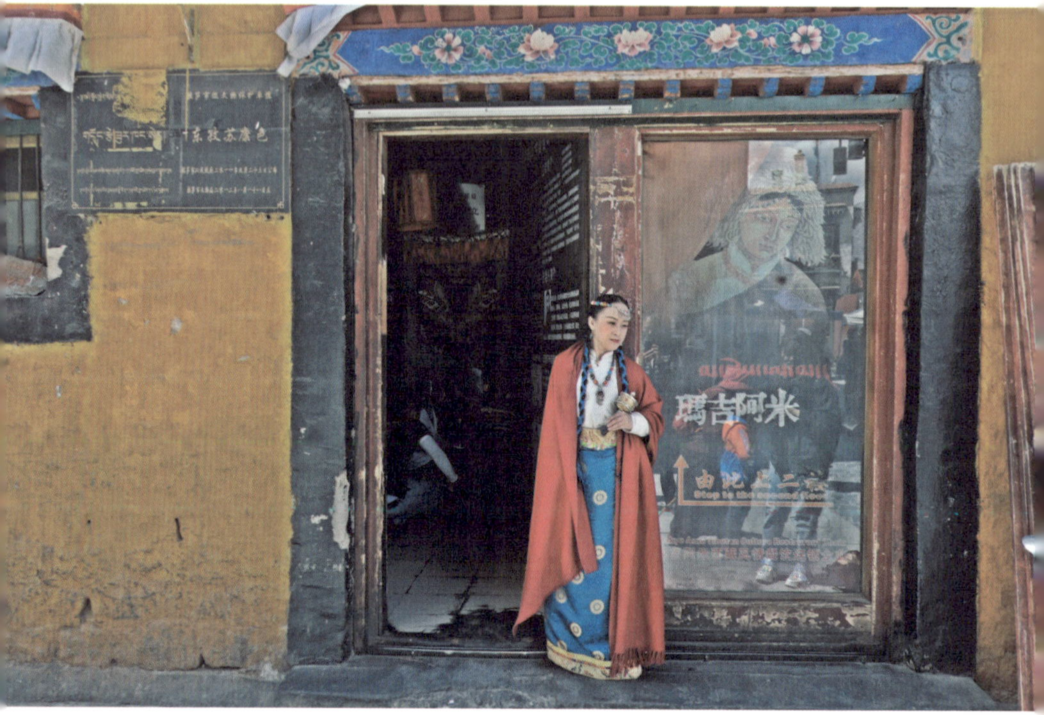
东孜苏康色
瑪吉阿米

'바코르(Barkor)거리'의 중국식 한자 표기는 '팔곽가(八廓街)'이다. 각종 지도에도 모두 그렇게 표기돼 있다. 하지만 현지에서의 표기는 '팔각가(八角街)'가 더 일반적으로 쓰인다. 티베트 발음의 음역 때문에 하나의 지명이 2~3개의 한자로 표기되는 경우는 많다. '팔(八)'이나 '각(角)'도 티베트 발음의 음역일 뿐 거리의 형태나 유래와는 아무 관련이 없다. 바코르 거리는 조캉사원을 둘러싸는 사각형 모양의 순환 둘레길이다. 가로·세로 각각 250m씩 총 거리 1km 정도다. 천천히 걸어도 20분이면 한 바퀴 가볍게 돌 수 있다.

조캉사원은 7세기 중반에 지어진 뒤 오늘날까지 여러 번의 파손, 복원, 증축의 과정을 거쳐왔다. 티베트 역사상 최초의 불교 사원이 수도 라싸의 도심에 자리 잡고 있어 온 만큼, 지난 1,400년 가까운 긴 세월 동안 얼마나 많은 티베트인들이 조캉사원을 들락거렸을지 쉽게 짐작할 수 있다. 때문에 조캉사원 주변의 바코르 거리는 상업적으로든 문화적으로든 라싸 최고의 번화가가 될 수밖에 없었던 것이다.

바코르 거리엔 티베트 전통 의상, 장신구, 공예품, 기념품들을 진열한 가게들이 즐비하다. 전통차와 음식을 파는 작은 식당과 카페들도 다양한 모습으로 여행자들을 기다린다. 재래시장에선 신선한 과일과 채소, 향신료 등을 사고파는 현지인들의 일상이 그대로 생생하게 펼쳐진다.

사각형 모양의 바코르 거리는 동서남북 방향에 따라 팔곽동가(八廓东街), 팔곽서가(八廓西街), 팔곽남가(八廓南街), 팔곽북가(八廓北街), 4개의 길이 하나로 이어진다. 1km에 걸친 이 짧은 거리에는 수십 개의 작은 길과 골목들이 촘촘하게 가지를 치며 라싸라는 고도(古都)의 밀집된 중심 상가를 형성하고 있다.

바코르 거리를 걷는 이들은 대개 같은 방향을 향한다. 조캉사원을 오른편에 두고 시계방향으로만 도는 것이다. 반대 방향으로 걷는 이들이 보인다면 두 부류 중 하나다. 외지인 여행객이거나 혹은 티베트 전통 샤머니즘인 뵌교(苯教) 신도들이다. 불교도가 대부분인 티베트인들은 우리의 '탑돌이'처럼 뭔가를 기원하며 불탑이나 사찰을 순례할 때 시계방향으로 움직이는 게 원칙이다. 이들에게 바코르 거리를 걷는 건 볼일이 있어서든 산책이든 여행이든 어느 경우나 순례의 한 과정이다. 이를테면 순례는 삼시 세끼처럼 일상의 일부인 것이다.

라싸에서 수천 킬로미터 떨어진 칭하이, 쓰촨, 윈난 등지에서도 수많은 동티베트인들이 순례를 떠난다. 새와 쥐만 다닐 수 있다 하여 조로서도(鳥路鼠道)로 불리는 그 험난한 차마고도를 그들은 오체투지 삼보일배로 6개월 넘게 걸려 드디어 라싸에 도착한다. 그러나 최종 목적지인 조캉사원으로 곧바로 직행하진 않는다. 사원 둘레길인 바코르 거리를 온전히 한두 바퀴 더 돌면서 마음을 가다듬고 부처를 만날 준비를 단단히 하는 마지막 정화 과정을 거친다. 이 때문에 순례자들은 바코르 거리를 '신에게 다가가는 성스러운 길'이란 의미의 '성로(聖路)'로 여긴다.

'순례'를 뜻하는 티베트어는 '코라(Kora)'다. 한자로는 '전경(转经)'으로 표기된다. '경전을 암송하며 불탑이나 사원을 돈다'는 뜻이 내포된 단어다. 라싸를 순례하는 티베트인들에겐 3대 코라가 중요하다. 조캉사원 내부를 한 바퀴 도는 낭곽(囊廓)과 사원 외부 바코르를 한 바퀴 도는 팔곽(八廓) 그리고 사원 주변 구시가 일대를 도는 임곽(林廓)이다. 공통으로 들어간 글자 '곽(廓)'에는 '둘레'나 '순환'의 의미가 들어 있다. 이들 3개의 대표 순례 코스는 각각 내권(内圈), 중권(中圈), 외권(外圈)으로 구분되기도 한다.

내권인 낭곽(囊廓) 혹은 낭코르(Nangkor)는 조캉사원 내부의 석가모니 불전 주변을 한 바퀴 도는 것이다. 1층 본당을 감싸는 사각의 회랑(回廊) 구간이다. 마니차(摩尼車)가 일렬로 설치돼 있고 거리는 200m에 조금 못 미친다. 중권인 팔곽(八廓) 혹은 바코르(Barkor)는 조캉사원 바깥 외벽을 따라 사각으로 이어진 바코르 거리를 도는 것이다. 라싸 시민들의 산책로인 셈으로, 3개의 코라 코스 중 찾는 사람이 가장 많다.

외권인 임곽(林廓) 혹은 링코르(Lingkor)는 라싸의 핵심 명소 세 곳인 조캉사원과 포탈라궁 그리고 라모체 사원(小昭寺) 주변을 따라 한 바퀴 돌아오는 순례 코스다. 조캉사원 남쪽의 강소로(江苏路)에서 시작하여, 약왕산(药王山) 자락, 임곽서로(林廓西路), 포탈라궁 북단의 호수공원, 임곽북로(林廓北路), 라모체 사원(小昭寺) 그리고 임곽동로(林廓东路)를 거쳐 원래의 조캉사원 남단으로 회귀한다. 총길이 8.5km인 링코르는 순례가 아니더라도 외지인 여행자들이 3~4시간 천천히 걸으며 라싸 구도심 향취를 제대로 느껴보기엔 그지없이 좋은 코스다.

조캉사원 정문 앞 광장을 포함하는 350m 직선 구간 역시 바코르 거리에 포함된다. 이곳 광장은 라싸 시내 통틀어 가장 인파가 많이 몰리는 곳이기도 하다. 지도에 표기된 정식 명칭은 대소사 광장(大昭寺广场)이지만, 여행자들에겐 바코르 광장으로 많이 불린다.

조캉사원 정문 옆 '문성공주의 버드나무(公主柳)'와 당번회맹비(唐蕃会盟碑)를 훑어보며 주변을 서성이는 이들은 대부분 외지인 여행자들이다. 반면에 티베트 현지인들은 끊임없이 움직인다. 한 명씩 또는 여럿이 무리 지어 열심히 걷는다. 이들에겐 몇 가지 공통점이 엿보인다. 오로지 시계방향으로만 움직이고 있다는 것, 한 손으로 마니차를 돌리고 다른 손으론 염주를 굴리고 있다는 것, 그리고 뭔가를 중얼거리듯 입술을 계속 움직인다는 것이다.

걷는 이들 사이사이 열에 한두 명은 오체투지 삼보일배 순례자들이다. 수개월 이상 그렇게 움직여 온 듯한 행색도 보이고, 오늘 집에서 나와 한 바퀴만 오체투지 하는 듯 깔끔한 차림도 보인다.

조캉사원 한쪽 앞 작은 광장에선 제자리 오체투지에 전념인 이들도 여럿이다. 바닥에 깔아 놓은 매트 위에서 온몸으로 엎드려 절하곤 다시 일어나고 다시 엎드려 절한다. 한치의 흐트러짐도 없이 기계처럼 반복하고 또 반복한다. 백팔배를 하려는지 일천배를 할지 감히 짐작도 못 하지만 그들이 소망하는 비원(悲願)들이 얼마나 간절할지, 여행자인 나로서는 도무지 상상이 안 되는 영역이다.

시짱자치구 그리고 라싸

2024년 6월 미 하원은 '티베트-중국 분쟁법'을 압도적인 표 차로 통과시켰다. 현 티베트 지역인 시짱(西藏)자치구는 중국 영토가 아니라는 게 핵심이다. 법안은 또한 칭하이(靑海)·간쑤(甘肅)·윈난(雲南)·쓰촨(四川) 성의 일부인 동티베트 지역도 역시 중국 영토가 아님을 주장하고 있다. 달라이 라마의 미국 방문을 앞두고 미·중 경쟁에서 우위를 점하려는 미국의 속셈이긴 하다. 그러나 법안의 내용은 모두 역사적 사실에 부합한다.

중국이 건국 이듬해인 1950년 막강한 군사력으로 티베트를 강제 병합한 건 엄연한 사실이다. 1959년 독립을 요구하는 대규모 봉기가 일어났고, 이의 진압 과정에서 수십만 명의 사상자가 발생했다. 달라이 라마는 이때 급하게 라싸를 탈출해 인도로 망명했다. 중국은 5년 뒤 후속 조치를 취했다. 1965년 티베트 지역을 동서로 나누어 그 절반인 서쪽만 '시짱(西藏)자치구'란 지명을 붙여 중국 30여 개 행정 지역 중 하나로 격하시켜 버린 것이다. 동쪽의 남은 절반은 다시 4개 지역으로 쪼개어 인근 칭하이·간쑤·윈난·쓰촨 4개 성으로 편입시켜 버렸다. 먼 훗날까지 고려한 장기적 포석이었다.

오늘날 '티베트'라고 하면 사람들은 대개 중국의 1개 성(省)급인 '시짱자치구'만을 떠올리는 경우가 일반적이다. 세상 사람들 인식 속에 티베트 땅은 어느덧 절반으로 축소돼 있는 셈이다. 60년 전 중국이 노렸던 계산 그대로다.

옛날 영토의 절반인 이 지역은 구글 지도에도 중국어로는 '西藏自治区'지만 영어로는 'TIBET', 한국어로는 '티베트자치구'로 표기돼 있다. 북동쪽으로 중국 신장 위구르, 칭하이, 쓰촨, 윈난 4개 성과 인접하고, 남서쪽으론 미얀마, 부탄, 네팔, 인도 4개국과 맞닿는다. 이곳 시짱자치구의 면적은 우리나라의 12배가 넘지만 인구는 우리의 12분의 1에도 훨씬 못 미친다. 인구밀도가 1㎢ 면적에 겨우 3명이라니, 해발 4천 미터 고원인 '세계의 지붕' 위에 사는 삶이 얼마나 외롭고 척박할지를 가늠할 수 있다.

시짱자치구는 7개 단위 지역으로 이뤄진다. 6개의 지급시(地級市)인 라싸(拉萨), 시가체(日喀则), 창두(昌都), 린쯔(林芝), 산난(山南), 나취(那曲)에 1개의 지구(地区)인 아리(阿里)가 추가된다. 자치구 한가운데 위치한 라싸를 중심으로 가장 동쪽에 위치한 지역은 창두다. 중국에 가깝다 보니 문화적 혜택과 군사적 피해를 동시에 입었다. 가장 서쪽인 아리지구는 카슈미르 라다크에 면해 있다. 워낙 황량하여 사람 그림자를 찾아보기 힘든 불모의 땅이다. 시가체

(=르카쩨)는 자치구의 중남부에 위치하면서 히말라야의 북쪽 절반을 품고 있다. 라싸 다음인 티베트 제2의 도시로 한족 유입이 덜하다. 그만큼 상업화가 덜 된 덕에 장족 고유의 전통은 더 잘 보존돼 있다.

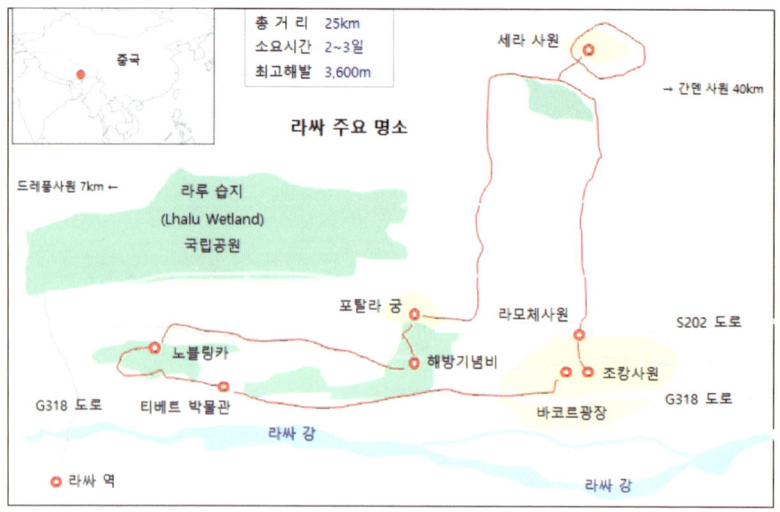

라싸시는 시짱자치구 7개 행정 단위 중 하나지만, 그 면적은 자치구 전체의 2.5%에 불과하다. 그럼에도 우리나라 서울·경기·충청을 모두 합친 면적보다 더 넓다. 이렇게 넓은 라싸시는 3개 구(区)와 5개 현(县)으로 이뤄진다. 그중에서도 외지인들 관심 여행지로서의 '라싸'라면 3개 구(区) 중 하나인 청관구(城关区)의 구도심 지역에 해당한다. 포탈라궁(布达拉宫)을 중심으로 반경 3km 일대에 조캉사원(大昭寺), 바코르 거리(八廓街), 시짱 박물관(西藏博物馆), 라모체 사원(小昭寺), 노블링카(罗布林卡), 세라사원(色拉寺) 등이 포진해 있다. 라싸가 처음이라면, 그리고 며칠만 머무를 단기 여행자라면 이 정도 명소들만 둘러보는 것으로도 충분할 것이다.

세라사원에서 만나는 승려들

라싸의 3대 사원이라면 간덴사(甘丹寺), 드레풍사(哲蚌寺), 세라사(色拉寺)를 꼽는다. 티베트 불교의 최대 종파이자 달라이 라마가 속한 겔룩파(格魯派) 사원들이다. 셋 모두 겔룩파 창시자인 총카파(宗喀巴, 1357~1419년)의 생애 마지막 10년 사이에 창건됐다. 불교 관련 여행이라면 종파를 초월한 불교 성지인 조캉사원과 달라이 라마 궁전인 포탈라궁을 방문한 후 이들 3대 사원 모두를 찾아가는 게 좋을 것이다. 그러나 일반 여행자라면 이들 외에도 둘러볼 곳이 많다. 3대 사원 중 하나만 꼽는다면 세라사원이 가장 적합하다. 일단 거리상으로 가장 가깝다. 라싸 도심 기준으로 간덴사는 동쪽 45km, 드레풍사는 북서쪽 10km 외곽인 반면 세라사원은 북쪽으로 5km 지점에 위치한다.

그러나 거리보다 더 중요한 이유는 따로 있다. 승려들이 격하게 토론하는 아주 특이한 현상을 볼 수 있다는 것이나. '변경(辯経)'은 불교 교리를 놓고 서로 논쟁하는 걸 말하고, '최라(Chora)'는 이런 '변경'이 실시되는 행사 또는 현장을 일컫는다. 세라사원 야외 광장에 승려들이 모여서 하루 1시간씩 '변경'을 실시하는 현장인 '최라'는 라싸 여행의 필수 코스로 꼽힌다.

라싸 3대 순례 코스 중 하나인 임곽북로(林廓北路) 중간쯤에서 북쪽으로 이어지는 세라로(色拉路)를 따라 4km만 올라가면 세라사원이다. 일직선으로 뻗은 길이라 찾아가기도 쉽다. 세라사원은 승려들의 교육과 불경 연구 및 수행을 위한 불교대학이다. '자창(扎仓)'으로 불리는 3개의 학부를 주축으로 옛날엔 5천 명 이상의 승려가 거주하며 공부하고 수행한 대사찰이었지만, 중국에 점령되고 문화대혁명을 겪으면서 지금은 200~300명 수준으로 줄었다.

'세라대승주(色拉大乘洲)'란 현판이 걸린 정문으로 들어서면 양편으로 가로수가 울창한 중앙 통로가 뻗어 있다. 200m 나아간 오른편이 사원의 중심 건물인 대법당(措钦大殿)이다. 그 옛날엔 승려 5천여 명이 모여 대법회를 열었다는 공간이다. 대학 캠퍼스라고 할 만한 시설들은 중앙 통로 왼편에 몰려 있다. 불교대학 초급 학부인 '매 자창(麦扎仓, Sera Mey)'을 처음 만나고 이어서 밀교와 탄트라를 교육하는 학부인 '아바 자창(阿巴扎仓, Ngagpa)' 그리고 교리문답 '변경(辩经)'이 열리는 상급 학부인 '제 자창(吉扎仓, Sera Je)'을 마지막으로 만난다.

　'세라사 변경장(色拉寺辯經場)' 간판이 붙은 대문 안 마당은 오후 3시 반에 시간 맞춰 도착한 여행자들로 북적였다. 군데군데 거목들이 서 있는 마당은 광장처럼 넓었다. 좀 전에 학당 건물에서 쏟아져 나온 30여 명의 승려들이 토론을 벌이기 시작하고, 100여 명 관광객들이 주변을 둘러싼 채 이들을 지켜본다. 여기저기 흩어진 승려들은 1:1 또는 3~4명씩 무리 지어 서로 토론을 벌인다. 익히 사진으로 보고 들었던 그대로다. 그야말로 진풍경이었다.

　질문자는 큰소리와 거친 자세로 상대방을 위협하듯 질문들을 쏟아내고, 앉아 있는 답변자는 공격을 당하는 모양새로 다소곳하게 질문에 응한다. 질문자들의 공통적인 모습은 춤추듯이 손뼉을 세게 치며 공격한다는 것이다. 왼손을 밑에 받치고 오른손을 높이 들어 힘껏 내리치며 무슨 말을 쏟아낸 후 다시 삿대질하듯 상대방을 윽박지르며 따져 묻는다. 그럼에도 답변자들은 당황하지 않고 의연한 자세를 견지하고 있다.

모두가 10대나 20대로 보이는 젊은 승려들이다. 오전 시간에 배운 교리들을 확실하게 복습하는 과정인 듯하다. 수업에서 들었으나 가물가물했던 내용들이 이런 활달한 토론과 논쟁을 거치며 온전하게 각자의 것으로 체화되는 것이다. 마당 한편에선 이런 제자들의 논쟁을 매의 눈으로 지켜보는 나이 든 스승 스님 모습도 보인다.

세라사원의 오후 시간 '변경(辯經)'의 현장은 원고와 피고 측 변호인들이 진검승부를 펼치듯 온몸으로 변론하는 재판정을 떠올리게 한다. 5월의 따스한 햇살 아래 젊은 라마승들이 걸친 붉은 승복에서도 뜨거운 열정과 에너지가 느껴졌다. 손목에 염주를 두르고 맑은 눈빛을 반짝이며 열렬하게 쏟아내는 질문과 답변 내용을 단 한 마디도 알아듣지는 못했지만, 티베트 승려들의 역동성이 몹시도 아름답게 느껴지는 현장이었다.

1시간 동안 토론장에 머물다 밖으로 나왔다. 사원 외벽을 따라 시계방향으로 걷기 시작했다. 세라사원 방문자들에겐 외곽 순례길을 한 바퀴 도는 코라도 필수 코스다. 2km 조금 못 되는 거리라 천천히 1시간이면 충분했다. 담벼락 사이 좁은 골목길과 계단길이 오르막 내리막으로 번갈아 이어졌다. 무심코 서두르다가 살짝 현기증을 느끼며 보폭을 줄였다. 세라우쯔산(色拉乌孜山) 기슭의 해발 3,700m 지점인 만큼 라싸 도심보다 100m 가까이 고도가 높은 위치였다. 포탈라궁에 오를 때도 그렇지만 라싸 여행에선 고산 증세를 피하기 위하여 어디서든 최대한 천천히 움직이는 게 중요하다.

세라사원 순례 코스는 야외 불교 미술관을 연상케 했다. 거대한 암벽 등 곳곳에는 형형색색의 탱화(幀畵)들이 다양한 형태로 그려져 있었다. 바위의 부처 그림에 이마를 댄 채 뭔가를 열심히 빌고 있는 티베트 여인의 모습엔 뭔가 모를 간절함이 묻어난다.

바위 곳곳에는 흰색 사다리 낙서들이 여기저기 무질서하게 그려져 있다. '천국으로 가는 사다리'를 암시하듯 바위 위 높은 곳에 장례터가 있음을 알려주는 표시다. 망자의 시신을 해체하여 독수리 먹이로 보시하는 티베트 고유의 장례 방식인 천장(天葬) 또는 조장(鳥葬) 터가 순례길 뒷산 북쪽 어딘가에 있는 것이다. 반대편 남쪽으로는 홍산 위에 올라선 포탈라궁이 웅장한 자태를 과시하고 있었다.

포탈라궁 광장 2개의 탑

영화 〈티벳에서의 7년〉에선 포탈라궁이 자주 등장한다. 세트로 재현한 건축물이지만 웅장한 외형은 실제 모습 그대로 닮았다. 영화 속 어린 달라이 라마는 포탈라궁 옥상에 올라 기다란 망원경으로 라싸 시내 곳곳을 훑어보곤 한다. 호기심 많은 그에겐 생생한 현장이요 볼거리들이었다. 그가 책임져야 할 백성들의 일상을 멀리서나마 살펴보는 시간이기도 했다. 이런 장면들을 통해 장 자크 아노 감독은 관객들에게 라싸를 여행하는 듯한 현장감을 느끼게 해 준다.

영화의 하이라이트는 포탈라궁 옥상에서의 이별 장면이다. 고향으로 떠나는 주인공 하러에게 어린 왕은 하다(哈達)를 걸어주며 따뜻한 이별의 말을 남기곤 헤어진다. 궁을 내려온 하러는 마지막 발걸음을 내딛고, 옥상에 남은 달라이 라마는 이런 그의 뒷모습을 망원경으로 내려다보고 있다. 이때 비치는 포탈라궁 앞 라싸 거리는 살벌하다. 1950년대 중국 인민해방군이 티베트 전역을 점령한 직후의 풍경이다. 큼직한 마오쩌둥 초상화가 내걸렸고, 지프와 트럭 등 군용 차량들이 바쁘게 거리를 오간다. 무장 군인들이 살벌한 눈빛으로 주변을 경계 중이고, 그 사이사이를 두려운 표정의 티베트인들이 어깨를 움츠린 채 바삐 지나가고 있다. 거리 곳곳에 나부끼는 붉은색 오성홍기들은 티베트의 암울한 미래를 예견케 한다.

75년 세월이 지난 오늘날, 영화 속에 비쳤던 그 거리는 이제 널따란 광장으로 변모해 있다. 변하지 않은 건 두 가지, 거대한 포탈라궁의 외관과 그 앞 광장에서 나부끼는 오성홍기의 존재다. 영화 속에서 주인공이 예견했을 티베트의 암울한 미래는 오늘날 현실로 굳어진 셈이다.

포탈라궁 광장(布达拉宫广场)은 중국이 티베트를 점령한 지 45년 만인 1995년에 조성됐다. 광장은 6차선 도로를 사이에 두고 포탈라궁과 정면으로 마주한다. 광장 복판 국기게양대 꼭대기에선 오성홍기가 승리의 깃발처럼 힘차게 펄럭인다. 위대한 토번왕국 이래 티베트 역사의 권위가 깃든 궁전을 향해 이제 중국으로부터의 분리·독립은 꿈도 꾸지 말라고 압박하는 모양새다.

광장은 동서 길이 600m에, 남북 너비 400m 정도이다. 동쪽 3분의 1은 인공호수요, 서쪽 3분의 1은 녹지공원 그리고 나머지 가운데만 광장이다. 포탈라궁과 마주하는 6차선 도로의 이름은 '베이징 중로(北京中路)'다. 장족(藏族)의 땅이 아닌, 한족(漢族)이 지배하는 땅임을 대내외에 천명하고 있다.

광장 남쪽에 서 있는 '티베트 화평해방기념비(西藏和平解放纪念碑)'는 이런 중국의 의도를 확실히 굳혀주는 구조물이다. 광장 중앙의 오성홍기를 뒤에서 보좌하면서 사뭇 근엄하게 포탈라궁을 노려보는 모양새를 취하고 있다. 티베트 합병 반세기를 기념하며 2001년에 세워진 이 탑은 그 높이가 37m에 이른다. 해발 3,600m가 넘는 고원 지역에 세워진 거대 탑으론 아마도 세계에서 다섯 손가락 안에 들 것이다. 무력에 의한 강제 합병임은 세상이 아는 역사적 사실이지만 기념비 명칭에선 '티베트를 평화적으로 해방시켰다'고 못을 박고 있다. 기념비의 비문 내용은 더 노골적이다.

'인민해방군이 진군하여 제국주의 세력을 몰아내면서 티베트는 어둠에서 빛으로, 빈곤에서 부유의 시대로, 봉건군주에서 민주개방 체제로 나아가는 새 시대로 접어들었다.'

포탈라궁 광장엔 또 다른 기념탑이 하나 더 있다. 광장 북동쪽 모서리 부분이다. 외양만으론 화평해방기념비보다 워낙 초라하다. 하지만 역사적 가치로 치면 비교할 바가 못 될 정도로 중요한 탑이다. 도로 옆이라 외진 곳도 아닌데 지나는 이들은 누구도 신경을 쓰지 않는다. 주변 여행자들 또한 이 탑에 관심 가지는 이들은 거의 없어 보인다. 높은 담장에 둘러싸여 있고, 담장 문은 자물쇠까지 채워졌다. 울타리 안 거목에 기념탑이 많이 가려진 것 때문에 사람들 눈길을 끌지 못하는 것일 수도 있다.

'장안 점령 기념비'라는 명칭으로 알고 갔는데, 옆에 있는 가이드도 이곳에 대해선 아는 바가 없다고 한다. 구글 지도에는 '달찰로공 기공비(达扎鲁恭

紀功碑)'로 표기돼 있다. 8세기 중반 토번왕국의 '은란 달찰로 장군(恩兰·达扎路恭 또는 俺拉木·达扎鲁恭)'이 당나라를 함락시킨 공적을 기념하여 당시의 왕이 세워준 비석이다.

고대 토번 왕국을 건립한 왕은 송첸캄포(松贊干布, 재위 617~650년)였지만, 티베트를 가장 위대한 시대로 이끌었던 왕은 치송데첸(赤松德贊, 재위 755~797년)이었다. 송첸캄포에게 시집간 문성공주에 이어, 당나라에서 두 번째로 토번 왕에게 시집보내진 금성공주의 아들이 바로 위대한 왕 치송데첸이다. 티베트 역사상 가장 넓은 영토를 지배한 왕이었던 그는 서기 763년, 수하의 달찰로 장군이 20만 대군을 이끌고 당나라 수도 장안(長安)을 점령한 공적을 기념하여 포탈라궁 바로 앞에 이 기공비를 세웠던 것이다.

이 높다란 4각의 비석에는 3면에 걸쳐 수백 자의 비문이 티베트어로 새겨져 있다는데, 현존하는 티베트 유적 중 가장 오래된 비각(碑刻)이라고 한다. 티베트의 위대한 역사 유적이 티베트 땅 중심에서 지금은 이렇게 자물쇠 채워진 울타리와 큼직한 고목나무에 가려진 채 외부와 차단돼 있다. 이

기념비는 원래 포탈라궁 남문 옆에 세워져 있었다고 한다. 궁 내부에 세워진 글자 없는 무지비(無字碑)에 대칭적으로 궁 외부인 정문 옆에 세웠던 것인데, 중국 당국에 의해 지금의 위치로 '치워진' 것이다.

초라하지만 위대한 이 기공비(紀功碑) 바로 옆은 인공호수다. 포탈라궁 반대편인 북쪽의 큰 연못 롱완탄(龍王潭)과는 배관을 통해 물 흐름이 연결된다. 포탈라궁 광장 전체의 3분의 1을 점하는 이 인공호수는 라싸 여행객들에겐 저녁에 찾아가는 명소 중 0순위다. 포탈라궁 야경이 너무나 근사하다고 소문난 곳이기 때문이다.

날이 어두워지면서 호수 주변은 불어난 인파로 온통 북적인다. 호수에 비친 포탈라궁의 야경은 역시 소문으로 익히 보고 들은 그대로였다. 여러 갈래의 하얀 계단길과 그 위에 얹힌 넓은 백궁, 다시 그 위에 얹힌 홍궁의 색감은 근사한 대비를 이루며 호수 물에 대칭으로 투영된다. 호수 왼쪽 중국의 화평해방기념비는 웅장하게 드러나지만 호수 맞은편 토번의 달찰로

공 기공비는 나무에 가려 보이지도 않고 누구 하나 관심 갖지도 않는다.

한때 서역과 중앙아시아 그리고 당나라까지 호령했던 대제국 토번의 모습은 찬란한 궁(宮)과 초라한 비(碑)의 형태로 이렇게 남아 있다. 포탈라궁 광장은 1,400여 년 장족(藏族)과 한족(漢族)의 상반된 역사가 응축된 현장이다. 그러나 현재의 장족은 한족의 지배를 받을 뿐이고, 티베트 분리 독립은 결코 허용되지 않을 거라는 중국의 의지가 너무도 강하게 드러난 현장이기도 하다.

6장

산난지구와 장체

성호 얌드록쵸 호수
티베트인들에게 야크는?
영웅의 도시 장체

성호 얌드록쵸 호수

라싸 여행 며칠 동안 우리가 묵었던 마나사로바(Manasarovar) 호텔은 한자 이름이 '신호주점(神湖酒店)'이다. 두 이름 모두에 '신(神)의 호수'란 의미가 함축돼 있다. 라싸에서 서쪽으로 1,200km 떨어진 마나사로바 호수(玛旁雍错)는 남쵸 호수(纳木措), 얌드록쵸 호수(羊卓雍措)와 함께 티베트의 3대 성호(聖湖)로 꼽힌다. 티베트인들에게 안식을 주고 영혼을 정화시켜 주는 성지로 여겨지는 것이다.

셋 모두 해발 4,500m 내외에 위치한 하늘호수들이다. 이번 우리의 패키지여행에서도 세 곳 모두 방문지에 포함돼 있다. 오늘은 라싸에서 가장 가까운 얌드록쵸 호수를 찾아간다. 식당 벽면의 거대한 포탈라궁 사진과 작별을 고하며 호텔 조식을 마치고 패키지 버스에 올랐다. 서쪽 멀리 오지인 아리(阿里)지구까지 갔다가 다시 라싸로 돌아올 예정이다.

도심을 벗어난 버스는 왕복 2차선 도로를 달린다. 지난번 동티베트 리탕(理塘)에서 캉딩(康定)으로 향할 때 7인승 '빵차'로 달렸던 바로 그 G318 도로다. 대륙의 동쪽 끝 상하이에서 이곳 라싸까지 그리곤 다시 서쪽 멀리까지 장장 5,476km를 잇는 중국의 최장거리 국도이다. 이 길고 긴 도로의 서쪽 절반은 쓰촨(川)과 티베트(藏)를 잇는 차마고도 천장공로(川藏公路)로 더 유명하다.

'하늘길' 또는 '천상의 길'이라는 유명세에 걸맞은 구간이 아직은 아니지만, 그래도 우리 버스는 지금 해발 3,650m의 계곡을 따라 달리고 있다. 도로 양편의 풍경은 극명한 대조를 보인다. 오른편 바로 옆은 산사태를 걱정케 하는 급경사 산등인 반면 왼편으론 설산에서 녹아내린 라싸강(拉萨河) 짙푸른 물줄기가 도도하게 이어지고 있다.

라싸 남서쪽 60km 지점인 취수이(曲水)는 라싸강이 끝나는 곳이다. 북쪽 멀리 녠칭탕구라(念青唐古拉)산맥 일대에서 발원한 라싸강은 남쪽으로 550km를 흘러온 뒤 이곳 취수이에서 더 큰 물길인 얄룽창포강(雅鲁藏布江)에 섞인다. 사라지는 라싸강을 뒤로하며 취수이 마을을 관통한 버스는 얄룽창포대교(雅鲁藏布江大桥)를 건너며 차마고도 G318 도로를 벗어났다. 잠시 만났던 얄룽창포강과도 곧 헤어졌다.

강과 멀어진다는 건 계곡을 등진다는 것이다. 산 능선을 타고 가파른 고갯길이 시작됐다. 지금껏 강변 계곡 평지를 달려온 버스는 구불구불 경사길에서 힘을 쓰지 못해 더뎌졌다. 자주 휘며 이어지는 오르막을 30분 가까이 달리던 버스가 산 중턱 언덕마루 주차장에 섰다. 가이드 안내 멘트에 따라 모두 내렸다. 성곽 위에는 다양한 수공예품과 장신구 등을 펼쳐 놓은 좌판이 즐비했다. 상인들 호객 소리를 뒤로하며 성곽 끄트머리에 이르렀다. 큼직한 표지석에 새겨진 '雅江河谷'과 '4,280m' 글자가 이곳의 지명과 해발고도를 알려준다. 조금 전에 지나온 일명 '아강(雅江)' 즉 얄룽창포강(雅鲁藏布江)이 고도 600m 아래에서 뱀처럼 구불거리며 휘어지고 있다.

천연색 없이 메마른 흑갈색 바위산들이 겹겹이 이어지는 황량한 풍경이다. 뭉게구름이 낮게 깔린 계곡 아래 강가 주변으로 농경지와 녹초지와 민가도 띄엄띄엄 눈에 들어온다. 삭막한 풍경에 그나마 약간의 생명감이 엿보인다. 지금 우리가 서 있는 위치는 구글 지도엔 나타나지 않고, 바이두(百度) 지도엔 '아강하곡 전망대(雅江河谷观景台)'로 표기돼 있다. 라싸에서 2시간 거리인 이곳은 얌드록쵸 호수로 가는 길목에서 여행자들이 반드시 20~30

분 들렀다 가는 필수 코스다.

이 전망대에선 주변 풍경 말고 또 다른 볼거리가 있다. 티베트 마스티프 또는 짱하오(藏獒)로 불리는 독특한 품종의 개들이 이곳 전망대의 명물로 통한다. 머리 부분에 사자처럼 털이 많아 사자견으로도 불리나 크기로는 어지없이 자그마한 개의 모습이다. 온몸에 다양한 장식으로 예쁘게 치장한 이 사자견들과 함께 사진 한 장 찍는 데 20위안을 지불해야 한다. 지구상에 매우 희귀한 품종이라 세계에서 가장 비싼 개로 통한다.

다시 출발한 버스는 지그재그로 이어지는 가파른 길을 힘겹게 올랐다. 이윽고 캄발라 고개(岗巴拉, Gangbala Pass)의 '양호전망대(羊湖观景台)'에 도착했다. '양호(羊湖)'는 '얌드록쵸 호수(羊卓雍措)'의 줄임말이니, 호수가 가장 근사하게 잘 보이는 위치의 전망대이자 호수 관문인 곳이다. 전망대의 '해발 4,998m' 표지석 앞은 인증 사진을 찍으려는 이들로 짧은 줄이 만들어져 있다. 표지석 뒤 난간엔 오색의 타르초와 하얀 천 하다(哈達)들이 어지러이 걸려 바람에 나부끼고, 그 뒤로 연둣빛 호수 얌드록쵸가 웅장한 자태를 뽐내고 있다.

호수 표면이 해발 4,441m여서 이곳 전망대와 고도차가 500m를 넘어서인지 내려다보이는 호수의 자태는 더 극적으로 비친다. 가이드 말로는 하늘에서 보는 호수의 모양은 전갈을 닮았다는데 구글어스로 보면 활짝 펴진 부챗살을 연상시킨다. 그러나 이곳 캄발라 고개 전망대에선 호수 전체의 윤곽까지는 드러나질 않는다.

　오전 11시, 양호전망대에서 호수까지 내려가는 트레킹을 시작했다. 얌드록쵸 호수의 둘레는 길이가 250km나 된다. 주변의 높고 낮은 산들이 호수를 겹겹이 에워싸고 있기에 호수 전체는 보이지 않지만, 보일 듯 말 듯한 전체 풍광이 오히려 더 신비감을 자아낸다. 코스 정점인 해발 5,030m 캄발라 고개 징싱까지는 완만한 오르막을 따라 20분이 걸렸다. 100m 간격으로 늘어선 전신주들이 우리의 이정표가 되어줬다.

　정상 고개엔 오색의 타르초가 거센 바람에 휘날리고, 그 옆으로 검은색 야크 두 마리가 유유히 풀을 뜯고 있다. 지나가는 우리를 전혀 신경 쓰지 않는다. 워낙 익숙해 보이는 도도한 자세다. 마치 캄발라 고개의 제왕임을 자처하는 모양새다. 황소보다 더 큼직한 덩치가 한 번 크게 움직이면 땅이 울릴 것 같지만 공격성은 전혀 없이 온순하다고 한다.

하산길에선 경사가 심해졌다. 호수는 모습을 숨겼다 드러냈다 하지만 멀리 보이는 설산 녠칭캉상봉(乃钦康桑峰)은 양호전망대에서부터 내내 우리의 눈길을 끌고 있다. 짙푸른 호수 위로 높게 솟은 설산이 하얀 옷자락을 길게 드리운 자태이다.

캄발라 고개 정상에서 고도차 600m인 호수까지 내려오는 데는 2시간이 걸렸다. 산허리를 돌고 도는 하산길을 더 빨리 내려올 수도 있었지만 고산증을 의식하여 최대한 천천히 느릿느릿 움직였다. 심지어 카메라 셔터를 누를 때조차 숨을 멈추는 일 없이 길고 크게 심호흡을 이어갔다.

티베트인들의 마음속에 얌드록쵸 호수는 '신녀(神女)가 떨어트린 터키석(綠松石) 귀걸이(耳坠)'로 여겨진다고 한다. 보석 같은 호수에 내려서니 또 한 마리의 야크가 우리의 눈길을 끈다. 캄발라 정상에 있던 검정 야크는 듬직한 제왕의 포스를 느끼게 했으나, 호수 한편의 흰색 야크는 온몸을 울긋불긋 치장한 채 함께 사진 찍어줄 유료 손님을 기다리고 있었다.

티베트인들에게 야크는?

캄발라 고개에서 만난 야크와 얌드록쵸 호숫가에 서 있던 야크는 얼핏 한 쌍의 부부처럼 보였다. 남편은 전망 좋은 곳에서 어슬렁거리며 소일하고, 아내는 관광객 대상의 유료 촬영 모델로 하루 생활비를 버는 모습이다. 티베트 여행에선 요란하게 치장한 야크를 앞세워 사진 찍기를 권유하는 호객꾼들을 종종 만난다. 10위안을 부를 때도 있고 20위안인 때도 있다. 그들에게 야크는 가족의 생계를 책임지는 중요한 수입원이다.

티베트 고원의 거칠고 혹독한 기후 환경에선 농업이 어렵다. 때문에 일정한 거처에 정착할 이유도 없었다. 가축을 이끌고 물과 풀을 찾아 여기저기 옮겨 다니며 유목민의 삶을 살아야 했다. 그런 티베트인들에게 고산동물 야크(yak)는 단순한 가축 이상의 의미를 지닌다. 생존에 필요한 절대적 수단이자 도구로 쓰인다.

영화〈티벳에서의 7년〉에선 토목공사 현장 인부들이 흙더미 속 개미들을 찾아내 옮기느라 공사 진척이 늦어지는 장면이 나온다. 살생을 금기시하는 티베트인들의 순박한 모습이다. 육식을 금하는 불교도인 그들도 야크 고기는 잘 먹는다. 날고기로도 먹고, 구워서도 먹고, 대개는 말려서 육포로 오래 먹는다.

먹거리를 찾기 힘든 척박한 고원 땅에선 신앙보다 생존이 먼저일 것이다. 단백질과 지방이 풍부한 야크 고기와 야크 우유는 티베트인들의 주식이자 중요한 영양 공급원이다. 야크 젖을 이용해 치즈와 버터와 요구르트 등 다양한 유제품으로 가공해 먹기도 한다. 심지어 피까지도 남김이 없다. 신선한 야크 피는 국거리로 또는 소시지나 순대의 재료로 쓰이기도 한다.

식생활이 이렇게 편식이면 단백질은 과잉이고 비타민은 결핍일 수밖에 없다. 녹지와 초원이 드문 황량한 땅에서 채소나 과일을 접하기 힘든 사람들의 숙명이다. 이런 티베트인들에게 동쪽 멀리 윈난·쓰촨에서 찻잎을 발효시켜 보내오는 보이차는 소중한 비타민 보충제가 되었다. 식사 후 차를 마시면 소화가 잘되고 몸이 한결 편해졌고, 안 마시면 언젠가부터 몸이 힘들어졌다.

마방들이 먼 길을 짊어지고 온 차(茶) 몇 더미를 티베트인들은 그들이 잘 키운 말(馬) 몇 마리와 물물교환해 줘도 전혀 아깝지 않았다. 그만큼 차는 고

원의 일상에서 중요한 영양제였다. 이렇게 차와 말이 교환되던 오래된 길은 언젠가부터 차마고도(茶馬古道)로 불리기 시작했다.

티베트 고원의 말들은 이렇게 차와 맞바꿔며 중원 지역 역사 현장의 전투마로 변신하는 동안 저지대에선 살 수 없는 야크들은 그대로 고원에 남아 티베트인들을 살리고 그들과 한 몸이 되어갔다. 오늘날 야크 우유에서 지방을 추출해 만든 야크 버터와 차를 함께 섞어 끓인 수유차(酥油茶, Butter tea)는 티베트인들에게 가장 중요한 음료다.

야크는 황소에 비해 털이 많고 어깨 부위에 혹이 튀어난 게 외관상 차이점이다. 몸집은 더 크면서 힘도 세지만 다리는 더 짧고 성격도 온순하다. 타 지역과 물품 교역이 필요하고 지역 간 이동이 불가피한 유목민의 삶에서 야크의 이런 체격과 기질은 운송 수단으로 매우 유리하게 작용된다. 등에 잔뜩 짐을 싣거나 무거운 수레를 끌면서 험준한 산악길 또는 가파른 경사로를 지날지라도 야크는 그 특유의 짧은 다리로 인하여 쉽게 넘어지거나 쓰러지지 않는다.

야크는 심지어 배설물까지도 큰 도움이 된다. 나무가 귀하고 부족한 고원에서 야크가 배설한 똥은 말린 후 땔감으로 쓰인다. 요리이건 난방이건 혹한의 환경에선 불을 때기 위한 연료가 얼마나 소중하겠는가? 밖에서 수거해 온 야크 똥을 집안 곳곳에 두고 말리거나 보관하기도 한다.

죽은 뒤의 야크는 티베트인들의 옷도 되어주고 집도 되어준다. 야크의 털과 가죽은 보온성이 뛰어나서 티베트 전통 의복 추바(Chuba)나 신발 또는 담요나 주거용 천막의 소재로 쓰인다. 뼈가 되어서도 그들은 오랜 세월 인간 세상과 함께한다. 그들의 두개골은 인간의 보금자리를 지켜주는 수호신 역할도 해주고, 그들의 뼈는 목걸이나 팔찌 등 장신구로 만들어져 티베트인들의 공예품 좌판 위에서 외지인 여행자들이 사주기를 기다리곤 한다.

　라싸의 조캉사원과 포탈라궁 안에서도 야크는 자신에게 맡겨진 임무를 묵묵히 수행하고 있었다. 수백 개의 작은 불꽃들이 사원과 궁 내부의 어둑한 실내를 밝혀주고 있었는데, 은은히 타오르는 램프 불꽃들은 영원히 꺼지지 않을 듯 보였다. 바람이 스치면 작은 불꽃들은 순간적으로 흔들리며 한 방향으로 일렁이지만 이내 곧 평온한 리듬을 되찾곤 하였다. 이 모두는 야크가 자신의 지방을 태우며 만들어내는 불빛들이다. 작은 그릇들에 담긴 야크 버터가 램프의 불빛으로 승화되어 신성한 공간을 한층 더 경건하게 만들어주고 있는 것이었다.

　조캉사원과 포탈라궁 내부의 공기 속엔 야크 버터 특유의 고소하고 짙은 향이 은은하게 배어 있었다. 살짝 그을린 듯하면서도 한편으론 고소하고 묵직한 향내였다. 티베트인들에게 야크는 단순한 가축이 아니다. 신으로부터의 선물, 척박한 고원 땅에 대한 미안함을 담아 신이 그들에게 특별히 내려준 고귀한 선물이다.

영웅의 도시 장체

얌드록쵸 호숫가 트레킹 종착점에서 대기 중이던 버스에 올랐다. 버스는 호수의 북서면을 따라 해발 4,500m 고도로 이어지는 도로 위를 달렸다. 왼쪽으론 호수의 짙푸른 색감이 눈부시지만 오른쪽으론 풀 한 포기 보이지 않는 암갈색 민둥산이 황량하기만 하다. 이런 곳에 어찌 사람이 살 수 있을까 싶은데 민가들이 옹기종기 모여 있는 작은 마을도 몇 번 지났다. 1시간 가까이 50km를 달리고 나서야 얌드록쵸를 완전히 벗어날 수 있었다. 호수가 그만큼 넓은 것이다. 얌드록쵸의 관문이자 중심 마을인 랑카쯔(浪卡子)에 멈춰서 늦은 점심을 해결했다.

티베트 제2의 도시 시가체(日喀则)는 수도 라싸와 매우 가깝다. 거리가 270km에 불과하다. 우리나라 제2의 도시 부산과 수도 서울 간 400km 경부고속도로가 교통량이 특히 많듯이 티베트의 두 도시 역시 마찬가지다.

라싸와 시가체를 오가는 데는 세 갈래 길이 있다. 북쪽 2개 길인 G4218 고속도로와 G318 국도는 얄룽창포강을 따라 이어지기에 대체로 곧은 편이다. 우리가 지금 이용 중인 나머지 1개 길 G349 지방도는 얌드록쵸 호수와 장체(江孜)를 경유하면서 남쪽으로 길게 휘어진다. 시간 절약과 속도가 우선이라면 북쪽의 2개 도로 중 하나를 택할 것이고, 우리처럼 여행과 볼거리가 목적이라면 남쪽 길을 택하는 게 일반적이다.

랑카쯔 마을을 떠난 버스는 30분 뒤 카롤라 빙하(卡若拉冰川) 앞에 잠시 멈췄다. G349 지방도에서 양드록쵸 다음으로 만나는 두 번째 명소다. 해발 5,020m 위치인 만큼 호숫가에서 고도차 거의 600m를 더 올라온 셈이다. 해발 7,191m인 녠칭캉상봉(乃欽康桑峰)의 만년설이 산기슭 도로 인근까지 뻗어 내려왔기에 이 길을 지나는 이들에게 볼거리가 되면서 언젠가부터 관광명소로 변모했다. 물론 오래전에는 산기슭 계곡까지 빙하로 뒤덮였다가 세월의 흐름과 함께 녹아내리며 빙하의 규모는 점차 축소되고 있을 것이다.

'카롤라빙하 전망대(卡若拉区观景台)' 방향을 알리는 큼직한 이정표 주변에 공용화장실 건물이 허름하게 서 있다. 시간이 되는 이들은 더 위쪽 전망대까지 다녀올 터이고, 우리 일행은 이 주변에서 잠시 머물다 차를 출발시켰다. 빙하 위쪽으로 구름에 덮인 넨칭캉상봉은 캄발라 고개에서 얌드록쵸 호수로 트레킹해 내려오는 동안 내내 우리 눈앞에 장엄한 모습을 드러냈었다. 그러나 정작 이렇게 산 아래까지 가까이 왔더니 설산은 오히려 자신의 모습을 구름 속에 꽁꽁 숨겨버리고 있다.

하얀 설산과 빙하를 벗어나 다시 암갈색 불모지를 달린 버스는 1시간 뒤 장체(江孜)에 도착했다. 옛날 한때는 라싸와 시가체를 잇는 티베트 제3의 도시로 번창했던 곳이다. '간체'로도 불리는 장체는 인도 시킴(Sikkim)이나 부탄에서 티베트로 들어선 이들이 동쪽 라싸나 서쪽 시가체로 올라가기 전에 잠시 쉬었다 가는 교통 요지이면서 교역 중심지였다. 동쪽 멀리에서 차마고도 천장공로를 따라온 마방들이 험난한 히말라야를 넘기 전에 만반의 준비를 갖추며 며칠 쉬었다 가는 관문이기도 하였다.

  티베트는 몽골과 중국 외에 영국으로부터의 침략에 시달린 역사적 아픔도 컸다. 이곳 장체는 영국과 전쟁 당시의 뼈아픈 상흔으로 유명하다. 19세기 후반 영국은 인도 식민지 경영에 박차를 가하는 한편 중앙아시아 패권을 놓고는 러시아와 대립하고 있었다. 영국은 특히 러시아가 티베트 지원을 통해 영향력을 확대하며 인도 북부로 진출하지 않을까 고심이 컸다.
  이에 영국은 티베트 측에 외교 협력과 무역 개방을 지속적으로 요청했다. 그러나 당시 고립정책을 고수하던 달라이 라마 13세는 이에 일절 응하지 않는다. 마침내 영국군은 1903년 12월 티베트 국경을 넘었고, 이듬해인 1904년 8월 라싸를 점령하기에 이르렀다. 상대가 안 되는 전쟁이었고, 티베트의 패배는 치욕적이었다. 달라이 라마 13세는 몽골로 도피해야 했고, 영국과는 문호 개방과 불평등 통상 조약을 강제로 체결해야 했다.
  당시 인도 북부 시킴에서 티베크 국경을 넘은 영국국은 라싸로 진격하는 길목의 장체를 꼭 거쳐야만 했다. 티베트 입장에선 라싸를 수호하기 위해 장체는 반드시 지켜야 할 마지막 저지선, 최후의 보루였다. 이곳엔 '종산(宗山)'이라고 불리는 120m 높이의 바위산이 있었고, 이 산 위엔 14세기 때 축조된 견고한 성채가 버티고 있었다. 산 위라는 그 위치와 웅장한 외양은 한눈에 보아도 난공불락의 요새임을 알 수 있었다. 사람들은 이 요새 같은 성체를 장체종산고보(江孜宗山古堡) 혹은 줄여서 장체고보(江孜古堡) 또는 영어로 'Gyangtse Dzong Fortress(장체종 요새)' 등으로 불렀다.
  영국군이 국경을 넘었다는 소식에 라싸 정부는 가용 전투 인력을 최대한 모아 장체종 요새로 집결시켰다. 그러나 보유 무기와 군사력 면에서 영국군과는 애초부터 비교가 안 되는 수준이었다.

1904년 4월 드디어 영국군은 장체로 진입했고, 종산 위 성체 공격을 개시했다. 최신 첨단 무기와 보잘것없는 재래식 무기의 대결이었다. 그러나 성체 주변에 포대를 세운 티베트인들은 죽기 살기로 저항했다. 저지대 인도에 상주하던 영국군으로선 해발 4천 미터가 넘는 고원에서의 전투는 아직 익숙하지 못했다. 조금만 몸을 움직여도 숨이 차고 머리가 어질거렸다. 더구나 120m 높은 곳에 위치한 성채는 난공불락이었다.
   계속되는 총포 공격에 매일 수많은 티베트인들이 희생됐지만 성체는 함락되지 않았다. 그렇게 3개월 가까이 버티던 7월 초, 성채는 결국 영국군의 맹렬한 대포 공격으로 함락이 되고 만다. 성에 남은 이들은 투석으로 마지막 항전을 이어갔다. 그리고 최후의 순간, 그들은 항복을 거절하고 모두 죽음을 택했다. 그들 모두가 함께 절벽에서 뛰어내리며 티베트인들의 슬픈 항전은 끝을 맺었다. 그리고 오늘날 이곳 장체종 요새는 '영웅들의 성'으로 불린다. 요새 앞 종산공원(宗山公園)에는 당시 희생된 이들을 기리기 위한 충혼탑이 '장체종산 영웅기념비(江孜宗山英雄纪念碑)'란 이름으로 세워져 있다.
   장체는 분지 지형이다. 넓은 평지 위에 우람한 바위산 종산(宗山)이 우뚝 솟아 있다. 산꼭대기 주변으로 붉은 지붕에 하얀 벽의 성채들이 우람한 자태를 빛낸다. 라싸 시내 어디에서나 도드라져 보이는 홍산 위 포탈라궁과 흡사한 자태였다.

7장

제2의 수도 시가체

토속 뵌교에서 겔룩파까지

달라이 라마의 역사

영원한 2인자 판첸 라마

열하일기 속에 비친 티베트

시가체 타시룬포 사원

중국 최장거리 G318 국도

토속 뵌교에서 겔룩파까지

7세기 당나라 문성공주가 불교를 들여오며 티베트 고원에 문화의 싹이 움텄다. 공주가 가져온 불경의 번역을 위해 송첸캄포 왕이 문자를 만들게 하면서다. 척박한 불모의 땅에도 비로소 기록과 전수의 역사가 열렸다. 불교 또한 다양한 형태로 시중에 전파되기 시작했다. 일부 상류층에겐 중원의 선진 문화로 인식되었고, 수도자들에겐 해탈과 깨달음을 얻기 위한 수행 도구로 또는 고단한 민초들에겐 구원을 의지하는 기복 신앙으로 자리가 잡혀갔다.

이에 반하는 흐름도 있었다. 어느 시대 어느 곳이건 샤머니즘은 존재하는 법, 티베트 고원에도 불교가 도입되기 전부터 뵌교(苯教)라는 토속 신앙이 있어 왔다. 불교가 점차 확산되면서 자연스럽게 기존 뵌교 세력과의 마찰과 갈등도 커져 갔다. 뵌교도들이 불교 사원을 파괴하는 일까지 벌어졌다.

당나라에서 시집온 금성공주의 아들 치송데첸(赤松德赞) 왕은 이런 혼란을 잠재우고 불교를 정식 국교로 삼으면서 8세기 토번왕국의 최고 전성기는 물론 불교 중흥기를 이끌었다. 그러나 토속 뵌교의 부활을 노리는 랑다르마(朗达玛) 왕이 즉위하며 불교는 탄압받기 시작한다. 그동안 숨죽였던 뵌교 세력이 득세했고 수많은 불교 사원들이 파괴된다. 9세기 중반 랑다르마 왕이 불교 신도에게 암살되면서 중앙집권적 토번왕조는 300년 역사의 막을 내린다. 그리고 이어진 400여 년은 분열과 암흑의 시대였다.

　드넓은 티베트 고원은 대략 4개 지역으로 쪼개어졌다. 고원의 서쪽 라다크에 인접한 지금의 아리 지역은 구게왕국(古格王国), 라싸를 포함한 중부는 우창(U-Tsang, 衛藏), 중국에 인접한 동부에선 북부의 암도(Amdo, 安多)와 남부의 캄(Kham, 康区)으로 나뉘어 각자의 역사가 이어졌다. 그러나 불교는 티베트 고원의 거센 바람을 타고 꾸준히, 널리 퍼져 나갔다. 중부의 라싸 등지에선 토속 뵌교에 밀렸으나 인도와 가까운 서부 구게왕국과 중국에 인접한 동부의 암도 지역에서 불교는 점점 고원 지역에 강하게 뿌리를 내리고 있었다.

불교 경전에 대한 해석이 다양해지며 종파도 4개로 늘어났다. 가장 오래된 닝마파(宁玛派)는 8세기 때 위대한 왕 치송데첸이 인도에서 승려 파드마삼바바(蓮花生)를 불러오면서 창시되었다. 300여 년 후에 생겨난 나머지 3개 종파와 대비되며 구교(舊敎)로 통한다.

토번왕국이 망하고 한참 뒤인 11세기 중반엔 티베트 서부 지역 구게왕국에서 인도의 유명 승려 아티샤(阿底峽)를 초청해 불교 개혁을 꾀하면서 새로운 까담파(噶当派)가 창시되었다. 이는 오늘날 티베트 불교의 중심 종파인 겔룩파(格鲁派)의 모태로 발전한다.

비슷한 시기인 11세기 후반엔 까규파(噶举派)와 사캬파(萨迦派)까지 생겨나 성장하면서 이제 티베트의 종교·정치적 중심은 기존 왕족에서 점차 불교 종파로 옮겨갔다. 이들 4대 종파 중에서 활불(活佛) 환생 제도의 시초가 된 까규파와 훗날 몽골 세력과 깊은 관계를 맺는 사캬파는 12세기 후반 들어 강력한 정치 세력으로 성장해 있었다. 그와 함께 불교의 발전과 진화는 꾸준히 이어졌다.

13세기 초반은 몽골이 제국을 이룬 시기였다. 아시아 대륙 거의 전체가 몽골의 말발굽 아래 놓였다. 티베트라고 예외일 순 없었다. 마침내 몽골의 3만 기병이 침공해 들어왔다. 칭기즈칸이 죽은 지 십여 년 지난 1240년이었다. 400여 년간 분열돼 있던 티베트로선 몽골의 적수가 될 수 없었다. 불교계 사캬파의 고승 사캬 판디타(萨迦班智达)가 대표로 나서서 일찌감치 항복하며 티베트는 제국의 지배를 받기 시작한다. 이 과정에서 판디타는 승려이자 뛰어난 정치가로서의 면모를 발휘하여, 몽골 지배층에 티베트 불교의 우수성을 깊이 각인시킨다.

이를 계기로 몽골 황제 쿠빌라이 칸은 판디타의 조카이자 사캬파의 새 지도자 파스파(八思巴)로 하여금 티베트를 불교 중심 사회로 통치하게 하였고, 황제 자신 또한 파스파를 스승으로 삼아 불교를 배우며 불법(佛法)의 수호자가 되기에 이른다. 이제 티베트 불교는 강력한 후원자를 얻은 셈이고, 불교계는 이를 등에 업고 막강한 권력을 휘두르는 정치 집단으로 변모해 간다.

4대 종파 중 특히 원나라의 후원을 받는 사캬파와 카규파가 티베트의 중앙 정치를 주도해 나갔다. 그러나 아무리 몽골의 후원이 있다 한들 불교 종단의 힘만으로는 권력의 유지가 어려웠다. 자연스럽게 지방 토착 세력과 손잡고 한 몸이 되어야 했고, 종단은 점차 세속화되어 갔다. 그렇게 백 년 세월을 넘기는 동안 종단의 부패는 심각해졌다. 더구나 막강했던 원나라가 1368년 명나라에 밀려 고향인 몽골 고원으로 쫓겨났다. 절대 의지하던 후원자를 잃고 홀몸이 된 티베트 불교계는 이제 내부 분열과 권력 암투로 썩어가기 시작했다.

이 무렵 동쪽 멀리 암도(安多)에서 젊은 승려 한 명이 홀연히 우창(衛藏) 지역에 나타났다. 해탈을 꿈꾸며 배움에 굶주렸던 그는 더 차원 높은 깨달음을 얻기 위해 고향을 떠나온 것이다. 그러나 중앙 무대는 그가 그동안 꿈꿔왔던 세상이 아니었다. 그가 만난 승려들은 한결같이 세속에 찌들어 타락해 있었고, 그의 눈에 비친 불교 종단은 이미 부패할 대로 부패하여 곪아 터지는 중이었다.

이런 모습에 절망한 그는 승려와 종단이 본래의 모습을 되찾아야 한다며 열렬히 설파하고 다녔다. 열정에 찬 그의 주변으로 사람들이 몰려들었고, 그의 설법은 썩어가던 불교 종단에 신선한 충격을 주며 큰 반향을 불러일으켰다.

그는 고향 이름을 따서 자신을 '총카(宗喀)에서 온 사람(巴)'이라고만 소개했고, 사람들은 그를 본명 대신 '총카파(宗喀巴)'라고 부르게 되었다. 오늘날 그의 고향 총카는 칭하이성 시닝(西寧)의 일부 지역으로 지명이 바뀌어 있다.

원래 충실한 까담파 승려였던 총카파가 부패한 불교계에 개혁의 폭풍을 일으켰고, 서기 1409년 라싸에 간덴사(甘丹寺)를 건립하며 오늘날 티베트 불교의 중심이 된 겔룩파(格魯派)가 잉태되었다.

달라이 라마의 역사

16세기 중반 알탄 칸은 몽골 고원의 강력한 지도자였다. 200여 년 전 멸망한 원나라 시절을 그리워하며, 주변국들에 대한 영향력을 키워가고 있었다. 한때는 명나라 수도 베이징까지 침공해 포위하면서 중원지역에 큰 충격을 줄 정도였다. 같은 시기 티베트는 단일 왕조나 중앙 권력이 없는 지방분권 약체였다. 불교 4대 종파인 닝마파, 까규파, 사캬파, 겔룩파가 각기 지방 세력들과 손잡고, 서로 더 큰 영향력을 행사하려고 경쟁적으로 각축을 벌이는 중이었다.

티베트에서 불교가 정치 세력화된 건 13세기 중반 원나라 지배 때부터다. 4대 종파 중 사캬파의 지도자가 몽골 쿠빌라이 칸으로부터 티베트 지배자로 봉해지면서 이후 100년 가까이 사캬파가 대를 이어가며 티베트를 통치한 바 있다. 원나라가 물러난 뒤 15세기 초엔 개혁가 총카파가 나타나 불교계를 혁신하며 겔룩파를 창시했고, 이후 강력한 종단 세력으로 성장했다.

16세기 중반의 겔룩파 지도자 소남 갸초(1543~1588년)와 몽골의 알탄 칸(1507~1582년)은 서로가 윈윈(Win-Win)할 수 있는 방법을 찾고 있었다. 소남 갸초는 티베트를 겔룩파 중심의 불교 국가로 만들고 싶었고, 그러기 위해선 수백 년 전 몽골의 쿠빌라이와 같은 막강한 후원자가 필요했다. 알탄 칸은 위대한 쿠빌라이의 후예로서 옛 몽골제국의 부활을 꿈꾸고 있던 차에, 티베트 불교를 정통성 확보를 위한 통치 이념으로 활용하고 싶었다.

1578년 알탄 칸이 티베트의 소남 갸초를 초청했고, 두 사람은 몽골에서 만났다. 이 자리에서 알탄 칸은 겔룩파 불교를 몽골의 국교로 선포하며, 소남 갸초에게 '달라이 라마'라는 칭호를 처음 사용한다. 티베트어 '갸초'가 '바다'를 뜻하므로 이에 해당하는 몽골어 '달라이'에, '영적인 스승'을 뜻하는 '라마'를 붙여 극존칭으로 불러 준 것이었다. 소남 갸초 또한 알탄 칸을 쿠빌라이 대칸의 환생자라고 공식 인정해 주면서, 둘의 만남은 이후 두 나라의 정치종교 역사에 지대한 영향을 미친다.

티베트로 돌아온 소남 갸초는 겸손의 뜻을 담아 자신을 달라이 라마 '3세'로 선언한다. 티베트 불교에선 환생을 신봉하기에 그가 자신의 전생이라고 믿는 두 명의 과거 고승에게도 달라이 라마의 칭호를 올려 1세와 2세로 추존한 것이다.

티베트는 이제 새 이름의 달라이 라마 3세가 몽골의 지원 아래 통치해 나가는 겔룩파 체제로 안정화되어 갔다. 그리고 10년 후 달라이 라마 3세가 사망하자 세력 약화를 우려한 겔룩파는 몽골에서 이듬해 태어난 알탄 칸의 증손자를 모셔 와 후계를 잇게 한다. 그가 달라이 라마 3세의 환생이라고 주장하며 달라이 라마 4세로 즉위시킨 것이다.

국내 다른 종파들의 부상을 몽골 왕실의 후광을 빌려 막으려는 고육지책이었다. 많은 티베트인들은 장족이 아닌 몽골인 지도자에게 거부감이 있었고, 그를 진정한 달라이 라마로 여기지 않는 분위기가 강했다. 까규파 등 다른 종파들이 선동한 반란 시도도 여러 번 있었다. 결국 몽골인 달라이 라마 4세는 1617년 28세 젊은 나이로 세상을 떠났다. 누군가에 의해 독살됐다는 소문도 있었지만 확인되진 않았다.

그가 죽던 해 라싸 인근에선 그의 환생으로 여겨지는 아이가 한 명 태어났다. 몇 년 후 이 아이는 다른 3명의 후보 아이들과 함께 전통적 방식의 환생자 확인 시험을 거쳤고, 달라이 라마 4세의 환생인 것으로 최종 '결정'되었다. 성인 이름이 아왕롭상갸쵸(阿旺罗桑嘉措, 1617~1682)가 되는 이 아이는 달라이 라마 5세로서 엄격한 군주 교육을 받으며 티베트 역사에 큰 획을 그을 인물로 성장한다.

그리고 30년 가까운 세월이 흘렀다. 그는 이미 티베트의 강력한 군주가 되어 있었다. 몽골 구시 칸(固始汗)의 도움으로 까규파 등 다른 불교 종파들 간 혼란스러웠던 내분을 평정한 달라이 라마 5세는 1645년 라싸의 홍산 위에 거대한 포탈라궁을 건립한다. 후대에 홍궁까지 증축되면서 포탈라궁은 오늘날까지도 라싸의 심장, 티베트의 상징으로 자리매김되어 있다.

1653년엔 청나라 황제 순치제의 초청으로 베이징을 방문해 '살아 있는 부처'인 활불(活佛)로 대대적 환영을 받는 등 달라이 라마 5세는 정치·종교·외교 모든 면에서 송첸감포 이후 티베트 역사의 가장 위대한 군주로 우뚝 서게 된다. 이전까지의 달라이 라마 1~4세는 티베트 불교 겔룩파의 수장을 의미했지만, 5세 때부터의 '달라이 라마'는 티베트 불교의 최고 수장이자 국가원수의 법통을 잇는 실질 통치자의 세습명으로 오늘날까지 통용돼 왔다.

19세기는 온 세계가 그랬듯 티베트에도 격동의 시대였다. 이 시기를 거쳐 간 달라이 라마는 9세에서 12세까지로 4인이었다. 공교롭게도 4인 모두 의문의 죽음으로 단명했다. 뚜렷한 원인들이 밝혀진 바도 없었다. 정치적 암살이나 독살일 가능성이 많다는 소문만 돌았을 뿐이다.

19세기와 20세기에 걸쳐 살았던 달라이 라마 13세(1876~1933년)는 선대들의 이런 요절을 일찍 눈치챘다. 식사 때는 꼭 누군가가 먼저 맛보게 하는 등 안전과 건강 관리에 특히 주의를 기울였다.

달라이 라마 13세가 즉위할 당시 티베트는 청나라, 러시아, 영국의 주도권 싸움 한가운데서 격랑에 휩쓸리던 시기였다. 건륭제 이후 청나라의 지배와 보호를 동시에 받아왔지만 1840년 아편전쟁 이후 청나라가 무기력해지며 대신 영국의 간섭이 심해지던 중이었다. 인접국 인도가 이미 영국 식민지가 돼 버린 상태에서, 다음은 티베트라는 불안감이 모두를 두렵게 할 무렵 그런 우려는 현실로 나타났다. 1904년 봄, 인도에 상주하던 영국군이 티베트 국경을 넘은 것이다.

　수도 라싸로 향하는 길목의 도시 장체(江孜)가 최후의 보루였지만 3개월 후 영국군의 대포 앞에서 끝내 무너졌다. 장체종(江孜宗) 요새가 함락되던 날, 성에 남은 이들은 끝내 항복을 거부하고 성 아래 절벽으로 투신해 모두 한날한시에 생을 마쳤다.

　길목을 막던 장체가 뚫리며 라싸는 즉각 영국군에 점령당한다. 달라이 라마 13세는 몽골로 도피한 후였고, 군주가 없는 상태에서 티베트는 영국과 굴욕적인 불평등 조약을 맺어야 했다. 몽골로 도피한 달라이 라마는 이곳저곳 전전긍긍하다 4년 만에 겨우 라싸로 돌아왔지만 두 달 만에 네팔로 다시 도피해야 했다. 이번엔 청나라 쓰촨군의 침공 때문이었다.

　1911년 신해혁명으로 청나라가 멸망하면서 겨우 라싸로 돌아올 수 있었고, 오자마자 그는 티베트가 완전한 독립국임을 만방에 선포한다. 그리고

1933년 세상을 떠날 때까지 22년은 그에게는 물론 모든 티베트인들에게 역사적으로 가장 편안하고 안전한 시대였다.

두 번의 해외 도피 생활을 겪으며 국제 정세 변화에 민감해진 달라이 라마 13세는 근대화 개혁과 군사력 증강의 필요성을 누구보다도 절감했다. 그러나 실질 정책으로 구체화시키진 못한 채 민족의 앞날을 심히 걱정하며 향년 57세로 눈을 감았다. 그의 대를 이은 달라이 라마 14세는 젊은 나이에 인도로 망명해 65년째 돌아가지 못하고 있다. 선대가 우려했던 대로 티베트 민족의 앞날엔 한줄기 빛조차 보이지 않는 듯하다.

영원한 2인자 판첸 라마

달라이 라마 5세는 티베트인들에게 '위대한 5대'로 통한다. 토번왕국 멸망 이후 오랜 세월 정치·종교적으로 분열됐던 티베트를 하나로 묶었다. 비록 외세인 몽골의 지원을 받긴 했으나 원했던 대로 정국 안정을 이룬 후 그는 미래를 대비하는 구상에 들어갔다. 대대손손 안정과 번영을 누릴 수 있는 체제를 하나하나 구축해 나간 것이다. 포탈라궁 건립을 지시한 것도 그 일환이었다. 드높은 홍산 위에 거대한 궁을 쌓아 놓으면 감히 누구도 쉽게 침공하거나 넘볼 수 없을 것이었다.

이어서 그는 지도 체제를 공고히 하는 장기 대책을 마련했다. 자신의 사후에도 아무 잡음 없이 그리고 대를 이어가며 겔룩파가 권력을 자동 승계하도록 그는 판첸 라마 제도를 공식화한다. 자신이 죽으면 갓 태어난 신생 아들 중에서 환생자를 찾아내 달라이 라마 6세로 즉위시켜야 하는데, 문제는 그 아이가 성장할 때까지 20년 가까이 권력 공백이 생긴다는 것이었다. 이를 위해 달라이 라마처럼 환생으로 이어지는 또 한 명의 활불인 '판첸 라마'가 공백 기간 동안 나라를 통치하고, 어린 군주에 대한 교육도 맡도록 제도화한 것이다.

달라이 라마 5세는 이전 시대의 존경받는 고승 3인을 선정해 각각 판첸 라마 1세, 2세, 3세로 사후 추존하고, 자신의 스승인 롭상 초교(洛桑确吉,

1570-1662)를 판첸 라마 4세로 지명한다. 롭상 초교는 선대인 달라이 라마 4세에게 법명까지 지어주고 사제 관계를 맺은 원로였기에 그의 판첸 라마 등극은 모두의 눈에 지극히 자연스러운 것이었다. '판첸'은 불교 지식이 해박한 고승이나 '위대한 학자'를 부를 때 쓰는 존칭이었으나, 이때부터 '판첸 라마'는 달라이 라마와 함께 티베트를 통치하는 서열 2인자의 호칭으로 자리매김하게 된다.

태평성대의 20년 세월이 지난 후 93세의 판첸 라마 4세는 고령으로 눈을 감았다. 당시 45세였던 달라이 라마 5세는 전국의 신생아들 중에서 고인의 환생자를 찾아내 성인이 될 때까지 교육시킨 후 판첸 라마 5세로 즉위시켰다. 수십 년 전에 정해 놓은 수순대로였다.

세월이 흘렀다. 순서가 바뀔 차례다. 고령이 되어 죽음을 앞둔 달라이 라마 5세는 반듯한 군주감으로 성장한 판첸 라마 5세를 불러 세 가지를 조곤조곤 가르쳤다. 자신이 죽은 후 환생자 아기를 찾는 데 필요한 힌트를 알려주고, 그 아기가 성인이 되어 달라이 라마 6세로 즉위할 때까지 교육은 어떻게 시켜야 할지, 그리고 그때까지 티베트 통치는 어떻게 해 나가야 하는지 등을 소상히 가르친 것이다. 스무 살의 판첸 라마 5세는 선대 군주이자 스승이 남긴 유언을 이후 충실히 수행했다.

달라이 라마와 판첸 라마, 두 명이 지도자는 서로 먼저 태어난 이가 다른 이의 스승이 되어 불법을 전하고 통치를 이어가는 것이 티베트의 전통적 관습이 되어 왔다. 이는 샤카파·카규파 등 다른 종파와 끊임없이 경쟁해야 하는 겔룩파로선 적절한 균형과 내부 결속을 유지하는 데에 큰 도움이 되었다. 특히 달라이 라마 1인에게 집중될 수 있었던 영적 권위와 세속 권력을 효율적으로 분산시킴으로써 불필요한 권력 투쟁을 미리 막아주는 효과도 컸다.

그러나 근대를 거쳐 현대에 들어서면서 두 지도자의 관계는 갈등과 파국을 맞기도 하였다. 외세와 관련된 외교 문제에 관하여 둘은 서로 극명한 입장차를 보이는 경우가 많았다.

청나라 황실은 특히 판첸 라마를 밀어주고 지원하며 달라이 라마를 견제함으로써 티베트에 대한 지배권을 강화하고자 하였다. 판첸 라마 6세(1738-1780년) 경우 1780년 청 황제의 칠순 잔치에 특별 초청받아 열하(熱河)까지 갔다가 베이징에서 병으로 사망하기도 했다. 그가 청의 건륭황제와 거의 대등한 위치에서 스승처럼 극진하게 대우받는 모습은 연암 박지원의 『열하일기』에도 자세히 묘사된 바 있다.

판첸 라마 9세(1883-1937년) 경우는 근거지인 시가체 지역에서 별도의 지방 권력을 가지고 싶어 했다. 달라이 라마 13세의 중앙 정부 정책에 반하는 자세였기에 갈등이 빚어졌다. 청나라의 도발로 달라이 라마 13세가 인도로 망명해 있는 동안 판첸 라마 9세는 청 황실과 깊숙이 접촉하여 지원을 받으려 하였다. 달라이 라마 입장에서 보면 일종의 반역이었다. 그러나 신해혁명으로 청이 멸망하고 달라이 라마 13세는 라싸로 복귀한다. 일종의 배신을 시도했던 판첸 라마 9세는 결국 실권하고 중국으로 도피해 전전하다가 칭하이성에서 객사하고 만다.

이어서 환생자로 즉위한 판첸 라마 10세(1938-1989년) 역시 불운한 삶을 살다 죽었다. 그는 1959년 달라이 라마 14세(1935-)가 인도로 도피할 때 함께 따라가지 않았다. 반대 입장인 친중국 노선을 취한 것이다. 일신의 영달을 위했다기보다는 중국의 힘을 인정하고 협력하며 현실적 대안을 찾아보려는 의도였다.

그러나 공산 중국에 그런 의도는 통하지 않았다. 1962년 그는 지난 몇 년간 겪은 티베트인들의 참상을 장문의 문서로 작성해 공산당 지도부에 제출한다. 이 문서엔 티베트에서 벌어진 한족 중심의 차별과 종교 탄압 그리고 수십만 명의 티베트인들이 굶어 죽거나 처형당한 상황들이 숫자와 사례 중심으로 적시돼 있었다. '7만 자 문자 청원'으로 알려진 이 문서로 그는 중국 당국에 의해 인민의 적이자 반혁명 분자로 낙인찍혔고, 1964년 체포되어 14년간 감금당한다. 문화대혁명이 끝나고 석방된 후에도 그는 다시 가택 연금되는 등 순탄치 않은 여생을 살다가 1989년 향년 50세로 갑자기 눈을 감았다. 심장마비로 발표는 됐지만 사인이 명확지 않은 일종의 의문사였다.

판첸 라마 10세가 사망하자 후계자인 판첸 라마 11세를 누가, 어떻게 찾아내느냐를 둘러싸고 극심한 신경전이 벌어졌다. 원칙은 인도 망명정부의 달라이 라마 14세 외에는 누구도 후임을 찾을 권한이 없었다. 중국 정부 입장에선 티베트 안정 통치를 위하여 친중국 인물이 지명돼야 했지만 워낙 민감한 사안이라 쉽게 나설 수도 없었다.

상호 간 암중모색의 시간 속에 6년이 지난 후 인도의 달라이 라마 14세가 티베트 나취(那曲)지구의 '게둔 최키 니마'라는 6세 소년을 판첸 라마 11세로 공식 선언해 버린다. 전임 판첸 라마의 환생자임을 전통적인 방식을 통해 확인했다는 것이다. 중국 당국은 난리가 났다. 발표 3일 후 당사자인 6세 소년은 가족과 함께 갑자기 어디론가 사라졌다. 중국 공안에 의해 납치된 것으로 모두가 믿었다. 그리고 6개월 후인 1995년 11월 중국 정부는 부모가 공산당원인 '기알첸 노르부'라는 6세 소년이 진짜 판첸 라마 11세라고 공식 발표한다. 역시 환생에 대한 엄격한 확인 절차를 거쳤다는 것이다.

그리고 30년이 지났다. 티베트 1인자 달라이 라마 14세는 그때와 다름없이 인도에 망명 중이다. 속절없이 90세를 넘기고 있다. 살아생전 그가 티베트 땅을 밟아볼 일은 결코 없을 듯하다.

가족과 함께 사라진 6세 아이는 어찌 됐을까? 살아 있다면 지금쯤 30대 중반이겠다. 국제 인권 단체 등에서 중국 측에 그의 거취를 밝혀 줄 것을 집요하게 요청해 왔지만 아직까지도 행방은 묘연하다.

중국 정부에 의해 판첸 라마 11세가 된 또 다른 아이는 이후 30년 동안 부귀영화를 누리며 잘 살고 있다. 서열로는 영원한 2인자이지만 달라이 라마가 부재한 티베트에서 그는 중국 정부의 지원과 보호 아래 실질적인 1인자로 군림해오고 있다. 그러나 그가 진짜 판첸 라마라고 믿는 티베트인들은 거의 없다.

열하일기 속에 비친 티베트

44세의 연암 박지원은 운 좋게도 나랏돈으로 대륙 여행에 나서는 행운을 얻었다. 청나라 황제 칠순 축하 사절단에 끼게 된 것이다. 사절단 책임자인 정사(正使) 박명원이 팔촌형이라 끌어준 덕분이다. 한양을 떠나 의주에서 압록강을 건너고, 요동 벌판과 선양(沈陽) 그리고 만리장성의 동쪽 관문인 산해관, 이어서 북경에서 몽골고원 근처인 열하까지 다녀오는, 장장 5개월에 걸친 긴 여행이었다. 자신이 살아온 반도가 얼마나 좁은 우물이었는지, 바깥세상은 얼마나 넓고 역동적인지 연암은 여행을 통하여 절실히 깨달았다. 대륙 여행에서 돌아와 집필한 『열하일기』는 240년이 지난 오늘날까지도 꾸준한 스테디셀러다.

'열하(熱河)'는 옛 지명으로 지금은 허베이성(河北省) 청더시(承德市)에 속하는 곳이다. 연암 일행이 갔던 황제 칠순 축하연 장소는 청나라 황세들의 여름 별궁이었다. 오늘날 지도에는 '창더 피서산장(承德避暑山庄)'으로 표기된다. 일부에선 열하행궁(热河行宫)으로 불리기도 한다. 중국에 현존하는 왕실 정원 중 가장 규모가 큰 곳이라 유네스코 세계문화유산으로 등재되어 보존되고 있다.

『열하일기』는 모두 26개 파트로 구성된다. 이 중 '찰십륜포', '반선시말', '황교문답', 이렇게 3개 파트가 티베트의 종교와 문화에 관한 내용을 담고 있다. 본문에 티베트는 '서번(西番)'으로 표기된다. 옛 왕조 이름이 들어간 '서쪽의 토번(吐蕃)'을 일컫는 지명이다.

『열하일기』의 '찰십륜포' 부분은 다음과 같이 시작된다.
'반선(班禪) 액이덕니(額爾德尼)를 찰십륜포(札什倫布)에서 보았다. 찰십륜포는 서번(西番)의 말로 '대승(大僧)이 거처하는 곳'을 말한다.'
이 문장을 오늘날 언어로 바꾸고, 뜻까지 덧붙여 각색하면 다음처럼 늘어진다.
'티베트의 승왕(僧王)인 판첸 라마 6세를 타시룬포(札什倫布)에서 만났다. 타시룬포는 티베트 제2의 도시 시가체(日喀则)에 위치한, 역대 판첸 라마가 주지(住持)로 있어 온 큰 사원의 이름이다.'
청나라 건륭제는 시가체의 타시룬포 사원을 모방한 건물을 같은 이름으로 열하에도 지었고, 이번 칠순 행사에 판첸 라마 6세를 초청해서 새로 완공한 건물에 머물도록 한 것이다. 황제는 자신이 스승으로 예우하는 판첸 라마를 조선 사신도 만나보도록 주선하고 이어서 두 사람이 만나고 헤어지는 광경이, 이를 지켜보는 연암의 시각으로 상세하게 서술된다.
열하의 타시룬포는 구글 지도엔 '수미복수지묘(須彌福寿之庙)'란 지명으로 표기돼 있다. 시중에선 반선행궁(班禅行宫)으로 불리기도 한다. 창더 피서산장 바로 북쪽 도로 하나 건너에 위치한다.

'반선시말(班禪始末)'은 찰십륜포에서 반선(班禪) 즉 판첸 라마를 만나고 돌아온 연암이 반선의 내력에 대해 여러 중국인들에게 묻고 들은 바를 상세히 서술한 내용이다. 라마교, 즉 티베트 불교가 어떤 경로를 통해 중국에 전파되었는지, 그리고 청나라 황제는 어떤 역사적 유래를 통해서 반선을 '살아 있는 부처' 활불(活佛)로 여기며 자신의 스승으로 삼는지에 대한 내용들을 담고 있다.

라마교는 원나라 초기에 몽골에 전해지며 이후 중국대륙으로 퍼졌다. 티베트를 정복한 쿠빌라이가 티베트 불교 지도자 파스파(八思巴)에게 매료되는 순간을 연암은 마치 자신이 현장에서 본 것처럼 생생하게 묘사하고 있다.

'원나라 세조(1215~1294, 쿠빌라이)가 북쪽 사막 지방에 있을 때, 팔사파(1235~1280, 八思巴)가 어리지만 능히 〈능가경〉 등 불경 만 권을 외운다는 이야기를 듣고는 사신을 보내 그를 맞이해 오게 하였다. 그는 지혜가 원만하고 밝으며, 온몸에는 향기가 그득하고, 걸음걸이는 하늘의 신과 합치하며, 목소리는 음률에 맞았다. 황제는 마치 석가여래를 본 듯 크게 기뻐하였다.'(돌베개 출판(2017년), 『열하일기 2』, 233쪽)

대제국 원나라의 황제가 티베트 불교 지도자를 스승이자 국사로 깍듯이 모신 전통이 이후 청나라 황제들에게도 영향을 미쳤을 것임을 짐작할 수 있는 대목이다. 티베트 최고 통치자는 달라이 라마이고 판첸 라마는 2인자이지만, 열하일기 속 당시는 아직 젊은 제8대 달라이 라마(1758~1804년)보다는 스무 살 많은 제6대 판첸 라마(1738~1780년)가 그때까지 1인자로 통할 때라 열하에 초청받아 간 것이었다.

두 지도자의 기원을 알려주는 내용도 등장한다.

'종객파(宗喀巴)는 대를 전하는 두 제자가 있어서 맏이를 달뢰라마라 하고, 둘째를 반신 엑이딕니라고 합니다. 달뢰리마는 현재 7대째 거듭 남의 몸을 빌려 환생하였고, 반선 액이덕니는 4대째 환생했답니다.'(돌베개 출판(2017년), 『열하일기 2』, 244쪽)

달라이 라마는 7대째 거듭난 게 맞지만, 판첸 라마가 '4대째 환생'이라고 한 것은 이 내용을 연암에게 알려준 경순미라는 몽고인이 아마도 '5대째'를 잘못 알고 한 말인 듯하다.

'황교문답'(黃敎問答)은 찰십륜포에서 판첸 라마를 보고 나온 후의 연암이 티베트 불교 전반에 대해 이 사람 저 사람들과 나눈 이야기를 정리한 내용이다. 황교는 티베트 불교의 4대 종파 중 주류인 겔룩파를 일컫는 말이다. 법회 때 기존 사캬파나 까규파 등의 붉은색 모자와 달리, 개혁파임을 과시하려는 의도로 황색 모자를 써온 전통 때문에 황모파(黃帽派) 또는 황교(黃敎)로 불려 왔다. 청나라 황제가 변방 티베트의 황교 수장에 불과한 이를 이처럼 과하게 대우하는 모습에 대해 연암 나름의 느낌을 서술하기도 한다.

"황제는 서번(西蕃)(티베트)의 승왕(僧王)을 맞이하여 스승으로 삼고 황금전각을 지어 그를 그곳에 거처하게 하고 있다. 천자는 무엇이 '괴로워'서 이런 특별히 격에 넘치고 사치한 예우를 하는가? 명목은 스승으로 모시면서도 기실은 황금전각 속에 그를 감금해 두고 세상이 하루하루 무사하기를 빌고 있는 것이다. 그리고 본즉 서번이 몽고보다 더 강성함을 알 수 있겠다. 이 두 가지 일은 황제의 심정이 이미 '괴롭다'는 것을 보여준다."(돌베개 출판(2017년), 『열하일기 2』, 174쪽)

연암 박지원의 눈에는 황제가 진정한 불심에서 판첸 라마를 우대해 주는 건 아닌 것처럼 비쳤는가 보다. 다루기 힘든 변방 민족을 포용하기 위한 통치술 차원으로 느낀 것이다. 성리학 나라의 선비로써 불교 나라의 수장인 판첸 라마의 외모에 대한 묘사도 몹시 박절하고 냉소적이다.

'피부 색깔이 황달병에 걸린 것처럼 누렇게 떠 있다'거나, '살집은 많고 뼈는 적어서 영민하거나 준걸스러운 기상도 없어 보인다'고 한다. 게다가 '몸뚱어리가 방에 꽉 찰 정도로 크기는 하나, 조금도 경외할 만한 모습은 없으며, 오히려 흐리멍덩한 모습이 무슨 물귀신이나 바다귀신의 화상을 보는 것 같았다'고 묘사하고 있다.

'찰십륜포' 부분에선 연암의 이런 지극히 주관적인 느낌뿐 아니라, 사신 일행이 반선(판첸 라마)과 만나는 과정에서의 시끌벅적한 소란까지도 생생하게 서술된다. 황제가 조선 사신에게 반선을 만나보라고 해서 억지로 가는데, 그 앞에서 큰절까지 해야 한다니 난감한 일이었다. 유교사상에 충실한 조선의 사신들에겐 변방의 승왕을 접견하는 게 황제의 지시이긴 했지만 도무지 내키질 않았다. 청 황제 외에 고작 불교 나라의 수장에게도 머리 조아려 고두례(叩頭禮)를 했다는 것이 조선 조정에 알려지면 돌아가서 어떤 고초를 당할지 몰랐기 때문이다.

결국 사신은 판첸 라마 앞에서 은근슬쩍 고두례는 생략하고 털썩 주저앉아 버린다. 예를 갖추라는 건륭황제의 명을 거역했으니 청 입장에서 조선 사신은 외교적으로 큰 결례를 범한 것이다. 숭유억불과 유교적 통치 이념에 익숙한 조선왕조의 신하로서는 능히 취할 수 있는 고지식함이었다. 그러나 약소국이 강대국을 상대로 한 외교에선 득보단 실이 많은 처세였다. 현실 세계의 질서를 중시하는 성리학 선비들에게 현세를 부정하고 환생과 내세를 추구하는 불교 따위는 현실 도피적이며 몽매한 것으로 비쳤을 것이리라.

그런 우호적이지 않은 묘사와 표현들도 많이 담겼지만 『열하일기』는 티베트의 종교와 문화에 대한 객관적이고 생생한 정보들을 가득 담고 있다. 모두 26개 파트 중 3개 파트를 티베트 부문에 할애하고 있으니 양적으로도 꽤 비중 있게 다루고 있는 셈이다.

시가체 타시룬포 사원

열하에 갔던 판첸라마 6세는 이후 베이징에 잠시 머물다 같은 해 천연두로 사망했다. 향년 42세였으니 뜻하지 않은 죽음이었다. 그의 주검은 수천 킬로미터 머나먼 여정을 거쳐 이듬해, 원래의 거주지였던 시가체 타시룬포 사원(扎什倫布寺)에 도착해 화려한 영탑(靈塔) 속에 미라 형태로 안장됐다. 사후에 추존된 판첸 라마 1~3세 외에는 4세부터 10세까지 역대 판첸 라마 모두가 타시룬포에 안치돼 있다. 득도한 고승이나 환생자들에게만 특별히 적용되는 티베트 최고의 장례 방식 탑장(塔葬)에 따른 것이다. 라싸의 포탈라궁이 역대 달라이 라마들의 거주지이면서 영면하는 곳인 것처럼, 시가체의 타시룬포는 역대 판첸 라마들에게 그리 해당되는 곳이다.

타시룬포 사원은 달라이 라마 1세로 사후 추존될 겐둔 둡빠에 의해서 1447년 창건되었다. 달라이 라마 5세가 그의 스승 롭상 초교를 판첸 라마 4세로 지명하고 타시룬포에 거주하게 하면서 이후 역대 판첸 라마는 자동적으로 타시룬포의 주지가 되는 전통이 오늘날까지 이어져 왔다. 현재는 우여곡절 끝에 선정된 판첸라마 11세가 주지로 있다.

타시룬포 사원은 시가체 도심의 서쪽 외곽에 자리 잡고 있다. 야트막한 니세르산(尼色日山)의 기슭이다. 이 산의 다른 이름이 길상수미산(吉祥须弥山)인 까닭에 타시룬포 사원은 길상수미사(吉祥须弥寺)로도 불린다.

하늘 높은 5월의 봄날 늦은 오후, 사원 담장을 따라 마니차가 주욱 늘어선 길을 지나 타시룬포 정문으로 들어섰다. 조그만 광장 너머로 넓은 사원 전체가 한눈에 들어왔다. 붉은색과 흰색의 비슷한 건물들이 니세르산을 등지고 빼곡하게 들어서 있다. 한가운데로는 웅장한 건물의 황금빛 지붕들과 하얀 탑들이 오후의 햇살에 빛나면서 신비로운 분위기를 자아낸다. 사원 전체의 둘레 길이가 2km에 가까운 만큼 일개 사원이기보다는 자그마한 읍내 도시의 규모다.

넓은 광장에서 승려들 숙소일 듯한 절집 건물들 사이 골목을 굽이굽이 지났다. 심하진 않은 오르막이었지만 해발 3,900m에 가까운 고지대인지라 쉽게 숨이 차올랐다. 거대한 백탑들이 여러 대 줄 서 있는 주변으로 사람들이 몰려 있었다. 역대 판첸 라마들의 유골을 봉안한 영탑전(灵塔殿)이다. 영탑 주변으로 오체투지에 열심이거나 잠시 숨 고르기하며 휴식 중인 현지인들 그리고 우리처럼 이곳저곳 기웃거리는 외지인 여행자들이 한데 어우러져 있다.

이곳은 판첸 라마 5세부터 9세까지 5인의 합장(合葬) 영탑전인데 '찰십남첩(扎什南捷)'이란 명칭으로 표기돼 있다. 판첸 라마 4세의 영탑은 바로 인근에 '곡강하(曲康夏)'란 명칭으로 화려하게 따로 세워져 있다. 달라이 라마 1세에 의해 창건된 타시룬포 사원은 150년 후 판첸 라마 4세가 주지일 때 대폭 증축됐기 때문에 그의 영탑이 가장 높은 등급으로 여겨진다고 한다. 또한 판첸 라마란 칭호가 처음 부여된 것도 4세 때부터였고, 1, 2, 3세는 사후 추존됐기 때문에 타시룬포 아닌 다른 곳에 봉안돼 있다.

마지막 판첸 라마 10세의 영탑전은 내부 외부 모두 화려함의 극치를 보여준다. 바이두 사전에 표기된 명칭은 석송남첩대전(释颂南捷大殿)이다. 온갖 금은보석으로 칠갑하여 호화찬란하게 꾸민 모습은, 무슨 영탑전이 아니라 위대한 신께 제사를 지내는 사당의 느낌이다. 1989년에 사망한 그를 위하여 중국 정부가 큰돈을 들여 2001년에 조성했다고 하는데, 이렇게 화려하게 꾸민 의도가 엿보이는 듯하다.

중국은 청나라 때부터 달라이 라마를 견제하기 위하여 2인자인 판첸 라마를 특별히 우대하고 밀어주며 활용해 왔다. 이에 호응하여 판첸 라마 역시 친중국 성향을 보이는 경우가 많았다. 판첸 라마 10세는 1959년 달라이 라마 14세가 인도로 망명할 때 함께 따라가지 않고 한때 친중국 노선을 취했었다. 이후 불행한 삶을 살다 죽은 그를 중국 당국으로선 현존하는 달라이 라마 14세에 버금가는 성인의 반열로 올려두고 싶은 것이리라.

 영탑전 안 불상 앞에는 10세 사진 외에 판체 라마 9세 그리고 지금 살아 있는 11세의 사진도 나란히 놓여 있다. 둘 역시 티베트 2인자이지만 달라이 라마 반대쪽에 섰고, 노골적인 친중국파라는 공통점이 있다.

 붉은색 벽면이 이어지는 미로 같은 골목을 지나다 경내에서 가장 웅장해 보이는 건물 안으로 들어섰다. 입구 현판엔 쓰여 있는 명칭대로 '강파불전 (强巴佛殿) 미륵전(彌勒殿)', 내세에 성불하여 부처가 될 미륵보살을 모신 불전이다. 안으로 들어서자 거대한 청동 불상이 잠시 흠칫 숨을 멈추게 한다. 단순히 규모 때문만은 아니다. 외부에서는 탑처럼 나뉘어 보이는 5개 층짜리 불전 내부에 26m 크기의 거대 미륵보살 좌상이 놓여 있다. 불상의 눈빛에서 풍기는 자비와 위엄은 몸체의 황금빛 색감과 어우러지며 시각적 충격과 경외감을 함께 안겨줬다. 타시룬포 사원에서 규모가 가장 큰 건물이자 본전(本殿)에 해당하는 미륵불전은 1914년에 판첸 라마 9세가 공들여 지었다고 한다.

당시는 그가 달라이 라마 13세와 갈등을 빚고 있던 시절이었다. 달라이 라마가 청나라를 피해 해외로 망명해 있던 동안 정작 판첸 라마 9세는 청나라와 밀착해 자신의 입지를 강화하려는 배신행위를 하고 있었던 것이다. 청나라가 망한 뒤 제자리로 복귀한 달라이 라마 때문에 운신의 폭이 좁아진 판첸 라마 9세는 자신의 내세를 위하여 이런 미래 부처의 불전을 지었을지도 모른다.

강파불전을 나와 길지 않은 계단길을 잠시 내려왔다. 넓은 공터 앞에 있는 조흠대전(措欽大殿)이란 명칭의 대경당(大经堂)에 마지막 코스로 잠시 들렀다. 역대 판첸 라마들이 승려들을 모아 불법을 강의하거나 예불을 올리던 공간이다. 사원이 지어질 당시의 초기 건물, 이를테면 사원 전체에서 가장 오래된 건축물 몇 군데 중 하나라고 하니 600년 세월을 이어 온 그 숨결이 느껴지는 듯했다. 수십 개 기둥들 사이로 고요히 흐르는 시간의 무게가 문득 여행자의 마음을 숙연하게 한다.

중국 최장거리 G318 국도

겔룩파 창시자 총카파는 간덴사를 창건하고 10년 뒤 눈을 감았다. 그 기간 동안 그의 제자들은 후원 세력을 모아 드레풍사와 세라사까지 창건했다. 라싸에 3개의 대형 사원을 운영하게 되면서 신생 겔룩파는 이제 기존의 사카파나 까규파를 압도하는 종교·정치 세력으로 급부상한다. 그들은 법회 때 새로운 황색 모자를 쓰기 시작했다. 개혁파임을 과시하려는 의도였고, 다른 종파들이 주로 써온 붉은색 모자 홍모(紅帽)와 대비되어 차별적으로 보였다. 때문에 겔룩파는 이후 세간에 황모파(黃帽派) 또는 황교(黃敎)로 불리게 된다.

점차 지방의 재력가 토호들까지 후원을 희망하며 시주(施主)들이 몰렸다. 풍부해진 재력을 바탕으로 겔룩파는 라싸를 넘어 티베트 전역으로 교세를 확장할 필요가 있었다. 당시나 지금이나 라싸 다음의 대도시인 시가체(日喀则)가 겔룩파 제2의 본산이 되어야 했다. 구글 지도 등에는 '르카쩌'로도 표기되는 시가체는 당시 사카파의 전통 강세 지역이었고, 까규파 또한 상당한 영향력을 행사하는 곳이었다. 후발 주자인 겔룩파로선 기존 종파들과의 경쟁 우위를 확보하기 위하여 시가체에 신규 거점을 마련하는 게 시급한 과제였다.

이런 배경에서 1447년 시가체에 타쉬룬포 사원(扎什伦布寺)이 건립되었다.

이는 겔룩파가 중부 우창(衛藏) 지역을 장악하며 오늘날까지 티베트 불교의 중심이 되는 데에 중요한 역할을 해왔다. 시가체는 티베트 남부와 서부로 향하는 길목이면서 네팔과 인도와도 연결되는 교통과 무역의 요충지였기 때문이다. 특히 이 사원을 건립한 겐둔 둡빠(根敦朱巴)는 겔룩파 지도자로서 훗날 달라이 라마 1세로 추존되는 인물이다. 이를테면 시가체는 타쉬룬포 사원을 통해 초대 달라이 라마를 탄생시킨 도시인 셈이다.

어제는 타시룬포 사원 방문을 마치고 저녁 식사 후 숙소인 타시초에타 호텔(扎西曲塔大酒店)을 나와 시가체 도심을 천천히 둘러보았다. 책가방을 둘러맨 10대 학생들이 집에 들어가기 싫어하는 모습들도 보이고, 20대 젊은이들도 여기저기 둘러서서 잡담을 하거나 핸드폰을 들여다보는 등 활기찬 도시의 밤 풍경 그대로였다. 라싸보다는 티베트 전통을 더 많이 간직하고 있다는 말을 들었지만 밤거리 90분 배회만으로 그런 점까지 느껴볼 순 없었다.

도로의 이름이 동서는 칭따오로(青岛路), 남북으로는 상하이로(上海路)라는 것도 살짝 이질적인 느낌을 들게 했다. 원래는 티베트 고유의 도로명이 있었을 것이다. 라싸도 그렇고 티베트 모든 지역에서 중국 정부의 중화정책이 강요되고 있음을 이곳 시가체에서도 실감할 수 있었다.

오늘 우리는 서쪽 아리(阿里)지구를 향해 달리고 또 달려야 한다. 오전 10시 시가체 숙소를 출발한 버스는 잠시 후 도심을 벗어나 G318 국도 위를 달리기 시작했다. 라싸에서 얌드록쵸 가는 길에 만나고는 취수이(曲水) 지나며 헤어졌던 중국 최장거리 도로를 오늘 다시 달리는 것이다.

출발 2시간 후 버스가 잠시 멈췄다. 15분 정차한다는 가이드 멘트가 뒤따랐다. 기지개를 켜며 모두가 내렸다. 야트막한 민둥산 앞에 휴게소 건물이 있는 넓은 광장이었다. 광장 중앙의 붉은 기와를 올린 큼직한 구조물 앞에 사람들이 몰려 있다. 가이드가 중국 최장거리인 318 국도에 대한 설명을 이어가는 중이었다.

　구조물 하얀 벽면엔 '西藏拉孜-5000KM(318國道)-上海人民广场'이라고 쓰여 있는 기다란 글귀가 도드라져 보인다. 우리가 서 있는 위치의 좌표를 명확히 알려주는 이정표인 셈이다. 상하이 인민광장에서 시작된 318 국도가 시짱자치구 시가체시(日喀则市) 라체현(拉孜县) 쨩공촌(强公村)인 이곳까지 5,000km를 달려왔다는 의미다. 벽면 하단에선 318 국도의 자랑까지 한자와 영어와 티베트어로 곁들이는 걸 잊지 않았다. '中国最美的景观大道 The most beautiful landscape road in China', 중국에서 가장 아름다운 풍경의 도로임을 상기시키고 있다.

　다시 1시간 동안 50km를 달려 라체(拉孜)에 도착했다. 라체현은 좀 전 5,000km 지점인 쨩공촌까지 포함하는 넓은 지역이지만, 여행자들에게 '라체'라 하면 대부분 현(县)의 중심인 직경 1km 이내 상가 지역을 말한다. 도로 앞 '罗氏家常便餐'이란 간판의 식당에서 늦은 점심들을 마쳤다. 실내 분위기와 음식 차림이 '라씨네 가정식백반' 정도의 뜻인 식당 이름에 걸맞았다.

따뜻한 봄날의 오후 3시 라체 거리는 차량보단 자전거와 오토바이로, 그리고 너무나 한가해 보이는 현지인들로 북적였다. 문을 활짝 열어젖힌 작은 술집에선 안주 없이 병맥주만 들이키는 이들이 노닥거리며 앉아 있고, 인도 한편엔 일곱 명 아저씨가 둘러앉아 우리의 막걸리 같은 술 '창(Chang)'을 마시고들 있다. 꽤 많이 마시는 듯 큼직한 페트병이 3~4개나 널려 있다. 옆에서 기웃거리며 서 있는 우리에게 웃으며 한 잔 권한다. 반 잔만 따르게 하여 받아 마셨다. 전에 네팔에서 사 마셨지만 내 입맛에는 별로였던 기억이 떠올랐다. 보리나 조를 발효시켜 만든다는데, 탁하고 걸쭉한 느낌은 막걸리와 같으나 술이 아닌 시큼한 음료수의 느낌이었다.

라체를 벗어난 5km 지점 삼거리에서 318 국도와 헤어졌다. 상하이를 시점으로 장쑤성, 저장성, 안후이성, 후베이성, 충칭시, 쓰촨성 그리고 시짱 자치구까지 무려 8개 성급(省級) 지역을 관통하며 중국대륙을 횡단한 318 국도는 이제 남쪽으로 방향을 틀며 총거리 5,476km의 종착지인 히말라야 기늙 네라무(聶拉木)를 향해 가는 것이다.

중국 최장거리 도로인 만큼 318 국도는 구간에 따라 도로명도 다양하다. 동티베트 지역인 쓰촨성 야안에서 캉딩, 리탕 거쳐 시짱자치구의 망캉, 린쯔, 라싸까지는 차마고도 천장공로(川藏公路)로 불리고, 이어 라싸에서 취수이, 시가체, 라체 그리고 네라무의 국경까지는 네팔로 통하는 길을 의미하는 중니공로(中尼公路)로 통한다. 우정공로(友情公路)로도 불리는 중니공로는 중국-네팔 국경인 '우정의 다리(友谊桥)'에서 끝나지 않고 네팔 카트만두까지 이어진다. 아무튼 티베트 라싸와 네팔 카트만두 간 '우정의 도로'인 G318 국도를 뒤로하고, 우리는 새로운 길 G219 국도 위에서 오늘 목적지인 사가(薩嘎)를 향해 달리고 있다.

8장

오지 정토 아리지구

성지 관문 다르첸 가는 길

성호 마나사로바

설산의 존엄, 강 린포체

시신을 새의 먹이로, 천장

카일라스 코라 1일 차

카일라스 코라 2일 차

카일라스 코라 3일 차

경이로운 흙의 숲 자다토림

신비로운 황토산 구게왕국

성지 관문 다르첸 가는 길

　다시 얄룽창포강을 건넜다. 라싸에서 얌드록쵸 가는 도중에 이어 두 번째 만남이다. 우리가 남쪽길로 우회하며 장체, 시가체, 라체를 지나오는 동안 강은 북쪽에서 우리와 나란히 그러나 방향은 반대로, 꾸준히 흐름을 이어간 것이다. 500km만큼 더 상류 지역이라 그런지 강물 색감은 더 맑고 수려한 느낌이다. 녹색 나뭇잎은 고사하고 풀 이파리 한 줌 보이지 않는 황량한 갈색 대지에서 잠깐 만나는 연둣빛 강물은 그 잔상이 쉬이 사라지지 않았다. 얄룽창포강 건너서 만난 앙런쵸(昂仁湖) 등 3개의 호수 역시 무채색 대지 위에서 찬란한 에메랄드 색감을 뽐내고 있었다.

구글어스로 유라시아 대륙 전체를 들여다보자. 가운데 부분이 특히 도드라져 보인다. 위쪽 러시아나 아래쪽 동남아 지역의 역동적인 녹색 톤과 극명하게 대비된다. 갈색이면서 무채색에 가깝다. 고지대 특유의 단조로움과 삭막함이 그대로 느껴진다. 지도를 좀 더 확대해 보자. 차이가 점점 더 도드라진다. 같은 고원 지역인데 신장 위구르나 몽골 쪽은 별다른 변화가 없지만 티베트 쪽은 크고 작은 파란색 부분들이 무수하게 늘어나는 것이다. 모두가 고원의 설산 빙하들이 녹아내리며 모여든 빙하 호수들이다.

티베트 고원에는 크고 작은 호수들이 수천 개 널려 있다. 세계 최고 높이의 가장 넓은 고원 지역에 가장 많은 수의 호수가 밀집돼 있는 것이다. 이런 풍부한 수량 덕택에 티베트 고원은 아시아 지역에 물을 공급해 주는 절대 수원(水源)이기도 하다. 인도와 중국대륙 그리고 동남아로 흘러드는 인더스강과 갠지스강, 양쯔강, 메콩강이 모두 티베트 고원의 설산과 호수들에서 비롯되는 것이다.

어제 라체에서 사가까지는 6시간이 걸렸다. 차창으로 강과 호수들을 만났고, 공안 요원이 버스에 올라 각자 여권을 확인하는 두 차례의 검문도 있었다. 오지로 향할수록 외지인들에 대한 감시는 더 강화되는가 보다. 해발 5,020m 고개를 넘어 밤 9시에 도착한 사가(萨嘎)는 우리에겐 그저 잠만 자고 떠나는 도시가 되었다. 아침 일찍 일어나 숙소 인근에서 식사를 마쳤고, 8시 좀 넘어 버스는 어김없이 다시 서쪽을 향해 출발했다.

오늘 목적지는 멀리 아리지구에 있는 다르첸 마을이다. 성산(聖山) 카일라스나 성호(聖湖) 마나사로바를 여행하기 위해선 관문인 이 고산마을이 베이스캠프가 돼야 한다. 시가체를 출발한 어제는 여기 사가까지 450km를 달려왔다. 오늘은 다르첸까지 다시 500km를 10시간 넘게 달려가야 한다. 시가체시(日喀则市)의 17개 현(县) 중 서쪽 마지막 지역인 중빠현(仲巴县)으로 들어서자 히말라야 설산들이 처음으로 눈에 들어오기 시작했다. 위치상으로는 안나푸르나와 무스탕 지역일 듯하다. 존재하는 설산들이기보다는 그저 남쪽 멀리 갈색 지평선 위에 떠 있는 희미한 신기루의 모습들이다.

오르막이 끝나는 고갯마루 위에서 버스가 잠시 멈췄다. 화장실은 없지만 각자 알아서 볼일들 보라는 가이드 말을 뒤로하며 차에서 내렸다. '투지라산(突击拉山) 해발 4,920m' 표지판 옆에는 수십 개의 타르초 깃발들이 거센 바람에 펄럭이고, 그 옆으로는 '气泄于针孔(기설우침공) 祸始于违章(화시우위장)'이라고 쓰여 있는 큼직한 입간판이 돋보인다. '공기는 바늘구멍으로 새고, 재앙은 법규 위반으로 시작된다.'라는 공공 슬로건이다. 일행 중 누군가는 이어지는 내리막에서 과속하지 말라는 안전 구호라 하고, 또 다른 누군가는 신성한 타르초 옆에서는 소변을 금하라는 경고라고도 한다. 우리는 후자 쪽이 중요한 듯하여 타르초에서 좀 벗어난 위치에서 각자 합법적 노상 방뇨를 치렀다.

우리가 줄지어 일을 본 바로 옆에는 10여 미터가 넘는 대형 입간판에 기다란 문장이 쓰여 있다. 영택 친구가 알려준 바로는 '시진핑 신시대 중국 사회주의 사상의 위대한 기치를 높이 받들자.'라는 내용이라고 한다.

고갯길 내려가다 잠시 후 버스는 중빠현성(仲巴县城)에 다시 멈췄다. 주유소에서 기름을 넣는 동안 우리는 현성 성곽 위에 잠시 올랐다. 녹색 풀 한 포기 보이지 않는 황량한 대지 위에 '仲巴'라고 쓰인 일주문과 성곽이 거대하지만 썰렁한 느낌으로 외롭게 서 있다. 성루 위에 설치된 큼직한 야크상이 유독 강렬한 황금빛을 발하고 있었다. 티베트 야크의 힘과 역동성을 오롯이 담아낸 형상이다.

다시 1시간을 달려 중빠현(仲巴县)의 읍내 중심인 파양진(帕羊镇) 마을에서 점심을 먹었다. 식당 이름 '패미천채관(霸味川菜馆)'의 뜻처럼 '패왕의 맛을 내는 쓰촨 요리'인지 여부는 알 수가 없었지만 식탁에 나온 만두와 면 요리를 열심히 먹어 치웠다. 고산 지역에선 대체로 식욕이 떨어지기 쉽기에 약간은 억지로라도 잘 먹어야 함을 경험으로 알고 있다.

어제에 이어 오늘도 해발 5,000m가 넘는 고개를 다시 넘는다. 점심 식사 후 2시간 동안 완만한 오르막을 달리던 버스는 도로의 최고 높이로 보이는 고갯마루에서 우리를 내려줬다. 고개 여기저기서 타르초 깃발들이 펄럭이며 장관을 이룬다. '해발 5,211m 马攸木拉山(마유무라산)' 표지판 앞에서 일행들 대부분이 줄 서서 개인별 인증 사진 한 장씩을 남겼다. 이번 티베트 여행에선 지금이 가장 고도가 높은 위치이기 때문에 각자에겐 의미가 있는 것이었다. 물을 자주 마시며 몸을 최대한 느릿느릿 움직이거나 혹은 심호흡을 자주, 크게 하는 등 자신의 뇌로 산소를 최대한 많이 보내야 한다. 각자가 나름의 방식대로 고산증에 대비하는 모습들이다. 버스는 다시 완만한 내리막을 달리기 시작했다.

광활한 티베트 고원을 여행하기 위해선 차량 안에서 소비하는 시간이 많을 수밖에 없다. 차창 너머 풍광을 눈에 넣으며 이동하는 여정 자체가 곧 여행인 것이다. 29인승 미니버스에 패키지 팀 15명이 탔지만 뒤쪽 좌석 절반은 배낭과 짐들을 쌓아 놓았다. 여유 공간은 별로 없는 것이고 각자의 자리는 비좁고 불편할 수밖에 없다. 잠자리에 유독 예민한 이들은 산티아고 순례 여행에 어려움이 크고, 이런 비좁은 자리를 많이 불편해하는 이들도 역시 티베트 여행에선 큰 애로를 느끼게 된다.

저녁 6시 30분, 해발 4,650m인 오늘 목적지 다르첸 마을에 도착했다. 정확한 주소지는 시짱자치구 아리지구 푸란현(普兰县) 빠가향(巴嘎乡) 다르첸(塔尔钦)이다. 성산(聖山)과 성호(聖湖)를 여행하기 위한 관문 마을이기에 여행자들에게는 성지(聖地)나 다름없이 여겨진다. 마을 뒷산 너머로 카일라스 설산 봉우리가 살짝 자태를 드러내길 기대했지만 구름에 가려 있어 아쉬웠다.

성호 마나사로바

새벽에 깨어 오들오들 떨며 잠을 설쳤다. 초저녁에 잠자리 들 때는 라디에이터에서 나오는 열기에 방이 훈훈했고 전기장판까지 있었다. 태양열로 발전한다는 가이드 말은 들었지만 자정 무렵부터 전기 공급이 중단됐는가 보다. 난방이 끊겼고 온수도 나오지 않았다. 어제 아침 사가의 숙소에서 그랬던 것처럼 오늘 역시도 세수는 생략한 채 하루를 시작한다.

다르첸 마을은 성산 카일라스의 남쪽 기슭에 자리 잡고 있다. 카일라스는 강디스산맥(岡底斯山脈)에 속하는 두 번째 높이의 봉우리다. 티베트 남서부에서 동서로 뻗어 있는 강디스산맥은 최고봉이 해발 7,095m 로보봉(罗波峰)이지만 그보다 조금 낮은 카일라스가 종교적 위상 때문에 주봉(主峯)으로 인식되곤 한다.

시가체에서 아리지구로 오는 동안 좌우 양편 멀리에선 설산들이 계속 이어졌는데 남쪽으론 히말라야산맥이요, 북쪽으론 강디스산맥이었다. 두 산맥은 남동에서 북서 방향으로 1,000km 가까이 평행으로 이어지다가 아리지구 푸란현(普兰县)에 이르러선 2개의 설산이 유독 사이좋게 가까워진다. 바로 히말라야의 나무나니봉(納木那尼峰, 7,694m)과 강디스산맥의 카일라스봉(岡仁波齊峰, 6,656m)이다. 마주 보는 두 설산 사이에 2개의 호수가 있는데 그중 하나가 오늘 우리가 방문할 성스러운 호수 마나사로바(玛旁雍错)이다.

어제 사가에서 다르첸 마을로 올 때 이용했던 G219 국도를 거슬러 동쪽으로 20km, 그리고 호수를 향해 남쪽으로 20km를 내려가 마나사로바에 도착했다. 숙소에서 40km 조금 넘는 거리인데 거의 1시간이나 걸렸다.

라싸에서 이곳까지 1,300km를 달려온 거친 여정에 비하면 호수는 너무나 고요했다. 해발 4,600m 고지대인지라 바람은 거세지만 호수엔 파도 한 점 일지 않았다. 오른쪽 멀리에선 나무나니봉을 필두로 히말라야 설산들이 웅장하게 늘어서 있고, 왼쪽으로 있어야 할 카일라스봉은 언덕에 가린 건지 구름에 가린 건지 모습을 드러내지 않는다.

호수 주위에 '곰빠(寺庙)'라 불리는 5개의 작은 사찰이 있다는데, 우리 일행 12명은 호수의 서쪽 중앙부에 위치한 고술곰파(果粗寺) 인근을 출발했다. 팀은 자연스럽게 2개로 나뉘었다. 고산증이 염려되는 절반 인원은 호숫가로 이어지는 저지대 코스를 따라가고, 나머지 우리는 100여 미터 높이의 언덕을 오르내리는 고지대 코스로 올랐다. 티베트인들의 순례 방향처럼 우리 역시 시계방향이다. 북쪽으로 10km 떨어진 지우곰파(吉乌寺)에서 두 팀은 다시 만나고 트레킹을 마칠 것이다.

나무나니봉을 등지고 완만한 모래언덕을 천천히, 심호흡 크게 해가며 아주 천천히 올랐다. 겨우 언덕마루에 올라 잠시 쉬며 호흡을 가다듬었다. 북쪽 카일라스의 만년설 봉우리는 여전히 흰 구름 속에 묻혀 몸을 숨기지만,

동쪽으로 펼쳐진 성스러운 호수는 더 넓고 관대하게 자신의 모습을 드러내고 있다. 서울시 면적의 3분의 2를 넘길 정도로 광활한 넓이인 만큼 호수 건너편은 물안개에 싸인 흐릿한 수평선만 보일 뿐이다.

총거리 83km인 호수 둘레를 티베트인들은 3~4일 걷거나 혹은 보름 이상의 오체투지로 한 바퀴 순례를 돌면서 현생의 죄업을 호숫물에 씻는다고 한다. 하지만 여행자인 우리는 고작 3시간 트레킹만으로 고산병까지 걱정하며 이렇게 성스러운 호수와 잠시 함께하고 있을 뿐이다.

언덕 위에서 내려다보니 호수 가장자리 부분만 제외하고 대부분 수면은 얼음으로 뒤덮여 있음을 알 수 있었다. 파도가 일지 않음도 그 때문인 듯하다. 따뜻한 봄날임에도 역시 해발 4,600m 고원의 호수가 해빙되기엔 아직은 이른 것이다. 얼음에 덮인 호수는 멀리 히말라야 설산들 아래 수평선까지 순결한 대지처럼 펼쳐 있다.

고요한 호수면 아래서는 숱한 새 생명들이 태동되고 있을 것이다. 티베트인들에게 북쪽의 성산(聖山) 카일라스는 '우주의 중심'이요, 성호(聖湖) 마나사로바는 '우주의 자궁'으로 여겨진다. 성산의 만년설이 조금씩 녹아내려 이곳 성호로 모여졌다가 다양한 형태로 새로운 세상을 향해 나아간다. 마나사로바는 고결한 생명이 잉태하는 곳이다. 수도자들에겐 영적 깨달음과 득도의 순간에 이르게 하면서 여행자들에겐 세속에 찌든 마음속을 조금이나마 정화시키고 영적 평온을 얻어가게 해주는 곳이다.

마나사로바는 위치상 인도와 네팔 국경에 가장 가까운 호수다. 때문에 힌두교인들에게 이 호수는 창조의 신 브라흐마의 마음에서 솟아난 물로 여겨지기도 한다. 호숫가 대지에 몸이 닿거나 호숫물에 몸을 담근 이는 브라흐마의 천국으로 들어간다는 믿음도 있기에 마하트마 간디의 유골 일부가 이 호수에 뿌려진 이후 인도 쪽 참배객들이 특히 많아졌다고 한다.

불교에선 붓다의 모친 마야부인이 목욕을 하고 태몽을 꾼 호수로 여겨진다. 신들의 안내로 마나사로바에서 몸을 씻은 후 카일라스 쪽에서 코끼리를 타고 나타난 붓다가 한줄기 빛이 되어 부인의 모태로 들어갔다는 것이다. 불교도들에게 역시 이 호숫물은 마음의 병, 육신의 병을 치유해 주고 현세의 업보를 씻어주는 힘이 있다는 것이다.

언덕이 끝나가며 내리막이 시작되었다. 앞서서 내려간 일행 중 손노선 씨가 호숫가에 홀로 서서 호수를 향해 큰절을 하는 모습이 눈에 들어왔다. 어떤 기원을 담았는지는 모르지만 그의 마음속에 얼마나 큰 감동이 찾아들었는지 막연하게나마 짐작이 된다. 호수를 바라보는 나 또한 그동안 묻힌 세속의 찌꺼기들이 조금은 씻겨나가는 기분에 빠져들었다.

코스 막바지에 이른 듯 정삼각형 피라미드 모양의 낮은 흙산이 눈앞에 나타났다. 가까이 갈수록 뾰족한 정상 주변으로 흰색 외벽에 붉은색 지붕의 작은 건물들 외양이 뚜렷해진다. 오늘 10km 트레킹의 종착지인 지우곰파(吉乌寺)는 아주 작은 포탈라궁을 연상시키면서 우리와 점점 가까워졌다.

8세기 때 토번왕국에 건너온 인도 승려 파드마삼바바(蓮花生)가 불교를 전파하면서 바로 이 호수에서 일주일간 수행(修行)했는데 당시 그가 머물렀던

동굴이 지우곰파에 남아 있다고 한다. 트레킹 시작 지점인 고술곰파(果粗寺) 주변에도 11세기 중반 인도 승려 아티샤(阿底峽)가 머물렀던 동굴이 있다고 했다. 그가 당시의 구게왕국에 초청받아 와 불교 개혁을 꾀하면서 호수를 참배할 때 7일 동안 머물렀던 성스러운 곳이라고 한다.

코스 종착지에 도착했으나 고도차 60m 정도를 더 올라 언덕 위 지우곰빠를 둘러볼 여력까진 없었다. 심한 고산증은 아니지만 묵직한 현기증 때문에 그대로 주저앉아 쉬다가 대기 중인 버스에 올랐다. 내일부터 3일간 이어질 카일라스 순례를 위해 조금의 에너지라도 더 아껴야 할 필요도 있었다.

다르첸으로 돌아오는 버스 속에서 바로 옆에 있다는 귀호(鬼湖). 락샤스탈 호수(拉昂错)가 보이는지 두리번거렸지만 보이진 않았다. 50분 걸려 도착한 다르첸 마을에선 흰 눈이 송이송이 내리고 있었다. 봄날 5월에 내리는 눈이다. 내일부터의 카일라스 코라에선 해발 5,600m 고개도 넘어야 한다. 이 정도 눈은 아무것도 아닐 것이다. 오후 3시에 숙소 바로 옆 식당에 모두 모여 푸짐한 라면으로 왁자지껄 늦은 점심 식사를 즐겼다.

설산의 존엄, 강 린포체

티베트에 불교의 씨앗이 뿌려진 건 7세기 때 문성공주에 의해서지만, 교리 체계를 갖추고 본격적으로 시중에 전파된 건 8세기 후반 파드마삼바바(蓮華生)에 의해서이다. 인도 승려였던 그는 이후 티베트인들에게 '최고 존엄'이란 뜻의 '구루 린포체(Guru Rinpoche)'로 통했다. '고귀한 존재'를 일컫는 '린포체' 앞에 '설산'을 뜻하는 '강(Gang)'을 붙이면 티베트 최고의 성스러운 산 '강 린포체(岡仁波齊, Gang Rinpoche)'가 된다. 외지인들에게 이 설산은 통상 산스크리트어 지명인 카일라스(Kailash)로 통한다.

해발 높이는 고작 6,656m밖에 안 되는 낮은 산이다. 티베트 고원과 그 주변에 이보다 더 높은 봉우리는 히말라야 14좌 포함해 수백 개나 널려 있다. 그럼에도 불구하고 인도와 네팔에 인접한 카일라스의 존재감은 독보적이다. 그 이유는 여러 종교에서의 공통된 믿음 때문이다. 티베트 불교에선 우주의 중심이 되는 신화 속 수미산이 현실 세계에선 카일라스라고 믿어진다. 티베트의 토속 뵌교는 물론 인도의 힌두교와 자이나교에서도 카일라스는 세계의 중심이요 신들의 거주지로 여겨진다. 4개 종교 모두에서 카일라스는 성산(聖山)이요 신산(神山)인 것이다.

신의 영역으로 신성시되기 때문에 어느 시대 어떤 정치 상황에서도 여태껏 정상 등반은 허용된 적이 없다. 11세기 티베트 불교의 성인인 밀라레파가 신의 도움을 받아 정상에 잠깐 발을 들인 게 유일하다고 전해진다.

해발 4천 미터 고원에서의 삶을 이어가는 티베트인들의 소망은 간절해 보인다. 이번 생은 이리 척박하지만 다음 생은 보다 나은 환경에서 안온과 행복을 누렸으면 하는 바람일 것이다. 그러기 위해선 현생에서 쌓은 죄업들을 죽기 전에 하나씩 소멸시켜 둬야 한다. 그래야 다음 생을 기약할 수 있는 것이다. 불교에서 말하는 환생을 철석같이 믿고 있기 때문이다.

'코라(Kora)'로 불리는 '순례'는 그런 차원에서 티베트인들에겐 내세로의 환생을 위한 영적 수련의 한 과정이다. 코라는 통상 성지(聖地)나 영지(靈地)를 대상으로 행해진다. 라싸의 세라사원이나 조캉사원 주변에 시계방향으로 걷거나 오체투지 하는 현지 순례자들이 항상 몰리는 이유다.

'카일라스 코라(Kailash Kora)' 역시 마찬가지다. 신의 영역인 산 정상에는 오르지 못하지만 카일라스 주변을 열심히 도는 것만으로도 티베트인들에겐 현생의 죄업을 씻어내고 내세의 안녕과 영생을 기원하는 성스러운 순례 여정이 되는 것이다. 불교, 힌두교, 자이나교의 순례는 시계방향이고, 티베트 토속 신앙인 뵌교 경우는 시계반대 방향으로 순례한다.

　언제부턴가 카일라스 코라는 외지인 여행자들에게 트레킹 성지로 굳어지고 있다. 일상 세계에선 접하지 못했던 낯설고 이질적인 자연풍광과 마주하기 때문일 것이다. 세파에 찌들고 오염된 육신과 마음을 다소나마 정화시키는 여정이 되기 때문이기도 하다. 보름 이상을 오체투지 삼보일배로 순례하는 현지인들과 달리 외지인들은 통상 2박 3일 동안만 걷는다. 총 거리 52km 코스를 최고 해발 5,630m까지 오르고 내리며 시계방향으로 한 바퀴 돈다.

해발고도는 백두산 두 배의 높이지만, 고도차만 본다면 한라산 등반과 같은 수준이다. 그러나 당일치기로 끝내는 한라산 등반과 달리 이동 거리가 3배인 카일라스 코라는 기간도 3일이 걸리는 만큼 경사는 더 완만한 편이다. 총거리 55km에 최고해발 4,200m인 잉카 트레일 3박 4일 코스와 많이 닮았다.

카일라스 산 남쪽 기슭의 다르첸 마을을 출발하여 첫날 18km와 둘째 날 22km 그리고 셋째 날 12km를 걸으며 코스 한 바퀴를 돌고 난 후 원점으로 회귀하는 게 트레킹의 정석이다. 그러나 첫날 다르첸 마을에서 다보체까지 6km와 셋째 날 다르첸까지 마지막 6km는 도로 여건이 갖춰져 차량 접근이 가능한 구간이다. 대개의 여행자들은 이 구간 12km는 차량을 이용하고 나머지 40km만 트레킹하는 게 일반적이다.

※ 카일라스 코라 52km

다르첸(塔尔钦 4,560m)-6km-다보체(香客大本营 4,730m)-0.5km-불탑광장(经幡广场 两腿佛塔)-1.5km-추구 곰파(曲古寺) 앞(4,740m)-10km-첫날 숙소 디라푹 곰파(止热寺 5,080m)-8km-돌마라 패스(卓玛拉垭口 5,630m)-14km-둘째날 숙소 주툴푹 곰파(祖楚寺 4,790m)-6km-휴게소(4,680m)-6km-다르첸(4,560m)

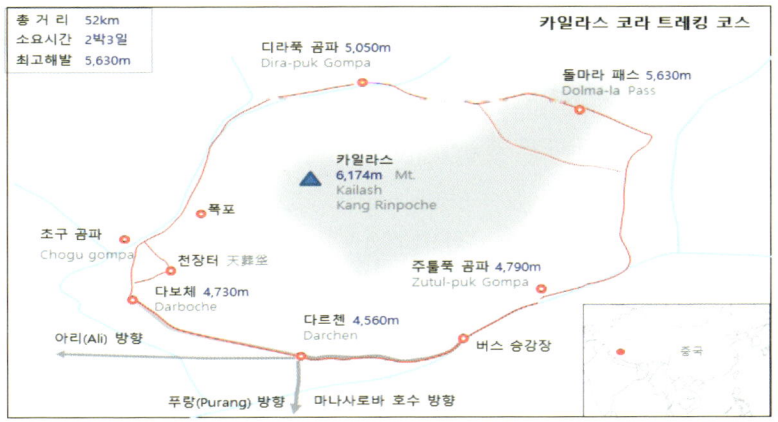

시신을 새의 먹이로, 천장

2박 3일 트레킹에 필요한 최소한의 것들만 작은 배낭에 챙겼다. 큰 배낭 속 나머지 짐들은 모두 숙소에 맡겨둔 채 버스에 올랐다. 15명 일행 모두 긴장한 표정들이다. 이번 여행에서 가장 고난도인 여정의 시작된 것이다. 다르첸 마을을 출발한 버스는 비포장이지만 잘 다져진 도로를 천천히 달렸다. 중간중간 우리와 비슷한 차림의 트레커들이 걸어가는 모습이 차창으로 자주 눈에 들어왔다. 카일라스 코라 한 바퀴 52km를 정석대로 완주하려는 열혈 마니아들일 것이다.

중간 검문소에서 여행 허가증과 개인별 신분증을 일일이 확인한다고 15분이나 버스를 멈춰 세웠다. 어쨌든 다르첸 마을을 출발한 지 30분 후 우리는 다보체에 내렸고, 잠시 가이드의 유의 사항 멘트를 들은 다음 10시 30분에 트레킹을 시작했다. 12km 코스를 각자 페이스대로 걸어서 오늘 숙소인 디라푹 곰파에서 만나면 되는 것이다. 영택 친구와 나는 가이드에게 양해를 구하고 일행 대열을 잠시 벗어났다. 고도 100m를 더 올라가는 우회 코스에 티베트인들의 전통 장례식장인 천장터가 있다고 하기에 그곳을 거쳐 가기로 한 것이다.

세상의 장례 문화는 매장(埋葬)과 화장(火葬)이 일반적일 것이다. 바람 부는 초원에 시신을 버려 자연 부패시키거나 동물에 먹히도록 방치하는 몽골의 풍장(風葬)도 있고, 강이나 바다에 버려 물고기 먹이로 보시하는 동남아 등지의 수장(水葬)도 있다. 요즘 우리 주변에선 화장 후 뼛가루를 나무 밑에 묻는 수목장(樹木葬)도 조금씩 늘어나는 듯하다.

모든 방식이 다 나름의 경로에 따라 우리 몸이 자연의 일부로 회귀하도록 한다는 데는 다름이 없다. 티베트 고원에서는 '천장(天葬)'이라는 방식이 통용된다. 하늘에 장례 지낸다? 흙으로 돌아가는 것도 아니요, 불타 없어지는 것도 아닌, '하늘로 올라간다'는 의미다. 육신을 독수리나 까마귀 등 새의 먹이로 바친다 하여 '조장(鳥葬)'으로도 불린다.

영화 〈쿤둔〉에선 티베트인들의 이런 장례 풍습이 적나라하게 그려진다. 달라이 라마 14세의 부친이 죽어 장례를 치르는 장면에서다. 넓은 고원 들판에서 붉은 옷을 입은 승려들이 경건하게 염불을 외고, 큰 칼과 망치 등의 장비를 든 인부들이 사체를 토막 내고 잘라내 주변 여기저기로 던진다. 하늘에서 내려와 기다리던 수십 마리의 독수리 떼가 무섭게 달려들어 살점들을 먹어 치운다. 작업자들이 시신 뼈에 남아 있는 살점들도 하나하나 발라내고, 남은 뼈마저 모두 잘게 분쇄한 후에 양념을 묻혀 뿌려주면 주변 독수리들이 다시 몰려들어 금세 먹어 치운다. '쿤둔'은 티베트인들이 달라이 라마를 지칭할 때 쓰는 말이다. '살아 있는 신'이란 의미다.

다보체에서 일행 대열을 벗어난 지 30분 후 천장터와 만났다. 완만한 오르막을 지나 고도차 100m 높이에 위치한 축구장 넓이의 공터였다. 야트막한 언덕 위의 천장터는 첫인상부터 음산하고 오싹한 분위기였다. 영택 친구 없이 혼자 왔다면 들어가기가 망설여졌을 것이다. 주변으로 길게 철조망이 둘러쳐져 있고, 그 위에 걸쳐진 수많은 타르초들은 신성한 깃발이기보다는 버려진 헝겊 조각들이 쌓인 것처럼 너저분하게 느껴졌다. 철망으로 된 출입구도 있었지만 반쯤 열려 있다. 그나마 곧 쓰러지기 직전인 듯 허술해 보인다.

소각장 기능을 했을 야트막한 돌담들이 여기저기 쌓여 있고, 불탄 자국과 핏자국들도 군데군데 눈에 들어온다. 아직 잔설이 녹지 않고 쌓여 있는 부분이 많아 흉흉한 대지 위를 그나마 커버해 주고 있다. 유족들이 버리고 갔을 생활용품과 옷가지들 사이로 여성의 검은 머리가 통째로 보이는 순간 온몸이 얼어붙었다. 적나라한 느낌이었고 머리칼 아래의 얼굴 형체가 상상으로 떠올랐다. 밤길에 귀신을 만난 듯 순간적으로 정신이 혼미했다가 되살아났다.

며칠 전 혹은 일주일 전쯤, 슬픔에 젖은 가족들이 모여 앉은 자리였을 것이다. 고인의 육신이 날카로운 장비를 든 천장사(天葬師)들의 손에 의해 해체가 되고, 수십 마리 독수리들의 입을 통해 뜯어 먹히며 하늘로 올라가는 모습을 애처롭게 지켜보았을 터였다. 지금은 독수리 대신 힘없는 까마귀들 몇 마리만 주변을 서성이며 남은 살점 쪼가리라도 없는지 여기저기 기웃거리고 있다. 해발 4,900m 고지대라 바람에 실려오는 공기는 청량하고 상쾌했지만, 왠지 모를 퀴퀴한 내음이 온몸을 휘감는 듯싶었다. 천장터를 뒤로 하고 내려가는 발걸음이 나도 모르게 빨라지고 있었다.

티베트 고원은 해발 4,000m 내외 고지대가 대부분이라 토양이 대체로 단단하다. 흙을 파내어 시신을 묻기가 어려운 조건이다. 설령 묻는다 하여도 건조하고 추운 날씨 때문에 시신은 부패하지 않아 자연 분해가 어렵다. 원래 형태로 오래 남아 있을 수밖에 없고, 그러면 내세에 다른 모습으로 환생이 어렵다고 여겨진다. 불교식 화장을 하려 해도 땔감은 아껴야 한다. 풀과 나무가 모자란 고원에선 야크 배설물까지도 목재 대신 땔감으로 써야 하는 형편이다.

이런 환경에서 생겨난 천장 또는 조장은 천 년을 이어온 티베트인들의 전통 장례 방식이다. 육신을 독수리 먹이로 공양하면 영혼과 함께 육신까지도 하늘나라로 올라간다는 믿음이 바탕에 깔려 있다. 다른 세상에서 다른 모습으로 환생하기가 그만큼 수월해진다는 믿음이다.

마지막 보시의 의미도 있다. 티베트인들은 유목 생활의 특성상 육식에 주로 의존해야 한다. 평생 다른 생명을 희생시켜 건사해 온 내 육신을 또 다른 생명체에게 보시함으로써 최소한의 빚을 갚고 생명의 자연 순환에도 자그마한 기여를 한다는 것이다.

티베트 여행에선 바위나 절벽 위에 낙서처럼 그려 놓은 흰색의 사다리 모양 그림들을 가끔 접하곤 한다. 라싸의 세라사원 뒤 순례길 절벽에도 있었고, G318 국도 주변 절벽에도 사다리 모양의 흰색 그림들이 그려져 있었다. 그 주변에 천장터가 있다는 표식이다. 망자의 영혼이 사다리를 타고 하늘로 올라간다는 의미를 담고 있다.

카일라스 코라 1일 차

　멀리 호수가 보이는 지평선 너머로 은빛 찬란한 히말라야에 잠시 눈길을 주다가 경번광장(经幡广场)으로 내려섰다. 나와 영택 친구가 들렀던 우회로 천장터에서 10여 분 거리였다. 타르초와 룽다로 불리는 수많은 기도 깃발(经幡)들이 서로 얽히고설켜 바람에 펄럭이고, 그 주변으로는 십여 명의 트레커들이 서로 인증샷 찍어주며 길 떠나길 주저하는 모습들이다.

인근에 서 있는 대형 불탑은 카일라스 코라 영내로 들어서는 일주문 역할을 한다. 그동안 티베트에서 봐왔던 여느 초르텐보다도 화려하고 장엄한 모습이다. 안정된 사각의 초석 위에 큼직한 바위로 2개의 기둥을 세웠고, 그 위에 몸체와 지붕을 얹혔다. 특히 우람한 지붕과 그 위에 솟아 올린 황금빛 탑이 주변을 압도하는 분위기다. 흰색과 붉은색이 어우러진 초르텐 양옆으로 형형색색의 타르초 깃발들이 거세게 휘날리는 풍경은 주변 설산들의 황량한 무채색과 극명하게 대비된다.

이곳 초르텐의 명칭은 자료에 따라 '兩腿佛塔'과 'Yam Dwar'로 표기돼 있다. 한자 '양퇴불탑'은 구태여 번역하면 '양다리 불탑'이다. 몸체와 지붕을 받치는 2개의 흰색 기둥을 넓적다리로 표기한 것이다. 두 기둥 사이에 트인 사각의 공간은 신성한 카일라스 코라 영내로 들어서는 입구를 뜻한다. 영어 표기 '얌 드와르'는 '저승의 신' 야마(Yama)와 '문'을 뜻하는 '드와르(Dwar)'의 산스크리트어가 어원이다. 힌두교에서는 이 문을 지나며 과거의 업과 세속의 짐을 모두 내려놓아야 순례 동안 비로소 영적인 정화가 시작된다고 한다.

얌 드와르 불탑을 지나며 시야가 확 트였다. 양옆으로 차가운 바위산들이 줄지어 섰고, 그 사이 드넓은 계곡을 따라 현지인 순례자와 외지인 트레커들이 제각각의 속도로 움직이고 있다. 잠시 모습을 드러냈던 카일라스 봉우리가 어느새 몰려든 뭉게구름에 덮여 버렸다. 천장터로 향할 때만 해도 대체로 맑았던 날씨는 카일라스에 가까워질수록 점점 흐려진다.

왼편 바위산 기슭에 걸려 있는 하얀색 건물이 미끄러질 듯 위태로워 보여 신경 쓰인다. 건물 위쪽을 덮는 거대한 절벽의 깎아지른 모양새 때문이다. 산티아고 순례길에는 교회나 수도원 건물을 개조한 알베르게(alberge)가 순례자 숙소로 쓰이듯이 카일라스 코라에선 불교 사원이나 수도원을 일컫는 곰파(贡巴)가 코스 안에 대여섯 군데 위치한다. 절벽 중턱에 나타난 추구 곰파(曲古贡巴, 曲古寺)는 여행자들 숙소로는 사용되지 않는 듯 보인다. 노선보다 100여 미터 고지대이고, 더구나 코스 초반에 위치하기 때문이다. 대신에 곰파 아래쪽엔 휴게소 역할을 하는 유목민 텐트가 있어서 뜨거운 차와 컵라면 등 간단한 요기를 할 수 있었다.

수직으로 솟아오른 거대 암벽 설산들이 좌우 양쪽에서 계속 따라붙는다. 특히 카일라스가 있는 오른쪽 사세가 특이하고 낯설다. 암벽 표면들이 한결같이 매끄럽고 반들반들하여 지구 아닌 여느 외계 혹성을 걷는 느낌에 젖게 한다.

앞서간 일행들을 따라붙으려 걸음을 빨리하다가, 오체투지 삼보일배로 나아가는 티베트인 아낙을 추월하기가 미안해 잠시 걸음을 늦췄다. 우리 같은 외지인들에겐 걸어서 3일 만에 종주하는 여행길이지만, 티베트인들에겐 보름 이상을 저렇게 온몸을 땅에 던지듯 절하며 나가는 고난의 순례길이다. 거친 바닥에 온몸을 던지는 티베트 아낙의 소망은 뭔지는 모르지만 그저 간절해 보인다. 무심코 '수고하십니다.'라는 의미 없는 우리말을 남기며 얼른 아낙을 앞질러 나갔다.

'옴마니팟메훔' 6자 진언이 6개 색으로 새겨진 큼직한 마니석 밑에서 사과 1개 꺼내 먹으며 잠시 쉬었다. 목이 좀 말랐지만 보온병 물은 혹시 몰라 비상용으로 아껴 두기로 했다.

눈발이 날리기 시작했다. 안개가 낀 듯 시야도 어느새 흐릿해졌다. 앞서 가던 트레커들이 우비를 둘러쓰는 모습을 보고 나 또한 잠시 멈췄다. 흩날리는 눈발에도 옷은 젖기 마련이다. 체온 보호에 우비는 좋은 방한복이 된다. 나 같은 외지인들의 조심성에는 아랑곳없이 현지인 순례자들은 일어섰다 엎드렸다를 반복하며 자신들의 길을 이어가고 있다.

　조금 전 2명의 오체투지 아낙 옆을 지나칠 때는 괜한 미안함 때문인지 나도 모르게 살금살금 토끼걸음이 되었었다. 한편에서는 오체투지 복장의 여인이 질퍽한 맨땅에 앉아 식사를 하고, 그 옆에는 오토바이를 세워둔 남자가 시중을 드는 모습도 보인다. 가족 대표로 아내가 순례를 돌고 남편은 저렇게 매일 한두 차례씩 오가며 음식 등을 챙겨주는 모양이다.

　어느덧 사방은 설산들뿐이다. 발길 닿는 주변 역시 온통 눈밭이다. 폭설까지는 아니지만 눈보라 속 행군을 이어가다 '디라푹 곰파(直热普贡巴)' 이정표를 만나며 안도했다. 길 잃을 일은 결코 없을 넓은 계곡이었지만 혹시나 하는 일말의 불안이 일던 차였다. 표지판 화살표 따라 강 위에 걸린 나무다리를 건넜다. 작은 길로 이어진 언덕 위에 '直热普寺' 또는 '止热寺'로 혼용 표기되는 붉은색 사원 디라푹 곰파가 또렷이 보였다. 다보체 출발 직전에 가이드가 곰파 찾아가는 길목을 알려준 그대로였다. 숙소는 사원 아래쪽 건물임을 들락거리는 사람들 모습으로 쉽게 알 수 있었다.

숙소 내 4인실 방은 너무 추웠다. 먼저 도착한 이들은 난로가 있는 휴게실에 모두 모여 있었다. 개인 보온통에 온수를 받기 위해 난롯가에 긴 줄을 서야 했다. 주변 모두가 밝고 환한 표정들이다. 카일라스의 서쪽 협곡을 따라 이곳까지 6~7시간 12km 여정을 무사히 마친 데 대한 안도일 것이다. 고도차 350m를 완만하게 올라온 거라서 약간의 고산증 외에는 힘들거나 험한 코스는 아니었다.

뜨거운 물을 충분히 마시고 나니 온몸이 사르르 녹는 느낌이다. 휴게실을 나와 위쪽 사원으로 향했다. 숙소 들어올 때 카일라스를 못 봤는데 지금은 혹시나 구름과 눈안개가 걷혔는지 모른다. 사원으로 오르는 가파른 계단엔 눈이 하얗게 얼은 상태다. 극도로 조심해야 했다. 인적이 없는 사원은 고요하면서 음산했다.

디라푹 곰파는 카일라스의 모습이 가장 멋지게 드러나는 대표 명소로 유명하다. 특히 일출과 일몰 때 황금빛으로 물든 북벽의 장관은 '골든 카일라스(Golden Kailash)'라는 수식과 함께 시중 매체에 가장 많이 실리기도 했다.

　힌두교에선 3대 신 브라흐마·비슈누·시바가 각각 창조·보존·파괴를 담당하며 우주의 선순환을 이어간다고 믿어진다. 이중 재창조를 위한 파괴의 신 시바의 거처가 바로 카일라스라고 한다. 시바 신은 이곳 설산에서 깊은 명상에 잠기며 우주의 균형을 유지하고, 그 옆에는 파르바티 여신이 함께하며 신성한 에너지를 창출한다는 것이다.

　매끄러운 설산 봉우리와 그 아래 회색 암벽에 주름처럼 그어진 얼음 선과 자국들이 명상에 잠긴 신의 모습을 닮았나 보다. 언제부터였는지 카일라스 북벽은 여행자들에게 '시바의 얼굴(Shiva Face)'로 통한다.

　오후 6시 반 디라푹 곰파에서 내려다보이는 설산 풍경은 아쉽기만 했다. 1시간 전 숙소 들어올 때 그대로 카일라스만 종적을 감췄다. 피라미드처럼 우람한 2개의 삼각산을 양옆에 호위무사처럼 거느린 채 그 사이에 있어야 할 주인공 카일라스만 구름과 눈안개 속에 숨어 있다. 시바 신은 끝내 자신의 얼굴을 드러내지 않았다.

카일라스 코라 2일 차

'카일라스'라는 단어가 들어간 제목의 영화가 딱 한 편 있다. 외국영화가 아니다. 우리 영화다. 2020년 극장 개봉된 〈카일라스 가는 길〉은 소재가 특이하다. 팔순 노모를 주인공으로 내세운 중년 아들의 감독 작품이다. 90분짜리 이 로드무비를 보는 내내 놀랍고 조마조마했다. 고령의 할머니가 어떻게 저런 힘난한 여정을 소화해 낼 수 있는지 경이로웠다. 저렇게 높은 고도에서 호흡은 괜찮은 건지 고산병으로 곧 쓰러지지나 않을지 불안불안 위태롭게 느껴졌다.

경북 봉화군에 사는 84세 이춘숙 할머니, 서른일곱 젊은 나이에 남편 잃고 홀몸이 되었다. 어린 남매를 키우고 의지하며 살아온 지 거의 반세기다. 문화인류학자이자 영화감독으로 성장한 아들과 함께 먼 여행길에 올랐고, 아들인 정형민 감독은 이런 모친의 모습을 제삼자의 눈으로 필름에 담는다. 몽골 고원, 고비 사막, 알타이 산맥, 카자흐스탄, 파미르 고원, 타클라마칸 사막을 거치며 칭짱열차를 타고 라싸까지, 그리고 이어서 아리지구 마나사로바 호수와 카일라스까지 이르는 3개월 여정은 너무나 리얼하고 아름다웠다.

　이춘숙 할머니가 카일라스에서 지나간 순례길은 우리 일행이 어제 거쳐 온 코라 루트와 똑같다. 도착한 숙소 역시 같다. 하나 다른 점은 티베트인들은 오체투지로, 우리 일행은 걸어서 순례했지만 팔순 할머니는 조랑말을 타고 지나왔다는 것뿐이다.

　영화의 마지막 10분은 할머니가 거대한 카일라스와 대면하는 하이라이트이다. 어제 내가 아쉬운 마음으로 서 있었던 디라푹 곰파 옥상 위에서 할머니는 벅찬 감동으로 카일라스 북벽과 대면한다. "아이고, 부처님. 제가 여기까지 왔습니다."라고 읊조리던 영화 속 11월 초의 날씨는 구름 한 점 없이 화창했다.

　현지인 아이들의 머리를 땋아주거나 체조를 하거나 주변을 걷거나 일기를 쓰거나, 영화 속 이춘숙 할머니는 한시도 쉬지 않고 몸을 움직여 무언가를 하고 있었다. 인생에 남은 시간들을 순간순간 얼마나 소중하고 감사하게 여기고 계실지를 느낄 수 있었다. 소멸해 가는 시간을 앞에 둔 건 나 역시 마찬가지임을 새삼 깨닫는다. 일상이 시들해지거나 삶에 활기를 잃어가는 느낌이 들 때 나는 영화 〈카일라스 가는 길〉에서 이춘숙 할머니를 만나곤 한다.

　오늘 아침 날씨도 어제와 다름없다. 호위무사 같은 2개의 삼각산 사이에서 카일라스 북벽은 여전히 두터운 구름에 덮여 있다. 늦은 봄인데 마냥 야속하기만 하다. 영화 속 할머니가 맞았던 11월 초 맑은 날씨와는 극과 극의 대조를 보인다.

　일행 중 네 사람이 오늘 일정을 포기하고 다르첸으로 돌아가기 위해 지프차를 기다리고 있다. 이번 여행 중 가장 고난도인 해발 5,630m 돌마라 패스(卓玛拉垭口)를 넘어야 하는 부담이 컸고, 결정적인 건 어제보다 더 악화된 날씨 탓일 게다.

엊저녁은 김치찌개에 오늘 아침은 누룽지로 배 속은 든든하게 채운 상태로 숙소를 나섰다. 밤새 내린 눈으로 주변은 온통 눈밭이다. 해발 5,080m의 디라푹 곰파가 뒤로 점점 멀어지다가 성냥갑처럼 보일 만할 때부터 본격적인 오르막 고갯길이 시작됐다. 숙소에 머문 이들 대부분이 아침 9시 비슷한 시간대에 출발했기 때문에 처음엔 행군 대열처럼 긴 줄을 이뤘었지만 어느새 각자의 보폭에 따라 사이는 점점 더 벌어지고 있다. 돌마라 고개까지 고도차 550m를 잘 올라가는 게 모두의 머릿속을 맴도는 당장의 숙제일 것이다. 숙소에서부터 유료 조랑말을 타고 오르는 이들도 여럿 보인다.

눈 속에 망자의 것으로 보이는 머리카락들이 한 움큼씩 있는 것으로 보아 이 구간은 하늘에 장례 지내는 천장터(天葬台)임을 짐작할 수 있다. 작은 까마귀 몇 마리가 눈 속을 헤집으며 남은 살점 한 조각이라도 없는지 찾는 모습을 뒤로하며 고갯마루를 향해 나아갔다. 대여섯 걸음 옮기고 잠시 멈춰 길게 심호흡 여러 번 하곤 다시 출발하는 동작을 반복히고 있다. 앞서가는 이들이나 뒤에 오는 이들이나 대개는 나와 비슷한 동작으로 나아가는 듯하다. 고산증을 겪거나 고산증에 대비하는 듯 모두가 거친 숨을 몰아쉬는 모습들이다.

고갯마루가 보여 정상인 줄 알고 올랐다가 실망한 깔딱 고개를 두 번이나 넘었다. 드디어 세 번째 고갯마루 밑에서 '돌마라(卓玛拉)'라고 표기된 녹색 이정표를 만나 반가웠다. 안나푸르나 서킷의 정상인 해발 5,416m 쏘롱라(Thorong La) 지명의 예처럼 '라(拉, La)'는 티베트와 네팔 등지에서 '양편 고산 사이에 낀 고개'를 일컫는다. 우리가 잘 쓰는 '돌마라 패스'나 '돌마라 고개'는 '역전(驛前) 앞'이나 '초가(草家)집'처럼 의미가 중복되는 표기인 까닭에 그보다는 '돌마 고개'가 더 정확한 표기이겠다.

드디어 하늘 가까운 정상, 돌마 고개에 올랐다. 디라푹 곰파를 출발한 지 5시간 만이다. 천근만근이던 온몸에 이유 없는 힘이 솟아올랐다. 방금 전까지도 한걸음조차 내딛기 어려울 정도였는데 언제 그랬나 싶다. 거센 눈바람 속의 돌마 고개는 온통 타르초 물결이다. 수십 년 동안 이곳을 거쳐간 이들이 한 장씩 두 장씩 매달아 놓은 오색의 깃발들이 한 번도 치워지지 않은 채 하얀 눈밭 위에서 천연색 숲을 이루고 있다.

천상의 화원 속을 거니는 느낌이다. 고개 위 다른 이들처럼 나 또한 미리 준비해 온 깃발 두 장에 사사로운 소망을 몇 자 적어 단단히 묶어 달았다. 매달린 깃발은 강풍과 눈보라 속에서 다른 타르초들과 함께 힘차게 펄럭인다. 모두의 기원들이 거센 바람에 실려 하늘나라 어딘가로 날아가 전달되는 것이다.

돌마 고개에서의 하산은 카일라스의 북쪽 사면을 돌아 동쪽 골짜기로 내려서는 여정이다. 고개 바로 아래에 '자비의 호수'로 불리는 연못 '가우리 쿤드(Gauri Kund)'가 있다고 들었지만 온 세상이 흰 눈에 덮여 식별이 전혀 안 됐다. 시야에 비치는 주변은 오로지 하얀 설국이다. 하산길 초기 5km 동안은 급경사 내리막에 위험 구간도 많았다. 가파른 눈길에서 모두가 엉금엉금 기어가듯 나 또한 조심에 조심을 더하며 발길을 이어갔다.

평지로 내려서며 위험 구간도 사라지고 호흡도 한결 편해졌지만 체력은 이미 많이 소진된 상태였다. 완만한 내리막임에도 나머지 9km는 가도 가

도 끝이 없을 것 같은 지루하면서 힘에 부치는 구간이었다. 해지기 전에 도착 못 하면 어떡하나 살짝 불안해질 즈음 멀리 언덕 위에 숙소인 듯한 건물이 시야에 들어왔다. 저녁 8시 좀 넘어 오늘 목적지 주툴푹 곰파에 도착했다. 아침에 출발한 지 11시간 만이다. 티베트 아리지구(阿里地区) 푸란현(普兰县)의 늦은 봄 일몰 시간에 거의 맞춰서 숙소에 도착한 셈이다.

카일라스 코라 3일 차

간밤에 머문 숙소의 이름 '주툴푹 곰파'는 3가지 한자가 혼용되어 복잡했다. 현장에 달아 놓은 현판에는 '존추보사(尊追普寺)'와 '준주보사(遵珠普寺)'로 병행 표기돼 있지만, 바이두 백과의 카일라스 코라 지도상에는 '조초사(祖楚寺)'로 나와 있다. 애매한 티베트 발음을 복잡한 한자로 음역하는 과정에서 발생하는 흔한 사례일 것이다. 첫날 숙소인 디라푹 곰파(直热普贡巴, 止热寺) 역시 마찬가지였다. 이번 여행에서만 해도 지명에 관한 한 이런 경우들을 흔하게 접하고 있다.

주툴푹 곰파는 11세기 성자 밀라레파(米拉日巴)가 수행했던 동굴 사원으로 유명하다. 사원 내부에 그의 금동 좌상이 모셔져 있다고 했지만 들어가 보지는 못했다. 티베트 불교의 주요 뿌리에서 닝마파(宁玛派)의 구루 린포체인 파드마삼바바(蓮花生)와 겔룩파(格鲁派)의 모태인 까담파(噶当派)의 아티샤(阿底峽)와 함께 3대 성자로 꼽히는 이가 까규파(噶举派)의 밀라레파다.

카일라스 정상은 불교, 힌두교, 자이나교, 뵌교의 4개 종교 모두에서 신들의 거처로 숭배되는 곳이라 아직까진 누구도 올라본 적이 없다고 한다. 그러나 딱 한 사람 예외가 있었으니 그가 바로 밀라레파인 것으로 알려져 있다. 그가 이곳 동굴에서 수행 정진할 때 불교를 배척하는 토속 뵌교의 수행자들을 경쟁에서 압도해 이기면서 티베트 불교가 널리 대중화되는 데 큰 기여를 하게 된다.

> 인간 세상의 즐거움이란 한낱 꿈과 같구나.
> 부와 명예도 아침 햇살에 스러지는 이슬이요,
> 젊음과 아름다움 또한 바람 앞의 등불일 뿐.
> 오직 진실된 수행만이 영원한 행복을 가져다준다.

밀라레파의 '십만송(十萬頌)'에 담긴 금언(金言)들은 천년 시공을 뛰어넘은 세속의 우리에게도 종교와 관계없이 큰 울림을 준다.

디라푹 곰파의 사원 내부까진 볼 수 없었고, 열린 일부만 살짝 들여다보고 아침 9시에 숙소를 나섰다. 군데군데 덜 녹은 눈이 조금씩 남아 있을 뿐 5월의 봄날은 구름 한 점 없이 화창했다. 어제의 최고 해발보다 900m 낮은 위치라서 고산증 염려는 거의 없어졌다. 뒤로 멀어지는 카일라스의 동남쪽 사면과 주변 설산들을 자주 뒤돌아보곤 하게 된다.

　날씨가 좋아서인지 저지대인 때문인지 어제보다 오체투지 순례자들이 유독 더 많이 눈에 띈다. 둘씩 셋씩 함께하는 이들 속에 남성들은 보이지 않고, 오로지 여성들만 고난의 행군을 이어가고 있다. 이들 오체투지 티베트인들의 마음속에는 단단한 믿음이 있다고 한다. 카일라스 코라를 이렇게 오체투지로 한 번 돌고 나면 현생에서 쌓아온 죄업들이 많이 씻어지고, 열 번을 돌면 앞으로의 윤회에서 지옥에 떨어질 일이 없어지고, 또한 108번을 돈다면 완전한 깨달음을 얻어 해탈의 경지에 도달한다는 것이다.
　특히 순례 도중 사망하는 경우는 특별한 공덕으로 간주되어 극락왕생이 보장된다고 한다. 영화 속에서도 이런 믿음이 그려진다. '카일라스'의 중국 이름 '강 린포체(Gang Rinpoche)'를 제목으로 한 영화 〈岡仁波齊〉는 티베트인들의 오체투지 순례 여정을 담은 로드무비다. 2015년에 제작됐지만 티베

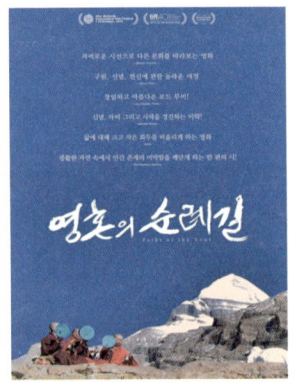

문제에 민감한 중국 정부의 상영 금지 조치로 2년 후에 겨우 개봉되었다. 우리나라에선 〈영혼의 순례길〉이란 제목으로 부산국제영화제에 소개되고 2018년에 극장 개봉된 바 있다.

티베트인 11명이 실제로 치러내는 1년 동안의 오체투지 순례 여정을 영화는 아름다운 사계절 영상에 담아 리얼하게 보여준다. 그들이 온몸을 던지며 자로 재듯이 거쳐 간 지역은 티베트의 동남쪽 끄트머리인 고향 망캉(芒康)에서 성도 라싸까지 1,200km에, 다시 성산 카일라스까지 1,300km를 더하여 총거리 2,500km에 이른다. 게다가 전문 배우가 아닌 시골 마을 이웃사람들로 구성된 실제 순례단의 실제 오체투지 여정이다.

죽기 전에 꼭 한번 카일라스로 떠나고 싶어 하는 한 노인의 소망이 시발이 되어 시작된 순례길이다. 제일 연장자인 이 노인은 자신의 삶이 얼마 안 남았음을 예감하고 있었고, 결국은 막바지 순례길에서 숨을 거둔다. 평생 소만 키우며 우물 안 개구리처럼 살아온 노인이다. 난생처음 바깥세상으로 나아가 꿈에 그리던 성지의 모습들을 가슴에 담으며 편안하게 눈을 감은 것이다.

영화 속 노인의 실제 장례는 카일라스 코라 초입인 경번광장(经幡广场) 양퇴불탑(两腿佛塔) 인근에서 천장(天葬)으로 치러진다. 우리 일행이 그저께 지나온 곳이다. 카일라스 설산 남벽이 장엄하게 드러나는 절벽 위에 노인의 시신이 놓이고, 스님들의 염불소리와 함께 하늘 위에서 노인의 육신을 천국으로 모셔갈 독수리들이 하나둘 떼를 지어 모여들기 시작한다.

오늘 걷는 거리는 6km에 불과하다. 어제 하루 돌마라 고개까지 넘으며

22km를 걸었던 고난도에 비하면 오늘은 누워서 떡 먹기 수준이다. 게다가 평지나 다름없는 완만한 내리막 구간이다. 카일라스를 등지고 걷는 길, 언제 다시 이곳에 오랴 싶어 자꾸만 뒤돌아보고 있다. 어제와 그제는 우리가 그렇게 가까이 다가갔는데도 눈안개와 구름 속에 꽁꽁 숨어 있던 카일라스가 이렇게 점점 멀어지는 오늘에야 자신의 모습을 온전히 드러내 보여준다.

정면으로는 이틀 동안 카일라스 산군에 가려 보이지 않던 히말라야도 장엄하게 그 모습을 드러내기 시작했다. 저 멀리 설산과 지평선 너머에 뻗어 있을 네팔과 인도의 모습들을 머릿속에 그려보며 막바지 걸음을 옮겼다.

숙소 출발한 지 2시간 만에 종착지인 6km 지점에 이르렀다. 허름한 휴게소 건물 옆으로 눈에 익은 버스 한 대가 대기 중이었다. 카일라스 코라 52km의 원점회귀를 위한 마지막 6km를 우리는 편안하게 차에 타고 20분 만에 지나왔다. 짐 맡겨둔 숙소 옆 식당에 모여 앉아 시끌벅적한 점심 식사를 모두 함께했다. 카일라스 코라를 성공리에 마친 서로에 대한 축하 자리이기도 했다.

다르첸 하늘은 그제 아침 떠날 때와는 달리 화창하게 맑았다. 마을 뒷산 너머로 카일라스 남벽이 웅장하게 솟아올라 특히 반가웠다. 다르첸 마을의 대표 이미지인데 떠나는 오늘이라도 이렇게 온전히 만날 수 있어서 다행이다.

마을 거리에 길게 늘어선 전신주들 옆으로는 온통 중국 국기가 펄럭이는 것처럼 보인다. 오성홍기 깃발 조형물들이 몇 미터 간격으로 수없이 매달

려 있었기 때문이다. 그 붉은색 물결이 파란 하늘과 자극적 대비를 이루는 풍경이 내 눈에는 어쩐지 거슬린다. 신성한 카일라스 코라의 시종점인 이곳 다르첸 역시 티베트 장족(藏族)이 아닌 중국 한족(漢族)이 점령한 땅임을 과시하는 듯 보인다. 우리가 오늘 점심 포함해 세끼를 해결한 식당 성도반점(成都飯店)의 주인장 역시 중국 정부의 지원 아래 쓰촨성 청두(成都)에서 이주해 온 한족이다. 이런 티베트 오지 마을의 식당 상권에서조차 원주민 장족들은 한족에게 밀려나 있다. 티베트 땅에서 티베트인들의 자리는 점점 더 좁아지고 있다.

경이로운 흙의 숲 자다토림

시짱자치구를 구성하는 7개 단위 지역 중 아리지구(阿里地区)의 위상은 독특하다. 면적으로는 자치구 전체의 25%를 차지하지만 인구는 3%밖에 안 된다. 대한민국 면적의 3배나 되는 넓이에 고작 10만 명도 안 되는 수의 사람들이 흩어져 산다. 얼마나 황량할지, 얼마나 척박한 땅일지 쉬이 짐작이 된다. 광활한 티베트 고원의 서쪽 끝에서 카슈미르 라다크 지역과 맞닿아 있다. 남쪽으로는 네팔, 인도와 국경을 마주하면서 북쪽으로는 신장 위구르와 인접한다.

9세기 토번왕국 멸망 뒤 400년 동안 이어진 분열과 혼란의 지방 분권 시대에 이곳 아리 지역은 새로 일어난 구게왕국(古格王国)의 무대였다. 비록 거친 불모의 땅이긴 했지만 티베트 고원과 중앙아시아를 연결하는 교역로로써 매우 중요한 위치였다. 17세기 들어 인근 라다크왕국이 침입하여 잠시 지배하기도 했으나 막강한 달라이 라마 5세가 즉위해 옛 토번왕국의 영광을 되찾으면서 아리 지역은 다시 티베트 영토로 흡수되어 오늘에 이르렀다.

이러한 지리적 여건과 역사 때문인지 아리(阿里)는 광활한 티베트 고원의 별개 지역으로 인식되기도 한다. 이를테면 티베트를 구성하는 3개 지역은 라싸와 시가체를 둘러싼 우창(U-Tsang, 衛藏)과 동티베트 쪽 암도(Amdo, 安多)와 캄(Kham, 康)으로만 여겨지면서 서쪽의 아리는 제외되는 느낌인 것이다.

다르첸 마을을 출발한 버스가 잠시 뒤 다시 멈췄다. 모두가 어리둥절해하며 차를 내렸다. G219 국도 양편으로 확 트인 벌판이 시원스레 펼쳐졌다. 출발한 지 10분도 안 되어 다시 차를 세운 이유를 알 수 있었다. 모두의 시선이 북쪽으로 향했고, 그곳엔 빛나는 설산이 근사한 자태로 서 있었다. 다르첸에선 마을 뒷산에 가려 봉우리 부분만 살짝 내보였던 카일라스다. 마을에서 2km 멀어지니 비로소 자신의 많은 부분을 새하얗게 드러낸 것이다.

지난 사흘 동안 가까이 다가가면서도 좀처럼 보지 못했던 웅장한 자태다. 봉우리 부분에 등뼈 자국처럼 파인 거대한 얼음 홈이 특히 도드라져 보인다. 카일라스 남벽을 특징짓는 모습이다. 벌판 한가운데선 수많은 다르초와 롱다의 천연색 깃발들이 하얀 설산을 배경 삼아 물결처럼 휘날린다. 떠나는 우리에게 카일라스가 보다 선명한 기억을 각인시켜 주고 싶은 모양이다.

맞은편 도로 너머로는 히말라야 설산들이 길게 늘어서 있다. 그중 가장 가까운 나무나니(納木那尼)봉이 자신에게 눈길 한번 안 주고 떠나려는 우리를 야속하다며 노려보는 듯하다. 마나사로바 호수를 사이에 두고 카일라스와 정면으로 마주 보는 나무나니봉은 높이 300m 모자라 히말라야 14좌에는 못 들었다. 하지만 이 주변에선 엄연한 최고봉이다. 카일라스보다 1,000m 나 더 높은 지위임에도 티베트인이나 외지인 여행자들로부터 받는 대우나 위상은 그에 훨씬 못 미치는 것이다.

버스는 다르첸 마을을 떠나며 다시 만난 G219 국도 위를 열심히 달린다. 중국 최장거리 국도인 G318 도로와 라체(拉孜)에서 헤어진 뒤 우리 버스가 새로 만나 줄곧 달려온 길이다. G219 국도는 다른 명칭인 신장공로(新藏公路)로 더 유명하다. 신장(新疆)과 티베트(西藏)를 연결하는 거의 유일한 도로망이다. 이 길을 따라 천 수백 킬로미터 이상을 달리면 신장 위구르의 카스(喀什) 지구 이에청(叶城)에 닿고, 그곳엔 G219 국도의 시작점인 0km 표지석이 있다고 한다. 그러나 우리의 오늘 목적지는 앞으로 200km 못 미쳐 있을 자다(札达)란 곳이다. 내일 방문할 전설의 구게왕국(古格王国) 유적지의 관문이 그

곳이기 때문이다.

  지난 사흘 동안의 카일라스 순례로 꽤 피곤했는가 보다. 비몽사몽 상태로 잠들었다 깼다를 반복했다. 차 흔들림으로 보아 도로 상태가 많이 안 좋아진 느낌이다. 창밖을 보니 G219 국도는 이미 벗어나 G565번 도로를 달리고 있다. 아리지구(阿里地區)를 구성하는 7개 현(县) 중 푸란현(普兰县)을 벗어나 우린 진작에 자다현(札达县) 영내로 들어선 것이다. 차창 밖으론 암갈색 민둥산과 황량한 대지가 끝없이 이어지고 있다. 가끔은 뿌연 흙먼지가 일며 차창이 흐려지기도 한다. 깎아지른 절벽 사이 좁은 길을 달리다가 어느 순간 낭떠러지 위 험준한 길로 바뀌며 살짝 긴장이 되기도 하였다.

  비슷비슷한 풍경에 익숙해지며 긴 잠에 빠졌는가 보다. 가이드 안내 멘트에 잠이 깨었고, 웅성거리는 일행들을 따라 얼떨결에 차에서 내렸다.
  '아직 꿈속인가?'
  고갯마루 주변으로 펼쳐진 풍경이 워낙 낯설고 기이해서 순간적으로 착각이 들 정도였다. 외딴 혹성에 잘못 내렸나 싶기도 했다. 생명의 흔적이라곤 찾아볼 수 없는 곳에 물기 한 점 없이 메마른 흙만으로 이뤄진 기기묘묘한 조형물들이 주변 대지를 온통 뒤덮고 있다. 중세의 난공불락 성벽 형체인 곳도 많고, 높이 올려 쌓은 거대한 탑이나 기둥 모양의 구조물들이 곳곳에 산재해 장관을 이룬다. 시간이 멈춘 듯 착시 현상을 일으키며 흡사 대자연의 조각품 전시장을 방불케 한다.

산시성 시안(西安)엔 역대 서예 명가들의 글씨가 새겨진 수천 개 비석들이 숲을 이루는 비림(碑林)이 있고, 윈난성 쿤밍 인근엔 거대한 석회암 기둥들이 바위의 숲처럼 늘어선 석림(石林)이 유명하다. 마찬가지로 이곳 아리지구의 자다(札达)는 거대한 흙산과 흙기둥들이 흙(土)의 숲(林)을 이룬 듯 보이는 토림(土林)으로 유명하다. 공식 지명은 자다토림(札达土林) 국가지질공원이다.

원래 이 일대는 직경 수백 킬로미터의 호수였다고 한다. 아주 오래전 남쪽 바다 멀리 외톨이였던 인도대륙이 적도 위로 둥둥 떠 올라와 유라시아 대륙과 충돌하면서 히말라야 산맥이 융기했고, 그때 이 지역도 들어 올려지며 호수 바닥이 수면 위로 드러났다. 그리곤 바닥의 암석과 진흙이 수백만 년 세월 동안 비바람에 침식되고 풍화되어 깎이고 파이면서 지금처럼 진귀한 지형이 형성된 것이다. 미국 그랜드캐니언과 비교하여 규모는 덜하지만 웅장함은 비슷하고, 하나하나 모양새는 더 섬세하다. 자연과 신이 합작해 빚어낸 예술 조각품이나 다름없다.

　자다토림에 30분 머문 뒤 버스에 올랐다. 다시 G565 도로를 20km쯤 달려 자다(札达) 마을의 예약된 숙소 성보호텔(札达土林城堡酒店)에 도착했다. 다르첸 마을에서 점심 먹고 오후 1시에 출발한 지 6시간 만이다.
　호텔 인근 시장통에 멤버 전원이 모여 바이주를 곁들인 꼬치구이 파티를 열었다. 식당 이름 '唐老鸭 烧烤店'은 오리 구이를 전문으로 하는 '도널드 덕 바비큐점' 정도의 의미라고 했다. 고산증세에서 어느 정도 해방된 느낌이라 모처럼 취한 상태로 흥겨운 저녁 시간을 보냈다.

신비로운 황토산 구게왕국

 티베트를 최초로 통일한 토번왕국은 300년을 넘기지 못하고 9세기 중반에 멸망한다. 이후 400년간 티베트 고원은 춘추전국 같은 내부 분열의 시대를 겪었다. 구게왕국(古格王国)은 이때 생겨난 지방정권 중 하나였다. 토번의 마지막 왕 랑다르마는 즉위 때부터 불교를 심하게 탄압했기 때문에 많은 승려들이 탄압을 피해 인도와 가까운 아리 지역으로 숨어들었다. 서기 843년 한 승려의 분노에 찬 화살에 맞아 왕이 즉사하자 왕국은 후계를 둘러싸고 극심한 내분에 휩싸이다 결국은 붕괴한다.

 그리고 수십 년이 지났다. 중앙의 권력 암투에서 밀려난 왕의 증손자 지더니마(吉德尼玛)는 라싸를 탈출하여 서쪽 멀리 아리 지역을 장악해 다스린다. 그는 죽기 전에 왕국을 3개로 나누어 세 아들에게 분배했다. 현 아리지구의 푸란현과 자다현 일대는 푸란왕국과 구게왕국 그리고 서북쪽 키슈미르 지역은 라다크왕국, 이렇게 셋으로 나눈 것이다.

 구게왕국을 이어받은 셋째 아들 더짜오(德朝)는 거친 황토산 위에 누구도 침입할 수 없는 요새 왕궁을 축성하기 시작한다. 그가 죽은 후에도 증축은 대를 이으며 계속되어 황토산 전체는 어느덧 견고한 요새이자 거대한 산상도시로 변모해 갔다. 이곳에서 16대 왕까지 수백 년 번영을 누리던 구게왕국은 17세기 초반 인근 라다크 왕국의 침공으로 허무하게 무너지면서 역사의 무대에서 사라지고 말았다. 그리고 지금은 황토산 유적지로만 남아 여행자들의 발길을 받아들이고 있다.

　아리 지역 서남단 일대의 자다현(札达县)은 현의 중심인 톨링진(托林镇)과 외곽의 6개 향(乡)으로 이뤄진다. 일개 현인데 우리나라 면적의 4분의 1일 정도로 넓지만 외지인 여행자들이 가장 많이 찾아가는 곳은 현의 중심인 톨링(托林)이다. 자부랑(札布让)의 구게왕국 유적지로 가는 관문이면서, 여행자들을 위한 숙소 등 인프라가 잘 돼 있기 때문이다.
　400년 전까지만 해도 자부랑의 황토산은 구게왕국의 수도이자 정치·행정의 중심지였고, 톨링은 왕국 제2의 도시로서 종교적 중심지였다. 그리고 오늘날은 두 지역의 위상이 바뀌었다. 자부랑 황토산은 여행자들만 찾아가는 관광 명소지만, 톨링은 자다현의 중심이자 현청 소재지로 발전해 있다. 우리가 어제 투숙한 성보호텔(札达土林城堡酒店)에서 인근 톨링사원(托林寺)까지의 직경 1km 내외 구역이 톨링의 도심이다. 각종 관공서는 물론 주거지와 상가들이 이곳에 밀집돼 있다.
　오전 10시에 숙소를 나섰다. 버스가 향하는 자부랑 황토산은 톨링 도심에서 서쪽으로 20km 지점에 위치해 있다. 카일라스에서 발원한 수틀레지 강(象泉河)을 따라 이어지는 길은 일부 구간만 포장도로이고 대부분은 흙길과 자갈길이다. 강 양편으로 깎아지른 절벽과 황량한 사막 그리고 넓게 펼쳐진 구릉과 협곡 사이를 굽이치며 버스는 달렸다. 어제는 고갯마루에서 토림을 내려다봤지만 오늘은 그 토림(土林)의 속을 헤집고 달리는 셈이다.
　오랜 세월 강물과 비바람에 깎이며 다듬어진 거대한 황토 기둥과 바위층이 병풍처럼 도로 양옆에 도열해 있다. 메마른 계곡을 지나면서 붉은색, 황토색, 회색이 뒤섞인 다양한 암석층이 무채색 풍경에 신비한 색감을 덧붙여갔다.

　자부랑 마을로 들어선 버스는 잠시 계곡을 따라 올랐고 곧이어 울퉁불퉁한 벌거숭이 황토산이 시야에 들어왔다. 구게왕국 유적지(古格王国遗址)이다. 거대한 삼각 벌집 같은 형상에 웅대한 자태가 꽤 인상 깊기는 하지만 이곳 자다토림(札達土林) 일대에서 흔히 만나는 여느 산과 계곡들처럼 자연의 일부일 뿐이라는 생각도 들었다. 그러나 막상 산 아래서부터 정상까지 300m 높이를 한 걸음 한 걸음 오르다 보니 놀라고 또 놀라웠다. 토산 구석구석은 자연의 일부가 아닌 인공 조형물이나 다름없었다. 하나하나 사람의 손길에 의해 깎이고 다듬어졌음을 확인하게 되는 것이다.

　황토산은 크게 하층 민가-중층 사원-상층 왕궁, 이렇게 3개 구획으로 이뤄졌다. 옛 시대 여느 계급사회처럼 이곳 산상 도시도 구성원의 계급에 따라 주거지를 달리하는 당연한 구조였다. 맨 하층 바닥은 백성과 노예 계급이 거주하는 수백 개의 동굴 주거지와 움막들로 구성된다. 그 위쪽으로 산 중턱 허리 부분 일대에는 여러 개의 불교 사원과 승려들을 위한 승방과 수도 공간이 밀집해 있으면서 종교인과 중산층 구성원들이 함께 거주했다. 사원들 중 일부에는 다양한 불교 벽화들이 원형 그대로 남아 있기도 했다.

황토산 정상부는 역시 지배층을 위한 왕궁으로서의 공간이었다. 물론 왕국 전체를 감시하는 전망대이기도 하면도 전쟁 시엔 지휘 센터로서의 역할도 할 수 있는 위치였다. 정상에는 또한 왕족들이 더위를 피하기 위한 여름 궁전이 있었고, 산 아래 지하에는 추위를 피하기 위한 겨울 궁전도 있었다. 꼭대기와 지하의 이들 2개의 궁은 극소수만이 아는 비밀 통로로 연결되어 있었다고 한다. 외부의 침입 등 비상시에는 왕족들의 긴급 대피 경로로도 활용했던 것이다.

중국 바이두 백과(百度百科)에 따르면 구게왕국 황토산 유적지에는 토굴 879개와 방 445개 칸, 요새 58개와 비밀 통로 4갈래가 남아 있는 것으로 나타난다. 그러나 막상 현장을 오를 때면 이런 용도별 공간과 수치들은 전혀 염두에 두지를 못한다. 50층 아파트 꼭대기까지 계단을 통해 올라가는 만큼의 에너지가 필요하기 때문이다. 이런 험하고 높은 위치의 밀집된 공간들이 그저 감탄스럽고 경이롭게만 느껴질 뿐 개수 따위를 헤아려 볼 엄두는 나지도 않는다.

토산을 내려와 왕국 마지막 유적이 있다는 곳으로 이동했다. 산 아래에서 북쪽으로 600m 떨어진 절벽 골짜기였다. 입구 안내판에는 '장시동(藏尸洞)'으로 표기돼 있다. 시신굴, 즉 시체를 보관하고 있는 동굴이다. 황토산 300m를 오르내리며 소진된 여력으로 힘들게 내려갔다가 동굴 작은 입구에서 차마 들어가진 못하고 도로 올라왔다. 기분 때문이겠지만 동굴 안에서 역한 기운이 올라오는 느낌도 들었다.

동굴 안 작은 방 3개에는 목 없는 시신 수백 구가 2~3겹으로 겹쳐서 쌓여 있다고 한다. 400여 년 전 라다크 인들이 쳐들어와 구게왕국이 최후를 맞을 때 희생된 이들의 시신들로, 건조한 기후 탓에 완전히 부패하지 않고 미라 상태로 남아 있다는 것이다. 왜 목이 없는 시신들 뿐인지, 굴 안에 왜 두개골이 하나도 발견되지 않는지에 대해선 아직까지 밝혀지지 않은 수수께끼라고 한다.

구게왕국 유적을 둘러본 이들의 느낌은 대체로 비슷할 것이다. 물 한 방울 안 나오고 풀 한 포기 자랄 수 없는 이런 척박한 절벽 산상에서 어떻게 그리 많은 인간 군상들이 모여 살며 도시를 이루고, 수백 년 번영을 이룰 수 있었는지 도무지 납득이 안 되는 것이다. 잉카제국의 '사라진 도시' 마추픽추와 닮은 꼴이다.

KBS 차마고도 제작팀이 발간한 논픽션집 『차마고도』는 구게왕국 유적지가 외부 세계에 알려질 당시의 상황을 이렇게 묘사하고 있다.

'1959년, 일단의 중국 인민해방군들이 라싸에서 약 열흘에 걸쳐 서쪽으로 이동해 왔다. 그리고 이들은 마치 세상의 끝인 듯한 이곳에서 놀라운 광경을 목격했다. 그것은 상상도 못 할 풍경이었다. 높다란 바위 절벽 위에 건축물이 있던 것이다. 해발 약 4,200m 지점의 메마른 고원에 솟은 높이 약 300m의 높은 절벽, 다시 그 위에 서 있는 우람한 건축물. 붉은 벽의 그 건축물 앞에서 인민해방군들은 차라리 두려움을 느껴야 했다. 이 멀고 먼 서역 땅끝, 누가 어떻게 저 높은 절벽 위에 저리도 화려한 건축물을 지었을까? 왜 지었을까?'

9장

네팔 접경 히말라야

중국대륙 최고봉 시샤팡마

가우라 고개와 히말라야

에베레스트 북벽의 일몰

중국대륙 최고봉 시샤팡마

　구게왕국의 수도였던 황토산을 뒤로하고 30분 뒤 왕국의 제2 도시였던 자다(札达)로 다시 돌아왔다. 정확한 지명으로 표기하면 자다현(札达县)의 자부랑(札布让)에서 현의 중심지인 톨링(托林)으로 돌아왔다. 인도대륙으로 흘러들기 직전의 수틀레지강(象泉河)을 거슬러온 길이다. 구게왕국은 이 강을 생명줄로 삼아 황토산과 톨링 두 지역에서 700년 동안 번영을 누릴 수 있었다. 인더스강의 지류인 수틀레지강은 동쪽 멀리 카일라스 설산의 빙하가 녹아내린 물줄기이다. 그 옛날의 구게왕국이나 지금의 자다현이나 결국은 성산 카일라스의 존재가 생명의 근원인 것이다.

숙소 식당에서 점심을 마치고 오후 두 시 반에 툴링을 출발했다. 역시 수틀레지강을 거슬러 가는 여정이다. 어제 왔던 길 그대로를 따라 카일라스 산자락 다르첸 마을까지 돌아간다.

자다토림 계곡은 건조하고 황량한 가운데 드문드문 풀과 관목이 자라는 모습도 보였다. 군데군데 흩어진 작은 마을과 그 주변 야크 떼의 모습은 그저 평화롭기만 하다. 가끔씩 먼지 자욱한 길을 따라 트럭이나 오토바이를 탄 현지인들이 지나곤 했다. 다시 이곳을 언제 오랴 싶어 두 눈 부릅떠가며 차창 밖을 주시했지만 저절로 감기는 눈은 어쩔 수가 없었나 보다. 나도 모르게 잠이 든 채 자다현과 가얼현(噶尔县)을 지나 푸란현으로 들어섰고, 저녁 8시 거의 되어 다르첸 마을에 도착했다. 그리고 며칠 전처럼 새벽에 오들오들 떨며 하룻밤을 지냈다.

다르첸에서 사가(萨嘎)까지 돌아가는 데는 어제 하루 꼬박 10시간이 걸렸다. 해발 5,211m의 마유무라(马攸木拉) 고개를 넘으며 아리지구와도 작별했다. 자다현을 벗어난 이후엔 내내 국도 G219번 신장공로(新藏公路) 위를 달리고 있다. 방향만 반대일 뿐 며칠 전 지났던 길임에도 온전히 처음인 듯 낯설다. 쉼 없이 이어지는 황톳빛 대지가 질릴 만도 하건만 지나고 나면 다시는 못 볼 듯 아쉽기만 하다.

며칠 전 들렸던 파양(帕羊) 마을의 쓰촨 요리점에 다시 들러 점심을 먹었다. 타르초 깃발들이 나부끼는 투지라(突击拉) 고개를 넘으며 중빠현을 벗어나 사가현으로 들어섰다.

사가(萨嘎)는 G219 국도를 낀 남북 1.5km 구간에 상가와 주택들이 밀집된 아주 작은 도시다. 위치상 네팔 국경과 인접하고 아리지구와 시가체를 잇는 교통 요충지라는 점 외에 여행지로서 별다른 특징은 없는 듯하다. 지난번처럼 이번에도 그저 식사를 해결하고 하룻밤 쉬었다가 서둘러 떠나는 곳이 되었다.

숙소였던 서부역참호텔(西部驛站大酒店)을 이른 아침 7시 반에 출발했다. 사가 남쪽을 흐르는 얄룽창포강을 세 번째로 만났다. 지난 두 번처럼 역시 강을 건너며 잠깐 지나칠 뿐이었다. 티베트 남부에선 광활한 지역에 걸쳐 젖줄이자 생명줄이 되어주는 중요한 물줄기이다. 강을 따라 동쪽으로는 우리가 지난번 지나왔던 대로 라체 거쳐 시가체까지 이어지지만 오늘 우리는 강 건너 남쪽으로 향해 간다. 안 가 본 길을 따라 히말라야의 바로 코앞으로 다가가는 것이다.

강을 건너자마자 길은 거칠어지기 시작했다. 구불구불 오르막을 따라 해발도 점점 높아지고, 주변 풍광도 더 웅장해졌다. 신장공로인 G219 국도 위를 시속 60km도 안 되는 속도로 어제에 이어 오늘도 달리고 있다. 본격적으로 드넓은 평원이 펼쳐진다. 작은 호숫가 주변으로 키 작은 관목들도 보이고, 멀리선 양 떼와 야크 떼가 자유롭게 풀 뜯는 정경도 평화롭다.

출발한 지 1시간 반 지나 드넓은 호숫가 옆에 버스가 잠시 멈췄다. 해발 4,600m 페구쵸(佩枯错) 호수의 남서쪽 끝단이다. 구글어스로 보면 히말라야 설산들이 줄지은 흰색과 암갈색 대지 위에 호리병 모양의 큼직한 호수가 저 홀로 짙푸른 천연 색감을 자랑하고 있다. 규모나 위치 등에서 티베트의 다른 호수들에 못 미칠 바가 없어 보이는데도 얌드록쵸나 마나사로바처럼 성호(聖湖)의 반열엔 못 끼고 이름도 덜 알려진 것 같다.

그런 페구쵸 호수에게도 특별한 매력 포인트가 하나 있으니 그것은 바로, 중국 최고봉인 시샤팡마(希夏邦马, 8,027m)를 가장 근사하게 조망할 수 있는 위치라는 점이다. 물론 중국에서 가장 높은 산은 세계 최고봉이기도 한 에베레스트이고 두 번째는 K2이다. 두 봉우리는 중국만이 아니고 네팔 그리고 파키스탄과 각각 국경을 공유하고 있다. 때문에 온전하게 중국만의 최고봉은 히말라야 14좌 중 제일 막내인 시샤팡마가 맞다.

그 시샤팡마가 호수 앞 멀지 않은 위치에서 웅장한 자태를 뽐내고 서 있다. 설산과 호수 사이엔 아무런 장애물도 없이 확 트였다. 그저 완만한 오르막 평원만 보일 뿐 매우 가깝게 느껴진다. 호수 앞에서 반나절 꾸준히 걸어가면 설산 기슭에 가뿐히 닿을 것만 같다.

티베트의 오전 햇살은 고원의 호수를 반짝이게도 하지만, 빙하로 뒤덮인 설산을 거대한 거울처럼 눈부시게도 만들고 있다. 시샤팡마 서북벽은 가운데 부분이 튀어나와 날카로운 각을 이루기에, 좌우 대칭인 그 모습은 매우 극적으로 보인다. 햇빛을 받은 한쪽은 찬란하게 빛나지만, 다른 한쪽은 잔뜩 그늘진 상태라 밝고 어두운 면이 반반씩인 두 얼굴의 모습인 것이다.

호수를 벗어나 잠시 후 삼거리에서 큼직한 이정표를 지나쳤다. '시샤팡마 베이스캠프(希夏邦马峰大本营)까지 75km'라고 쓰여 있다. 반나절 걸음으로 설산 기슭에 닿을 것 같던 좀 전의 느낌은 착각임이 분명해졌다. 세계에서 14번째 높이인 설산은 보기보다 꽤 멀리 있는 것이다.

페구쵸 호수를 떠나 1시간 뒤 버스가 다시 멈췄다. 일주일 전 라체를 떠나며 헤어졌던 G318 국도와 다시 만나는 삼거리 광장이다. 오른쪽 길로 130km를 달리면 국경 지역 네라무(聂拉木) 거쳐 티베트 마지막 마을 장무(樟木)까지 갈 수 있고, 네팔 카트만두까지도 길이 이어졌지만 지금은 막혀 있다고 한다. 2015년 네팔 대지진으로 심각한 피해를 입어 폐쇄되었고, 이후에도 산사태 등의 위험으로 도로 복구에 어려움이 많다고 한다.

이제 티베트에서 네팔로 들어가는 관문은 예전까지의 장무에서, 직선거리 100km 서북쪽에 위치한 지롱(吉隆) 마을로 변한 것이다. 페구쵸 호수 앞에서 서쪽으로 깊숙이 험한 구간을 지나야 만날 수 있는 마을이다. 장무와 지롱 마을 사이에 설산 시샤팡마가 있기 때문에 실제 우회로는 수백 킬로미터에 달한다. '우정의 도로(友情公路)'라는 정겨운 이름의 G318 국도가 이렇게 종반부에서 막혀 있다니, 애석한 일이다.

가우라 고개와 히말라야

3억 년 전 우리 지구는 하나의 대륙과 하나의 바다였다. 초대륙(超大陸)인 판게아(Pangaea) 시절이다. 억의 세월이 흐르며 대륙은 균열과 함께 2개로 쪼개어졌다. 적도를 사이에 두고 북쪽은 로라시아, 남쪽은 곤드와나로 불렸다. '변하지 않는 건 없다'는 세상의 이치는 예나 지금이나 변함이 없다. 시간 속에 만물은 변한다. 다시 억의 세월이 흐르자 2개이던 대륙은 7개 대륙판으로 분리되기 시작한다. 적도 북쪽에선 로라시아가 북아메리카판과 유라시아판 2개 덩어리로 자연스레 나뉘고, 적도 남쪽에선 남아메리카판, 아프리카판, 호주판, 남극판, 인도판이 각자 홀몸으로 분리되고 있었다.

그런 와중에 몸집 작은 막내 격 인도판은 그 움직임이 남달랐다. 아프리카-호주-남극 3개 판에 꽉 끼어 꼼짝달싹 못 하다가 셋 사이가 벌어지는 틈을 타 가시히 벗어났다. 형뻘 되는 다른 판들은 육중한 덩치 때문에 움직임이 둔했지만, 가벼운 인도판은 분리될 때의 관성에 힘입어 넓은 바다를 유유히 떠돌고 있었다. 마치 바람 따라 순항하는 돛단배와 같았다.

이렇게 시작된 인도판의 이동은 수천만 년 후 적도를 넘어서고, 다시 수천만 년이 지나자 북쪽에 자리 잡은 거대 유라시아 대륙판에 점점 가까워지고 있었다. 드넓은 바다 테티스해(Tethys Sea)를 남에서 북으로 종단한 것이다. 단순 계산으로 보면 1년에 최소 1cm씩 북상하여 총거리 1만 킬로미터 바다를 약 1억 년 동안 건너온 셈이 된다.

　광활한 바다에선 안정되고 평화로워 보였던 인도판은 육지에 점점 가까워지자 마치 제동장치 고장난 거대 함정이 조용한 항구를 향해 돌진하는 형국으로 변했다. 그리고 잠시 후 인도판은 유라시아판과 쿵~ 하고 부딪히게 된다. 46억 년 전 탄생한 지구가 중생대를 지나 신생대로 들어선 당시의 대충돌로 두 대륙판은 하나가 되었다. 가만히 있던 유라시아판으로선 아닌 밤중에 홍두깨였지만, 외톨이였던 인도판은 잘 사는 큰집에 비집고 들어가 눌러앉은 격이 되었다.

　이 사건은 주변 일대를 아수라장으로 만들었다. 두 대륙의 충돌 부분은 우지끈 부서지며 수직으로 솟아올라 하늘 가까운 히말라야 산맥을 만들었고, 유라시아판의 충돌 후방 지역도 덩달아 들어 올려지며 해발 4천 미터의 광대한 티베트 고원이 되었다. 물론 하루아침에 일어난 변화는 아니다. 우주의 모든 움직임에는 관성이라는 게 있기 때문이다. 두 대륙의 충돌은 지금으로부터 5천만 년 전에 일어났다고 하니, 양측의 충돌면은 매년 0.2mm씩 융기하여 지금의 히말라야가 형성되었다고 볼 수 있다.

　오늘날 지구상에 해발 8,000m가 넘는 산봉우리는 히말라야에 14개밖에 없다. 인류는 이들을 '히말라야 14좌'란 이름으로 부르며 특별 대우를 해 주고 있다.

　버스는 새로 만난 G318 국도를 따라 네팔 반대 방향으로 우리 갈 길을 달리고 있다. 처음엔 북쪽을 향하던 길의 방향이 잠시 후 남쪽으로 휘어지면서 눈앞 정면으로 히말라야 설산들이 길게 도열하여 우리를 환영하는 모양새다. 총길이 2,400km나 되는 거대 산맥의 10분의 1에 불과한 모습이지만 그 안에 히말라야 14좌 중 무려 4개 봉우리나 포함돼 있다. 시샤팡마는 이미 오른쪽으로 우리 시야를 벗어났고, 정면의 초오유(8,203m)부터 에베레스트(8,848m), 로체(8,518m), 마칼루(8,465m)가 사이좋게 붙어 있으면서 각자의 존재감을 뽐내는 것이다. 히말라야가 점점 가까워지고 있다.

　12시 반 점심시간에 맞춰 팅그리현(定日县) 강가진(岗嘎镇)에 도착했다. 여행자들에게는 '강가(岗嘎)'라는 행정 명칭보다는 '올드 팅그리(老定日)'란 애칭으로 더 많이 알려진 마을이다. 티베트 쪽에서 히말라야를 오르기 위해 거쳐야 하는 관문이면서, 특히 세계 6번째 고봉인 초오유와 가장 가까운 위치이다. 등산객이나 여행객들 대상으로 물량 운반과 제반 서비스를 제공하는 마을로 특히 유명하다.

　한적한 길거리에 큼식한 소들이 하릴없이 어슬렁거리고, 작은 상점 앞에선 화창한 햇살 아래 두툼한 방한복을 입은 마을 사람들이 옹기종기 모여 앉아 담소를 나누고 있다. 카메라를 들이대는 외지인들에겐 오래된 습관인 것처럼 자연스레 웃거나 손 흔들며 포즈를 취해준다.

식사 후 에베레스트 국립공원으로 향했다. 이제는 에베레스트의 티베트 지명인 '초모랑마(珠穆朗玛)'가 일행 모두에게 더 익숙하다. 몇 시간 전 페구쵸 호수 앞에서부터 여러 이정표에서 자주 봐왔기 때문이다. 올드 팅그리를 출발해 동쪽으로 50km를 달린 후 G318 도로와는 헤어졌다. '초모랑마봉 국가공원(珠穆朗玛峰 国家公园)'이라고 쓰인 거대한 일주문 앞에서 매표를 하고 공원으로 들어섰다. 오늘 우리의 목적지인 에베레스트 베이스캠프(EBC) 인근까지는 남쪽으로 아직도 갈 길이 멀다.

경사가 가팔라지며 버스 속도가 많이 느려졌다. 급경사를 완충하는 지그재그가 무려 일흔두 번이나 이어진다고 한다. 소위 '72굽이길(七十二道弯)'이라는 구간을 거북이처럼 올라 시원한 고갯마루에 버스가 섰다. 에베레스트 베이스캠프(EBC)에 가려면 반드시 넘어야 하는 가우라 고개(加乌拉山口)다. '해발 5,198m' 표시가 있는 난간 위에는 수많은 타르초 깃발이 펄럭이는 소리와 여행객들이 내지르는 감탄과 수다의 목소리들로 시끌벅적하다. 모두가 남쪽 멀리 일렬횡대로 늘어선 하얀 설산들에 혹해 있다.

특히 가운데 에베레스트가 군계일학처럼 도드라지게 우람한 자태를 뽐낸다. 카메라로 설산 주변을 줌인(Zoom In)해 보았다. 봉우리마다 세찬 바람이 일며 구름인지 눈보라인지 모를 것들이 흩날리는 모습이 장관을 이루고 있다. 누붐하게 튀어난 초모랑마를 중심으로 바로 옆에 로체(洛子)의 미칼루(玛卡鲁)가 인접해 있고, 반대편 서쪽으로 초오유(卓奥友) 그리고 시샤팡마(希夏邦马)가 멀찍이 떨어져 있다. 히말라야 14좌 중 무려 다섯 봉우리를 한눈에 조망할 수 있는, 세상에서 유일한 전망대일 것이다.

전망대 한가운데의 큼직한 석비엔 '绿水青山就是金山银山'라는 붉은색 글씨가 새겨져 있다. '푸른 물과 푸른 산이 곧 금산이요 은산이다.'라는 의미다. 환경 보호가 경제와 직결됨을 강조하는 중국 정부의 슬로건이다.

구불구불 가우라 고개를 내려온 후 다시 오르막을 따라 버스는 수십 킬로미터를 더 이동했다. 검문소 앞에서 내려 일행 모두의 여권과 허가증을 대조하고, 인근 주차장에서 셔틀버스로 갈아탔다. 마지막 20km를 더 올라가 숙소인 텐트촌에 도착했다. 다닥다닥 붙은 텐트들 너머로 초모랑마 북벽이 동네 뒷산처럼 육중하게 버텨 서 있다. 사진으론 익히 봐 왔지만 실물로는 처음 대하는 에베레스트의 모습이다.

하늘은 맑고 구름 한 점 없다. 정상 주변에서만 가는 구름들이 세찬 바람에 흩날리는 모습이 설산에 생명력을 불어넣고 있다. 날카롭지 않고 두툼한 외양은 마치 제주 해안의 산방산을 보는 듯 친숙하게 느껴진다. 저녁 6시지만 한낮이나 다름없다. 외부 공기를 차단한 채 방한이 잘 된 텐트 안은 전등불로 환했다. 일행 각자의 잠자리를 배정받고 밖으로 나왔다. 에베레스트 북벽에 최대한 가까이 다가가 봐야 한다.

에베레스트 북벽의 일몰

　에베레스트 베이스캠프는 현재 네팔 쪽은 변함없이 열려 있지만, 이곳 티베트 쪽에선 2019년부터 일반 여행객들의 접근을 막고 있다. 쓰레기 문제와 환경 보호를 위한 중국 정부의 조치 때문이다.
　숙소를 나온 우리 일행 몇 명은 인근 롱부사원을 향하여 천천히 걸음을 옮기고 있다. 에베레스트와도 조금씩이나마 가까워지는 중이다. 실물로 처음 마주하는 에베레스트 북벽은 낯설지 않고 정겹고 익숙했다. 그동안 사진으로 많이 봐온 탓일 게다. 길가에 서 있는 큼직한 이정표가 우리의 좌표를 알려주고 있다. 현 위치인 해발 5,150m 롱부사원(絨布寺)과 해발 5,200m인 베이스캠프(大本營)까지 8km 사이 구간에 숙식 가능한 텐트촌이 있다고

표기돼 있지만 현재로선 맞지 않은 이정표이다. 그 텐트촌이 지금은 롱부사원 아래로, 방금 우리가 나온 숙소 위치로 옮겨졌기 때문이다.

 롱부사원 지나 잠시 후 더 이상 갈 수 없는 종착점에 이르렀다. 중국 정부가 2005년, 에베레스트의 높이를 측정하고 세운 기념비가 일반인 진입한계점이다. 정식 명칭은 '초모랑마봉 고도 측량 기념비(珠穆朗玛峰 高程测量纪念碑)'이다. '8,844.43m'라는 수치가 새겨진 기념비 앞에선 인증사진 한 장씩을 남기려는 이들이 사이좋게 순서를 기다리는 모습들이다. 그 뒤 '출입금지' 표지석 앞을 서성이는 이들 표정엔 감동과 아쉬움이 함께 묻어난다. 나 또한 그들과 같은 느낌으로, 같은 방향을 바라보며 한참 동안 서 있었다.

 잠깐 숙소로 돌아갔다가 완전무장을 하고 다시 나왔다. 어느새 계곡 주변에 산그늘이 내려앉았는가 싶더니, 더 이상 가까워질 수 없는 에베레스트도 산자락에서부터 서서히 산 그림자를 드리우고 있다. 일몰을 준비하는 것이다. 북벽 봉우리 주변에선 거센 강풍에 흩날리는 눈보라들이 하얀 구름의 모습으로 세차게 흩날리다 사라지기를 반복하고 있다. 아직 잠자고 싶지 않은 아가처럼 마치 일몰을 거부하는 모양새다.

롱부사원 언덕에 올라 오들오들 떨면서 초모랑마의 일몰과 마주했다. 8,844.43m 측정 기념비 앞에서 텐트로 돌아와 충분히 몸을 녹인 후 다시 나왔기에 그나마 일몰 끝까지 버틸 수 있었다. 다행스럽게도 에베레스트의 하늘은 우리 도착 이후 내내 구름 한 점 없이 맑았다. 지는 해는 보이지 않았지만 초모랑마 북벽의 색상 변화만으로도 충분히 서쪽 지평선 상황을 짐작할 수 있었다.

하늘이 미려한 오렌지빛으로 물들기 시작하며 거대한 북벽도 서서히 색상을 바꿔나갔다. 낮 동안 차갑고 단단한 회색빛을 띠던 거대한 암벽이 어느 순간 따뜻한 황금빛으로 물들었다. 마치 신의 손길이 내려와 닿은 듯 신비로운 분위기다. 메마른 바람이 먼지를 일으키고, 거친 돌무더기와 푸르지 않은 초원은 더욱더 황량해졌다. 해가 서쪽 지평선에 거의 닿았는지 에베레스트의 북봉은 마지막 빛을 받아 타오르듯 붉게 빛난다.

봉우리 아래쪽으로 서서히 어둠이 깔리며 산의 윤곽은 더욱 도드라졌다. 고요한 티베트 고원, 해발 5,200m의 롱부사원에선 오래된 불경 소리가 들려오고, 멀리서 야크의 울음소리도 바람과 함께 실려 온다. 시간이 멈춘 듯한 이곳에서 에베레스트는 단순한 산이 아니라 하늘과 맞닿은 신성한 존재처럼 여겨졌다. 표현하기 어려운 경외감과 평온함이 동시에 밀려오는 순간이었다.

난로 주변의 열기로 초저녁 텐트 안은 따뜻했다. 외부의 빛과 완전 차단된 실내는 전등불로 밝았다. 충전 콘센트도 있었고 와이파이도 약하게나마 터졌다. 고산 지역의 숙박 인프라로선 예상보다 잘 구비된 느낌이다. 우리 25호실 텐트동은 공간에 비해 인원수가 많았다. 침상 2개에 세 사람이 끼어 자야 했다. 초저녁엔 다소 불만스러웠으나 새벽녘 추위엔 서로의 온기가 도움이 되었다.

피곤했지만 깊이 잠들지는 못했다. 한밤중 두어 번 자동적으로 눈이 떠졌다. 야크 똥 연료가 진작 떨어졌는지 난로 주변 온기는 이미 식어 있었고, 잠깬 이들의 뒤척임 소리도 여기저기 들려왔다. 방심할 수 없는 게 고산병이라 저녁 식사 후에도 온수를 조금씩 여러 번 마셨기에 화장실 출입은 피할 수가 없었다. 헤드랜턴을 끈 채 고개 들어 하늘을 보니 새벽 별들이 이마 위로 잔뜩 쏟아질 기세다. 영하 10도 이하인 바깥 추위라 별들과의 상봉은 찰나의 순간처럼 짧아야 했다.

잠을 설친 채 날이 밝았고, 새로운 하루가 시작되었다. 모자란 잠은 버스 속에서 보충하면 된다. 아침 일찍 떡국으로 식사 후 7시 반 셔틀버스로 텐트촌을 내려왔다. 원래는 5시 반 첫차를 탔어야 가우라 고개에 올라 히말라야 일출을 맞을 수 있었는데 그러질 못해 모두가 아쉬워하고 있었다. 아침 첫차 시간이 얼마 전부터 새벽 5시 반에서 7시로 늦춰진 사실을 엊저녁 가이드로부터 들을 때는 일행 대부분이 몹시도 애석해했다. 가이드도 여기 와서야 알게 되었다니 어쩔 수 없는 일이었다.

주차장에서 우리 버스로 갈아탄 뒤 9시 좀 지나 가우라 고개에 다시 올랐다. 히말라야 설산들을 다시 두 눈에 넣고, 카메라에 담고, 마음속에도 꽁꽁 새겨 넣었다. 일렬로 길게 도열한 설산들은 해발 8천 미터 이상이 5개이지만, 7천 미터 급도 10개나 된다고 안내 글은 설명하고 있다.

고개 아래 내려다보이는 72 굽이길이 기다란 뱀처럼 지그재그로 꿈틀거리는 모양새다. 고개를 내려와 다시 구불구불 길을 달려 G318 도로 앞 국립공원 북대문에 이르렀다. 어제 들어올 때처럼 검문소 앞에 내려 개인별 여권을 일일이 체크받고 다시 버스에 올라 동쪽으로 길을 나섰다.

어제 점심을 먹었던 올드 팅그리 마을과 쌍벽을 이루는 뉴 팅그리 마을 이정표를 지나며 슬금슬금 눈이 감기기 시작했다. 라체 거쳐 시가체까지 오늘 갈 길이 멀다. 그렇다고 부담될 일정도 전혀 아니다. 버스에 편안히 몸을 맡겨두면 된다.

10장

시짱에서 칭하이까지

얄룽창포강에서 칭짱공로

하늘호수 나무쵸

철마 가는 곳 한족도 간다

하늘 철길 칭짱열차

얄룽창포강에서 칭짱공로

중국대륙에서 가장 긴 강은 이름 그대로 장강(長江)이다. 티베트 고원의 탕구라산맥(唐古拉山脈)에서 발원하여 대륙을 가로지른 후 동쪽 끝 상하이 해안으로 흘러든다. 윈난성과 쓰촨성 일대의 동티베트 지역을 흐를 때 장강은 '진사강(金沙江)'으로 불리다가, 중국 본토의 하류 지역에선 '양쯔강(揚子江)'으로 바뀌어 불린다.

장강이 중국대륙에서 가장 긴 강이라면, 티베트 안에서 가장 긴 강은 얄룽창포강이다. 서쪽 멀리 카일라스 산과 마나사로바 호수 등지에서 발원하여 히말라야 북쪽을 따라 동쪽으로 흐르다가 인도대륙에서 갠지스강으로 합쳐진 뒤 방글라데시 벵골만으로 흘러든다. 인도 아삼 지역으로 들어선 이후부터는 강 이름이 얄룽창포에서 '브라마푸트라(Brahmaputra)'로 바뀐다.

이른 아침 시가체를 출발한 버스 안에서 얄룽창포강과 다시 조우했다. 라싸에서 얌드록쵸 가는 길에서 그리고 사가(薩嘎)를 떠나 카일라스로 향하는 도중에 이어 오늘이 세 번째 만남이다. 버스는 강을 따라, 또한 G318 국도를 따라 나무쵸 호수를 향해 열심히 달리고 있다. 10시간 넘게 걸린다 하니 호수엔 오후 늦게서야 도착할 것이다.

해발 4천 미터가 넘는 고지대임에도 도로는 꾸준히 강을 따라 최대한 낮은 위치로 굽이친다. 강물은 짙은 청옥색을 띠며 티베트 고원의 푸른 하늘을 그대로 담아내고 있다. 마치 하늘이 땅으로 내려앉은 듯, 하늘과 땅이 하나로 이어진 듯하다. 드문드문 펼쳐지는 초원에선 야크와 양들이 떼를 이루어 풀 뜯는다.

강 건너 언덕들엔 가끔씩 작은 사찰 건물들이 걸터앉아 있고, 간간히 롱다와 타르초 깃발들이 바람에 펄럭이기도 한다. 강변에 듬성듬성 자리 잡은 티베트 전통 가옥들은 그림 속 풍경처럼 그저 고요하고 평화롭기만 하다. 강의 물길과 G318 도로는 서로를 의식하듯 떨어지지 않고 나란히 달리고 있다. 티베트인들에게 얄룽창포는 단순한 강이 아니다. 장족(藏族)의 신화와 역사가 오롯이 녹아 있는 얄룽 계곡의 생명줄이다.

어느덧 취수이(曲水)에 가까워진 듯하다. 이른 점심을 먹을 곳이면서 얄룽창포와는 다시 헤어지는 지점이기도 하다. 취수이 마을은 10일 전 얌드록쵸 호수에 갈 때 지나쳤던 곳이다. 도로변에 있는 식당 옆에 버스를 세우고 점심 메뉴로 티베트 국수(藏面)와 만두(饺子)를 주문했다. 식당 간판의 '인포장찬(仁布藏餐)'은 '인포(仁布)'가 고향인 사람이 운영하는 티베트 음식(藏餐)점' 정도로 이해된다. 우리 경우 전주 사람이 다른 지역에 가서 '전주한식' 간판을 내거는 식이겠다.

취수이(曲水)는 라싸 시내를 관통해 흘러온 라싸강이 얄룽창포강과 합류하는 곳이다. 라싸와 시가체를 오갈 때 필수로 거치는 중간 경유지면서 라싸에서 차로 1시간 거리라는 점 그리고 동서 방향 G318 국도와 남쪽 방향 S307 지방도가 서로 만나는 삼거리라는 점 등이 취수이 마을을 보다 특별한 곳으로 만든다.

식당 옆 주변 가게 앞에는 두터운 옷을 껴입은 마을 사람들이 모여 앉아 따스한 햇살을 맞으며 정담을 나누고, 간판 없는 구멍가게 앞에는 동네 꼬마 둘이 서서 사탕 사는 모습도 정겹다. 1960년대의 우리나라 어느 소도시 읍내 풍경이 이러지 않았을까.

식사 후 버스는 나무쵸 호수가 있는 북쪽을 향해 달렸다. 라싸 인근에선 다른 차 사고로 길이 막혀 무려 30분을 차 안에서 기약 없이 기다려야 했다. 라싸 서쪽 끝을 지나며 G318 국도와는 헤어지고 새로운 G109 칭짱공로로 갈아탔다. 칭하이성(青海省)과 시짱(西藏)자치구의 각 성도인 시닝(西宁)과 라싸를 잇는 오래된 도로망이 칭짱공로(靑藏公路)다.

그러나 잠시 후 버스는 다시 새로운 길, 더 빠른 길인 G6 고속도로로 갈아탔다. 새 도로의 명칭은 G6 징짱고속공로(京藏高速公路), 즉 베이징(北京)과 티베트(西藏)를 잇는 고속도로다. 아직은 중간에 개발 중이거나 미개통 부분이 있다지만 우리가 가는 당슝마을까지는 이 고속도로를 타면 되는 것이다.

하늘호수 나무쵸

오후 5시 당슝(当雄)에 도착했다. 버스가 주유할 동안 잠시 차에서 내렸다. 여기저기 주차된 차량도 보이고 상가 건물들도 열 지어 섰지만 인적은 거의 없다. 을씨년스럽기 짝이 없는 마을이다. 나무쵸 호수의 관문이지만 호수까지는 아직도 멀다. 고속도로를 벗어난 열악한 계곡길을 따라 1시간 반이나 더 가야 한다. 호수와 마을 사이에 길이 1,400km나 되는 녠칭탕구라(念青唐古拉)산맥이 가로막고 있기 때문이다. 해발 4,700m인 매표소를 지나 고도를 높여갈수록 기분 나쁜 고산 증세가 조금씩 느껴진다. 그동안 충분히 적응은 됐다고 여겼지만 혹시나 도질지도 모른다는 불안감은 늘 따랐다.

당슝 마을을 떠난 지 40분 뒤 녠칭탕구라산맥을 넘어가는 정점인 라겐라(那根拉) 고개에 잠시 내렸다. 해발 5,190m 표지석 앞에 서니 머리가 지끈거리는 고산증이 더 심해지는 느낌이다. 발아래 멀지 않은 곳에 나무쵸 호수 일부가 처음으로 모습을 드러냈다. 여타 호수와 다를 바 없는 외관이지만 그동안 익히 들어온 성호(聖湖)라는 명성 때문인지 뭔가 성스러운 비밀을 간직한 듯 신비롭게 느껴졌다.

30분 지난 7시부터 우리는 해발 4,718m의 호숫가로 내려와 걷고 있었다. 라겐라 고개보다 고도가 500m 가까이 낮아진 것 때문인지 컨디션은 보다 나아졌다. 너무 늦은 오후 시간이라 호수의 빛깔이 비취색도, 에메랄드빛도 아닌 그저 평이한 느낌인 게 다소 아쉬웠다. 일몰 때까지 1시간 반 동안 호수 남동쪽에 위치한 차시도(扎西島)를 한 바퀴 돌아 나오는 트레킹 여정이다.

해가 져도 황혼은 남아 9시까진 어둡진 않으니 염려 말라고 가이드가 우리를 안심시켰다. 티베트인들이 가장 성스럽게 여기는 호수인 만큼 물속에 발 담그는 게 금지라는 말도 덧붙였다. 지명에 섬 도(島)가 붙였지만 차시도는 호숫가 툭 튀어나온 반도 지형이다. 옛날엔 호수 위 섬이었다가 퇴적물이 쌓이며 육지와 이어졌는가 보다.

제주도 면적보다도 더 넓은 호수라 그런지 흡사 바닷가를 거니는 느낌이다. 손으로 살짝 떠 마셔봤더니 약간의 소금기가 느껴진다. 강이나 하천과의 연결 없이 사방이 막혀 있는 내륙 호수의 물맛이다. 호수 바로 옆 녠칭탕구라 설산에서 녹아내린 물과 자연 강수로 인한 빗물이 모여들지만 자연 증발에 의해서만 호수 수면이 유지되다 보니 염분이 누적될 수밖에 없다. 자연스레 염호(鹽湖)가 되는 것이다.

얌드록쵸와 마나사로바에 이어 티베트 3대 성호(聖湖) 중 가장 높은 곳에 위치한 나무쵸(纳木错)는 여행자들에겐 통상 '하늘호수'로 통한다. 13세기에 몽골 기마대가 라싸로 쳐들어가며 이곳을 지날 때, 하늘 가까운 곳에 이렇게 큰 호수가 있다며 이곳을 '하늘 바다'란 뜻의 '텡그리하이(腾格里海)'라고 불렀고, 그때 이후 '천호(天湖)'로도 불린다고 한다. 절벽 아래쪽에 사다리 모양의 흰색 낙서들이 그려진 걸로 보아 이 주변도 티베트식 장례터인 모양이다. 고인의 유품 등을 태웠을 하얀 소각탑이 불에 그을린 모습으로 서 있다.

트레킹 시작 때부터 보였던 거대한 바위 2개가 가까워졌다. 사람 키 10배는 됨직하다. 부부 바위(夫妻石, The Couple Stone)로도 불리는 '영빈석(迎宾石)'이다. 특히 이 2개 바위는 나무쵸 호수의 문신(門神)으로 여겨진다고 한다. 호수의 문지기 바위인 것이다. 나무쵸는 티베트 북부 고원의 부(富)와 재물을 관장하는 여신이기 때문에 장사하러 나가거나 사업을 시작하는 이들은 이곳에 와서 영빈석 앞에 허리 숙여 참배하며 문신의 응원을 구한다고 한다.

일주문(一柱門) 역할을 하는 두 바위 사이를 통과하자 잠시 후 절벽 아래로

아담한 사찰이 나타났다. 입구 표지석엔 '찰서도사(扎西岛寺)'로 새겨져 있는데, 구글과 바이두 지도엔 '찰서다사(扎西多寺)'로 표기돼 있다. 역시 티베트어 지명을 음역하는 과정에서의 혼용일 것이다. 한국인 여행자들에겐 중국 발음을 살린 '차시사원'이란 명칭이 익숙하다. 성스러운 호수 나무쵸를 찾아오는 이들의 신앙 활동이 집중되는 곳이 이 작은 사찰이다.

특히 12 지지(地支) 중 양띠 해에는 모든 부처, 보살, 호법신들이 나무쵸 호수에 집결한다는 믿음이 있어서 이곳 차시사원은 수많은 신도가 모여드는 순례의 성지가 된다고 한다. 그래서 그런지 호수 주변엔 양 떼들이 유독 많이 눈에 띈다. 풀 한 포기 나지 않을 듯 메마른 대지에 코를 박고 부지런히 움직이며 뭔가를 찾아내 뜯어먹는 모습들이다.

차시반도(扎西半岛)는 마치 기암괴석들의 전시장 같다. 거대한 규모의 바위들이 뜻밖의 모습으로 서 있으면서 호수 주변에 신령한 기운을 응집시키고 있다. 손바닥 2개를 맞댄 모양의 합장석(合掌石)은 초기 티베트 불교의 성자인 파드마삼바바(莲花生)가 이곳에서 수행할 때 모습의 현신이라고 한다.

천사음양석(天賜阴阳石)은 남녀 생식기의 모습을 연상시킨다. 이름 그대로 '하늘이 하사한 음과 양'이다. 바위 앞 안내판 한자들을 훑어보면 고개가 끄덕여진다. 대략 '자연의 생식 음양의 신비와 함께 인류 생명의 기원을 보여준다'는 내용이나.

바르게 살아온 사람만이 통과할 수 있다는 굴다리 선악동(善恶洞)을 지나자, 차시반도 한쪽의 야트막한 언덕을 오를 차례다. 고도차 100m를 아주 천천히, 한 걸음 한 걸음 조심스럽게 옮기며 올랐다.

언덕마루에 올라서니 비로소 차시도는 반도가 아닌 섬의 느낌이 들어간다. 녠칭탕구라 설산 봉오리들을 병풍처럼 두른 채 호수 위 작은 섬 언덕에 우뚝 선 느낌 그대로다. 설산과 호수 모두 붉은 노을에 어우러지며 황금빛으로 물들어간다. 바람은 차갑고 청명하다. 숨을 깊게, 아주 깊게 두세 번 들이마셨다. 맑고 차가운 기운이 폐 속 깊숙이 스며들며 가슴과 머리가 호수를 향해 활짝 열렸다. 힘차게 나부끼는 바로 옆 타르초 깃발들 소리가 누군가의 간절한 염원을 담아 하늘로 보내듯 한없이 경건하게 들린다. 호숫가에 서 있던 야크의 방울 소리도 들리는 듯하고, 절벽 아래 차시사원 내 어느 승려의 염불 소리도 희미하게 귓가를 간질인다.

철마 가는 곳 한족도 간다

고대 서방세계의 모든 길은 로마로 통했다. 수많은 길이 로마로 향했고 로마를 중심으로 방사형처럼 퍼졌다. 유럽 전역과 소아시아 그리고 아프리카 북부까지 이어졌다. 수십 갈래의 길들은 합산 총거리가 8만 5천 킬로미터에 달했다. 2,000년 전에 조성된 이 길들, '로마 가도'를 통해서 로마는 제국을 일으켰고 제국을 통치했다. 로마가 멸망한 뒤에도 길들은 남아 오랜 세월 인간과 물류와 문화의 교류 혈관이 되어왔다.

시야를 우리 한반도로 옮겨보자. 화려한 역사도 아니고 애환도 많지만 조선시대 6대 간선도로가 로마 가도에 해당한다. 이탈리아 반도의 로마처럼 한반도의 한양을 중심으로 여섯 갈래의 길들이 동서남북으로 퍼져 나갔다. 압록강변 서쪽 의주까지 의주대로, 한반도 동북단 경흥까지 경흥대로, 강원도 거쳐 경상도 평해까지 평해대로, 부산 통영까지 영남대로, 해남 땅 끝까지 삼남대로, 그리고 강화도까지의 강화대로였다.

일본이 조선을 식민 통치하기 위해 가장 서두른 건 도로망 확충과 철도 건설이었다. 6대 간선도로를 포함하여 조선 땅 수많은 길들이 '신작로(新作路)'란 이름으로 폭이 넓고 직선적으로, 또한 마차나 군용 차량이 쉽게 달릴 수 있는 구조로 바뀌거나 새로이 뚫렸다.

임진왜란 때 왜군들이 말 달렸던 부산-한양 간 영남대로 옆으로는 경부선 열차가 달리기 시작했고, 선조 임금이 의주로 도망가던 의주대로 옆으로는 경의선 철길이 개통됐다. 한일합방도 되기 전인 1905년 전후에 이미 구축된 변화였다.

이들 도로망과 철길은 얼핏 한반도 '근대화의 상징'으로 보이기도 하지만 실상은 식민 통치의 효율 극대화를 위한 목적이 컸다. 제국주의 통제와 자원 수탈 그리고 군사 전략상의 기본 인프라였던 것이다. 부산에서 한양 거쳐 신의주까지 한반도를 종단하는 철길을 통해 일제는 곡창지대의 쌀과 산림 목재를 일본으로 대량 반출하거나, 만주와 러시아 등 대륙 침략을 위한 물자와 군사력을 거침없이 실어 나를 수 있게 되었다.

1950년 10월 중국은 티베트를 침공했다. 옛 청나라 때의 영토를 되찾는다는 명분이었다. 한국전쟁과 때를 맞춘 건 국제사회의 관심과 비난을 피하기 위해서였고 그런 저의는 잘 먹혀들었다. 첫 타깃 도시 창두(昌都)는 저항군 수천 명을 몰살시키며 2주 만에 점령했다. 그러나 수도 라싸에 입성하기까지는 저항이 거의 없었음에도 그 후 1년이나 걸렸다. 양국 협상 등의 이유도 있었지만, 길이 워낙 험했기 때문이다. 차(茶)를 실은 말(馬)과 마방들이 천 년 동안 오가며 다져진 길 차마고도 외에는 인민해방군이 티베트 고원을 진군할 수 있는 길은 없었다. 오죽하면 조로서도(鳥路鼠道), 새와 쥐만 다니는 길이라 했을까?

조선을 합병한 일본처럼 중국 역시 가장 먼저 티베트 지역 도로 건설에 착수했다. 차마고도를 따라가며 괜찮은 구간은 포장하고, 워낙 험한 구간은 그 옆으로 나란히 다리를 놓거나 터널을 뚫는 등 새 길을 만들어 이었다. 이렇게 해서 1954년 개통된 길이 G318 국도 쓰촨—티베트 간 구간인 천장공로(川藏公路)였다. 차마고도의 원난 구간인 G214 국도 전장공로(滇藏公路) 역시 같은 시기에 개통됐다.

　조선을 침탈한 일본이 부산에서 신의주까지 한반도 종단 철도를 신속하게 부설한 것과 달리 중국은 라싸까지 철도를 연결하는 데 반세기가 넘게 걸렸다. 당시 대일본제국과 신생 중화인민공화국의 기술력 차이는 물론, 한반도와는 차원이 다른 티베트 고원의 지형·지질적 환경이 철도 건설을 근본적으로 어렵게 만들었다.

아무튼 중국은 1970년대 중반이 되어서야 동티베트 땅인 칭하이성에서 철도 건설에 착수했고, 10년 뒤 시닝(西宁)에서 거얼무(格尔木)까지 1단계 814km에 이어 다시 20년 후인 2006년에 비로소 라싸까지 1,142km를 마저 연결했다. 칭하이(青海)성 수도 시닝과 시짱(西藏)자치구의 수도 라싸를 잇는 '칭짱(青藏)열차'가 비로소 전 구간 개통이 된 것이다.

세계 최고 높이의 고원 철도가 개통되자 외신들은 떠들썩했다. '인류 공학의 기적'이니 '기술적 경이' 같은 우호적 기사도 있었고, '경제 식민주의의 상징'이나 '식민 통치와 통제 수단' 등의 비판적 시각도 많았다. '신성한 땅'에 철길이 뚫렸다며 환경 파괴와 문화 통합을 우려하는 목소리도 컸다. 달라이 라마의 망명정부는 '티베트 문화 말살 정책의 일환'이라고 강하게 비판했다.

'철마가 달리는 곳에 한족이 따라온다'는 우려는 시간이 지날수록 현실이 되었다. 우리가 들렀던 어떤 식당에 물어봤어도 티베트인이 주인인 곳은 없었다. 모두가 한결같이 중국에서 이주해 온 한족들이었다.

하늘 철길 칭짱열차

　새벽 5시에 당숭 마을의 바이마 호텔(白马宾馆)을 출발했다. 모자란 잠은 버스에서 보충하면 된다. 엊저녁은 11시 넘어서야 숙소에 들어왔었다. 나무쵸 호수 일정이 많이 늦어졌기 때문이다. 8시 반에 라싸역 도착 후 역시 한족 식당에서 아침 식사를 마치고, 역 대합실에서 티베트에서의 마지막 2시간을 흘려보냈다.
　건너편 두툼한 티베트 전통 복장의 노파가 눈감은 채 한 손으로 염주를 돌리고 있다. 오랜 세월의 무게가 담긴 듯 설산처럼 고요한 모습이다. 커다란 배낭을 옆에 둔 서양인 남자는 두 손엔 두꺼운 책을 폈지만 시선은 자꾸만 주변으로 옮아간다. 낯선 여행의 마지막 시간을 조금이라도 더 주워 담으려는 나의 모습과 닮았다. 옆자리 한족인 듯한 젊은 커플은 핸드폰 셀카를 찍으며 소곤소곤 정겹다. 여느 여행지 풍경과 다를 바 없었다.
　창가 쪽 한 무리의 승려들이 이곳이 라싸임을 새삼 각인시켜 준다. 붉은 가사(袈裟) 위로 내려앉은 햇빛이 그들을 마치 벽화처럼 보이게 한다. 눈을 감고 명상에 잠겨 있거나, 서로 나직하게 몇 마디를 주고받는 모습들이다. 방송 스피커에서 흘러나오는 티베트어와 중국어, 그리고 간헐적으로 들리는 어린아이 웃음소리들이 뒤섞이며 멀리선 기차 기적 소리가 자장가처럼, 꿈결처럼 들려온다.

　시닝까지 1,956km를 달릴 칭짱열차는 11시 30분에 출발했다. 좌석칸과 침대칸으로 나눠진 객실에서 우리는 4인실 침대칸에 탔다. 옆 침대 2개에 한족 부부가 타서 붙임성 좋은 영택 친구가 중국어로 잘 소통하고 통역해주며 분위기를 이끌었다.

　침대칸 안에서 네 사람이 티베트 이야기에 한참이던 어느 순간, 갑자기 복도에서 '우와~' 하는 탄성들이 동시에 터져 나왔다. 뭔 일인가 싶어 얼른 고개를 내밀어봤다. 복도를 메운 사람들이 모두 창밖을 바라보며 즐거운 표정들이다. 새벽에 우리가 떠나온 당슝에 가까워졌는지 열차가 나무쵸 호수를 지나고 있었던 것이다. 복도를 메운 사람들 중 우리 일행들만이 저 호숫가를 직접 걸은 것처럼 어깨가 으쓱해지는 기분이었다. 역시 대부분 사람들은 말로만 듣던 하늘호수를 이렇게 하늘기차 안에서 처음 보는 듯 신기한 표정들이다. 멀리 수평선까지 펼쳐진 호수의 푸른빛은 마치 하늘이 대지를 품은 듯 드넓고 평온해 보였다.

열차가 점차 북쪽으로 향해 가자, 풍경은 장엄한 초원 지대로 바뀌었다. 얕은 강줄기, 풀 뜯는 야크 떼, 점점이 박힌 유목민 텐트들이 간간히 시야를 스쳤다. 멀리 눈 덮인 설산이 보이기 시작했고, 그 아래로는 바람에 일렁이는 푸른 목초지가 끝없이 펼쳐졌다. 산과 하늘의 경계가 모호해지고, 땅 위에는 그저 고요와 바람뿐인 듯 보인다.

오후 3시 조금 넘어 열차는 해발 4,513m의 나취(那曲)역에 6분간 섰다. 그동안 우리를 안내했던 티베트인 가이드와도 작별했다. 창밖 하늘은 유난히 짙은 푸른색이다. 드넓은 고원이 끝없이 펼쳐지며 구불구불한 능선들로 이어지고, 산등성이에 쌓인 눈은 햇빛에 반짝인다. 해발 5천 미터에 가까워지는 고지대라 하늘과 땅의 경계는 더 흐릿해졌다. 그림처럼 고요하게 서 있는 설산들은 당연히 해발 6천이나 7천 미터 급은 될 터인데 그런 고산의 느낌은 전혀 없다. 하얗게 반짝인다는 것 외에는 그저 제주의 중산간도로를 지날 때 보이는 야트막한 오름들과 다를 바가 없었다.

세계에서 가장 높은 기차역이라는 해발 5,068m의 탕구라산역(唐古拉山站)을 지났다. 시짱자치구를 벗어나 칭하이성으로 막 들어섰다는 뜻이다. 열차 내부는 역시 산소 보충 시스템이 잘 가동되는 듯하다. 머리가 띵하거나 멍한 고산증세는 전혀 느껴지지 않는다.

세계에서 가장 긴 고원 철도라는 건 물론이고, 영원히 얼어 있는 영구 동토 구간이 세계에서 가장 긴 철도라는 등 칭짱열차에는 세계 최고라는 수식이 유독 많이 붙는다. 이번엔 세계에서 가장 높은 터널이라는 펑휘산터널(风火山隧道)을 지난다. 해발 4,905m 터널이니 탕구라산역을 지난 후부터는 계속 내리막을 달리고 있다.

잠깐 잠에 들었다가 안내 방송 멘트에 깼다. 시간은 새벽 1시 25분이다. 해발 2,828m의 거얼무(格尔木)역에서 열차는 다른 역들보다 더 길게 25분간이나 정차했다. 고산지대를 통과하기 위해 필요했던 거추장스러운 장비들을 다 교체하는 시간이란다. 오르막에서 힘을 쓰기 위해 열차 맨 앞에 붙였던 보조 기관차 하나를 떼어내는 등 몸체를 홀가분하게 하여 남은 저지대에서의 운행 효율을 높이기 위함이다.

시닝과 라싸에 이어 거얼무는 칭짱열차 구간 중 세 번째 큰 도시이지만, 심야 시간에 열차 옆에 잠깐 내려 스트레칭하고 심호흡하는 것만으로는 도시의 규모를 느껴볼 수가 없었다.

완전히 곯아떨어진 중에도 열차가 잠시 정차한다는 안내 방송 멘트에 억지로 눈을 떴다. 새벽 4시 15분 더링하(德令哈)역 2분간 정차, 머리맡에 둔 수첩에 몇 자 메모해 두곤 다시 꿈속으로 빠져들었다. 비록 잠결이지만 내가 여행 중 지나온 곳들을 하나라도 더 기억에 남겨두고 싶은 마음은 늘 변함이 없다.

중국대륙에서 가장 큰 호수, 서울시 면적의 8배나 된다는 바다 같은 칭하이호(青海湖)는 결국 보지 못하고 잠든 채 지나쳤다. 그리고 아침 9시, 우리

열차는 최종 목적지인 칭하이성 성도인 시닝(西宁)에 도착했다. 어제 오전 라싸를 출발하고 21시간 30분 동안의 하늘기차 여행이었다.

이제 우리는 15분 후 일반열차로 갈아타고, 간쑤성(甘肃省) 성도 란저우(兰州)를 거치며 12시간 넘게 달리면 마지막 행선지 시안(西安)에 닿을 것이다. 해발 2,200m 저지대로 내려선 탓인지 온몸은 가볍기 이를 데 없다. 대지에 닿는 두 발의 감촉 또한 솜털 위를 걷는 듯 푹신하고 부드럽다. 그동안 하늘 가까운 고원에서 보고 느꼈던 모든 것이 주마등처럼 스쳐 지나지만 어느새 간밤에 꾼 꿈속의 잔상들처럼 몽롱하고 흐릿해지기만 한다.

에필로그

황혼의 달라이 라마

'티베트는 장차 외세의 침략으로 정치적 종교적 핍박을 받을 것이다. 전국의 사찰은 파괴되고, 승려들은 죽임을 당하거나 쫓겨날 것이다. 국민들은 노예가 되어 이역(異域)을 떠돌게 되리라. 세월은 더디게 흐르고, 고통과 두려움은 극심할 것이다.'

1933년 입적한 달라이 라마 13세는 죽음을 앞두고 이런 맥락의 우려와 걱정들을 유언이자 예언처럼 주위에 남겼다고 전해진다. 영국과 중국의 공격으로 두 번씩이나 해외로 도피하며 격동의 세월을 살아왔던 그다. 후세들에게 외세의 침공에 대한 대비를 촉구하고, 경각심을 일깨워주고 싶은 마음이 컸을 것이다.

민족의 안위에 대한 염원과 우려는 눈을 감을 때까지도 그를 짓눌렀던 큰 짐이었지만 이제 그 짐은 갓 태어난 후임자 텐진 갸초의 어깨 위에 그대로 얹혀졌다. 1940년 달라이 라마 14세로 즉위한 텐진 갸초의 이후 85년은 전임자의 불길한 예언을 그대로 확인해 온 삶이었다.

1950년 중국 공산당의 침공을 받아 무기력하게 굴복할 수밖에 없었고, 1959년 티베트를 탈출해 인도로 가는 망명길에 올라야 했다. 그로부터 다시 65년 세월이 흘렀다. 그는 여전히 인도 다람살라에서 이역(異域)의 삶을 살고 있다. 중국의 철권통치 아래 티베트의 자주독립은 요원해 보이고, 살아생전 라싸로 돌아갈 희망은 거의 사라진 채 달라이 라마 14세는 이제 인생의 황혼을 맞았다.

고령인 그가 눈을 감으면 몇 년 안에 그의 환생자를 찾아내야 하는 것이 티베트 민족의 숙명이다. 고인의 유언 속 힌트를 토대로 환생자를 찾아내는 임무는 티베트의 전통적 2인자인 판첸 라마의 몫이지만 현재의 판첸 라마 11세는 중국 정부가 지명한 꼭두각시다. 그가 누구를 어떻게 찾아내든 티베트인들은 그가 지명하는 환생자는 새로운 달라이 라마 15세로 인정하려 들지 않을 것이다.

원래의 판첸 라마 11세는 지명되자마자 가족들과 함께 행방불명된 지 어언 30여 년이 흘렀다. 장기수로 감옥에 갇혀 있다거나 중국 공안의 감시 아래 민간인 신분으로 살고 있다는 등 온갖 설만 분분하다.

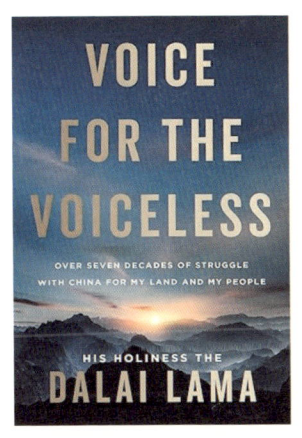

인도의 달라이 라마 14세는 최근 『Voice for the Voiceless(목소리 없는 이들을 위한 목소리)』라는 제목의 책을 펴냈다. 오랜 세월 그가 일관되게 강조해 온 비폭력, 자비, 인권, 종교의 자유, 환경 보호 등의 가치를 담은 에세이집이다. 책에서 그는 차기 달라이 라마 15세는 중국이 아닌 '자유세계'에서 태어날 것이라고 명시했다. 자신의 후계자가 환생할 곳이 '중국은 아니'라고 단언한 건 이번이 처음이다. '티베트가 아닌 인도에서 태어날 가능성'이 있다고 밝힌 적은 예전에도 있었다.

향후 그가 눈을 감으면 그의 환생자로 두 명의 갓난아이가 지명될 가능성이 높다. 인도 다람살라의 티베트 망명정부에서는 중국 아닌 인도 등지에서 태어난 신생아들 중 한 명을 환생자로 찾아낼 것이다. 500년 넘게 이어져 온 티베트 고유의 전통인데 어찌 멈출 수 있겠는가?

반면에 중국 정부 역시 후계 지명에 무조건 개입할 것이다. 중국대륙 안에서 태어난 신생아 한 명을 지명해 그가 바로 달라이 라마 15세라고, 꼭두각시 판첸 라마의 입을 통해 선포할 것이다. 티베트를 영구 통합하려는 중국으로선 2인자인 판첸 라마에 이어 1인자인 달라이 라마까지 자신들의 꼭두각시를 내세워야 하는 게 지상 과제인 것이다.

어찌 되었든, 지명된 두 아이가 특별 교육을 통해 사리 판단할 수 있는 지도자의 나이까지 성장하려면 20년 가까운 세월이 걸린다. 그동안에 국제정세의 큰 변화가 생겨 중국의 힘이 약해진다면 티베트인들 사이에서도 새 지도자 달라이 라마 15세를 중심으로 새로운 국면의 독립투쟁이 거세질 수도 있다. 그러나 지금까지의 양상에 큰 변화가 없다면 티베트 고원은 칭짱열차를 통해서 혹은 새로 닦인 고속도로를 통해서 밀려드는 한족(漢族)들의 차지가 될 것이다. 그때쯤이면 티베트 장족(藏族)은 자기 땅에서 야금야금 밀려나는 아메리칸 인디언 신세가 될 수밖에 없다. 두 가지의 가능성 중 후자일 가능성이 높다는 것에 티베트 민족의 슬픔이 있다.

티베트 여행에선 가장 많이 눈에 띄는 모습이 붉은 옷을 입은 승려들이다. 현지 가이드 말에 의하면 '승려보다는 눈에 안 보이는 공안 요원 숫자가 더 많다'고도 한다. 농담 반 진담 반의 말이지만 그만큼 중국 공안의 감시와 통제가 사회 구석구석에 미치고 있다는 뜻이다.

티베트 여행에서 가장 눈에 띄는 또 한 가지는 중국 국기이다. 외딴 시골이건 여느 도시이건 집집마다 오성홍기(五星紅旗)가 게양되어 펄럭이는 걸 흔히 볼 수 있다. 티베트인들의 중국에 대한 충성도가 그만큼 높아진 모양이라는 여행자의 말에 현지 가이드는 그게 아니라고 한다. 저런 집들 대부분이 정부 지원금 혜택을 받기 때문이라고 한다. 그만큼 중국 정부는 티베트인 개개인들에게도 스펀지 속 물처럼 침투해 있다는 뜻이다. 중국의 치밀한 계산에 따른 회유책이 수십 년 동안 펼쳐져 왔고, 티베트의 독립은 그만큼 멀어져 온 것이다.

어린 환생자를 찾는 장면으로 시작되는 영화 〈쿤둔〉은 히말라야를 넘은 달라이 라마 14세가 망명지 인도 국경에 닿는 것으로 끝이 난다. 아직은 그의 나이 스물다섯에 불과한 1959년, 티베트인들의 대대적인 반중국 봉기가 실패로 끝난 직후의 도피였다.

어둠 속에서 라싸를 탈출할 때 흘러나오는 주인공 내레이션에 그의 심경이 담겨 있다. 실패한 젊은 지도자의 마음속에 어떠한 회한이 몰아쳤을지 짐작케 한다. 그러나 영화 속 그의 독백은 마치 65년 후 자신과 티베트의 오늘 상황을 예감이나 하는 듯 보여 안타깝다.

'나의 적도 무(無)로 돌아갈 것이고, 나의 벗도 무로 돌아갈 것이며 나 역시 무로 돌아갈 것이다. 만사가 무상하고 그저 덧없다. 기뻤던 일 모두 다 기억 속으로 사라지고, 한번 간 것은 다시 오지 않는다.'

(끝)